CW00660660

Andrea Giuffrida

BASTA FARE IL
PRIMO PASSO

La vera storia di un viaggio intorno al mondo

www.tripnroll.it
@trip.n.roll

Editing a cura di Rita Cioce
www.ioscrivoitaliano.it
rita.cioce@ioscrivoitaliano.it

Copertina di Silvia Tesse
www.silviatesse.com

ISBN: 9798487528896

NOTA PER IL LETTORE

Caro lettore,
fra le pagine di questo libro ti capiterà di incontrare dei QR Code, sono dei codici che se inquadrati con la fotocamera del tuo cellulare, ti guideranno al link: "Visit Trip'N'Roll".
Ti basterà cliccarlo per arricchire la lettura di questo romanzo con immagini e video del nostro avventuroso e pazzo giro del mondo.

PREFAZIONE
DI FEDERICA COPERNICO

Cosa mi ha fatto decidere di mollare famiglia, amici e lavoro per seguire quel matto che ha scritto il libro che hai fra le mani?

Caro lettore, non ti risponderò come farebbe l'attrice coprotagonista di una commedia romantica: "Perché me ne sono innamorata", no la risposta è molto più concreta, profuma di consapevolezza e affonda le sue radici nel dovere morale di essere felici.

Sì l'ho fatto perché ho imparato che non c'è nulla di male nella libertà e nell'essere felici, e il tempo mi ha dato ragione!

Se qualche anno fa, in uno dei tanti colloqui di lavoro, mi avessero chiesto:

"Come ti vedi fra 5 anni?" Tutto avrei risposto tranne che: "Viaggiatrice zaino in spalla"!

Non ti nascondo che le domande, prima di lanciarmi in questa avventura, sono state tante: "Come faccio con 15 euro a mangiare, dormire e muovermi di città in città? E senza più un rassicurante stipendio ad attendermi al mio rientro? E ancora: se mi succedesse qualcosa mentre sono in viaggio, come farò?

Le risposte a queste domande non le aveva neanche Andrea quando nel 2017 mi propose di fare il giro del mondo; solo una cosa era certa: il pilota sarebbe stato lui ed io la sua copilota.

Io e il Giuffri, è così che mi piace chiamarlo, ci siamo conosciuti in una sera di novembre del 2015, e a marzo

2017 abbiamo lasciato che la voglia di avventura prendesse il sopravvento su tutti i nostri dubbi e le nostre paure.

Durante quell'anno e mezzo, ho capito che Andrea mi piaceva tantissimo, e allo stesso tempo ho compreso che se non avesse dato una scossa alla sua vita sarebbe diventato un uomo triste.

Non potevo lasciare che si abbandonasse ad un'esistenza già scritta perché "la vita è così", convinto di non poter avere nulla di più o essere migliore.

A dire il vero non so se sia stata io a dargli quel coraggio di cui aveva bisogno, quello che so è che mi sono sempre fidata di lui, anche se nessuno dei due aveva mai fatto nulla di simile. Insieme abbiamo fatto tacere quella stupidissima voce che voleva impedirci di vivere felici. Una voce che non abitava nel nostro cuore, ma nelle tante sovrastrutture che la società impone, e nel "così fan tutti".

Non volevamo chiederci: "Chissà come sarebbe andata se ne avessimo avuto il coraggio?"

No, il rimpianto non avrebbe fatto parte della nostra vita. Come ha scritto Andrea in uno dei primi articoli per il nostro blog: "Abbiamo messo da parte passioni come musica, scrittura, disegno, danza, fotografia, perché ci hanno insegnato che l'arte non paga, che non si può vivere di sogni. Potremmo essere tutto ciò che abbiamo sempre sognato ma ci rinunciamo senza neanche tentare".

Per questo siamo partiti: per continuare a crescere, imparare e stupirci ogni giorno come succedeva quando eravamo bambini.

Questo libro non parla solo del giro del mondo e di terre sconosciute, e nemmeno di un amore da favola, perché è stato tutto fuorché un viaggio da mille e una notte.

"Basta fare il primo passo" è per tutte le persone che

vogliono dare un colpo di coda alla loro vita, ma non trovano il coraggio di farlo.

Tutti possiamo diventare le persone che meritiamo di essere e anche tu puoi avere una vita straordinaria, devi solo fare il primo passo.

1

Sono sempre stato un uomo felice, *così felice da riempire tre vite*, dicevo. Un ottimista per natura, uno che il bicchiere lo vedeva sempre mezzo pieno. Non è sempre stato tutto perfetto, ho avuto anch'io i miei casini, ma mi sono sforzato di ricordare che, nonostante tutto, sono nato dalla parte "fortunata" del mondo. Una famiglia, una casa, un piatto sulla tavola, degli amici meravigliosi e la capacità di apprezzare anche le più piccole cose.

Quando avevo vent'anni, gli anni d'oro della spensieratezza, un amico mi collocò al terzo posto di un'immaginaria classifica degli uomini più sereni della storia, subito dopo Gandhi e Buddha.

E sì... perché tutto andava dannatamente bene.

Nonostante avessi completamente sbagliato indirizzo scolastico, diplomandomi per un pelo, riuscii a trovare un buon lavoro. Sicuro, con orari canonici, sabati e domeniche libere ed un'ottima paga.

Se un uomo possa desiderare di più dell'ordinario, che tuttavia molti appaga, lo avrei capito solo diversi anni dopo.

Avevo 19 anni e i miei più grandi interessi erano semplici: divertirmi con gli amici, corteggiare le ragazze, e fare baldoria fino a tardi. Viaggiare significava Ibiza, le capitali europee e poi ancora Ibiza. Amavo tutto della mia vita. Vivevo la settimana diviso fra i colleghi, diventati una seconda famiglia, e i weekend di festa, senza l'ombra di un pensiero negativo.

La mia pace durò fino ai 25 anni.

Quando smisi di sentirmi vivo.

Presi coscienza di essere entrato in un ingranaggio che mi

stava stritolando, ogni giorno un po' di più.

Un meccanismo ripetitivo e noioso che mi stava soffocando: la sveglia sempre alla stessa ora, il tragitto in autobus, il lavoro che svolgevo, tutto era più simile ad un rituale cristallizzato che alla vita felice che sognavo. Ogni giorno era la copia esatta dell'altro. Un susseguirsi di attività che sembrava avessero il solo scopo di condurmi alla libertà che respiravo nei weekend, ma che portava con sé il "dovere" di divertirsi per dare un senso a quei cinque giorni di sofferenza infrasettimanale. Iniziai ad avvertire l'orribile sensazione di sprecare il mio tempo, al quale non riuscivo ad aggiungere nulla di nuovo al già conosciuto. Io, che non sapevo cosa fosse l'incertezza, mi ritrovai a chiedermi se quello che avevo era davvero ciò che volevo. Una domanda che iniziò a tormentarmi come un insetto fastidioso. Fu in questo turbinio di emozioni che decisi di fare il primo vero viaggio della mia vita che, a differenza degli altri, mi avrebbe donato finalmente nuove esperienze. Non ero mai uscito dall'Europa, e il cuore mi batteva all'impazzata al solo pensiero di terre lontane. Avevo bisogno di risposte e le trovai in Nepal, un Paese che mi sarebbe entrato talmente tanto nel cuore da farmici tornare per ben due volte negli anni successivi. Rimasi affascinato dalla filosofia buddhista, dai templi, dalla natura, dai canti dei monaci e dal profumo di incenso che aleggiava nelle strade.

Tutto mi rapì perdutamente.

Non si può andare in Nepal, il Paese che ospita 8 delle 14 vette più alte del mondo, e non fare del sano trekking. Nonostante non avessi alcun tipo di esperienza in montagna (non sapevo nemmeno cosa fosse un rifugio), percorsi un cammino di quattro giorni nella regione dell'Annapurna, il famoso trekking a Poon Hill: l'opzione migliore per chi, come me, aveva solo pochi giorni a disposizione e nessuna preparazione. Fu un viaggio nel viaggio, soprattutto i tremila gradini del primo giorno, che non dimenticherò mai. Io, proprio io, stavo camminando sull'Himalaya, un nome che avevo letto solo sui libri di scuola, che mai e poi mai avrei pensato un giorno di poter raggiungere. La mia avventura in terra nepalese durò solo 15 giorni ma per me furono come 15 mesi, avrei voluto non finissero mai. Ogni mattina un posto diverso, nuove persone ed incredibili emozioni. Andavo a dormire chiedendomi: *chissà cosa succederà domani?* E la risposta era sempre la stessa: *qualunque cosa succederà andrà bene, perché sarà sempre e comunque vita. La tua.*

È stato come rinascere e dover imparare tutto per la prima volta, ero come un bambino che apre i suoi occhi vergini al mondo. Ricordo la sensazione di pace dell'ultima sera, dopo tantissimo tempo mi sentivo di nuovo bene! Mi sdraiai sul letto a ripensare a tutto ciò che avevo vissuto. Accesi il lettore mp3, impostato in modalità riproduzione casuale, e partì *Lucky Man* dei Verve. Sembrava un messaggio diretto a me, perché era proprio così che mi sentivo: fortunato e felice. Fu in quel momento che capii cosa volevo fare nella mia vita: viaggiare. Ancora oggi quando riascolto quel brano torno lì col pensiero, e ripenso a quanta strada ho fatto, a tutti i momenti indimenticabili che ho avuto il privilegio di vivere, e non posso fare a meno di sentirmi grato per essere nato. Tornai in Italia più carico che mai: a chi mi chiedeva come fosse andata rispondevo semplicemente *"alla grande"*, come avrei potuto spiegare il fiume in piena in cui si trasformava la mia vita quando viaggiavo? Ho scoperto negli anni che solo un viaggiatore ti tempesta di domande al ritorno, gli altri si limitano a un *"tutto bene?"*, ma non significa che non tengano a te, è solo che non immaginano l'infinità di cose che un vero viaggio può regalarti.

L'euforia però non durò molto. Nonostante avessi un vulcano di emozioni meravigliose, la routine tornò a bussare prepotentemente alla mia porta. Avevo visitato l'affascinante Kathmandu con il suo caos irresistibile, provato una cucina completamente nuova, assistito ad alcune cerimonie religiose, camminato sull'Himalaya, incontrato il popolo degli Sherpa, e ora mi ritrovavo nel mio ufficio a rifare le stesse cose che facevo da anni. Di nuovo.

Il primo mese fu devastante.

Non uscivo di casa e non avevo voglia di vedere nessuno, volevo solo stare solo. Il viaggio era stato così bello che, una volta tornato a casa, mi rovinò la vita. Passavo le serate a cercare le informazioni e le foto di ogni Paese esistente, creando ipotetici itinerari e immaginando quanto sarebbe stato emozionante percorrerli. Io volevo vedere tutto!

Non ho un bel ricordo di quel periodo, è stato decisamente il più brutto della mia vita; ma in qualche modo, grazie all'avvicinarsi delle ferie d'agosto, tenni duro aiutato dal fantasticare sulla mia successiva meta: l'India.

Fu sufficiente prenotare il volo per iniziare a sentirmi meglio. Pianificare l'itinerario, pregustando tutto il nuovo a cui sarei andato incontro mi faceva stare bene.

La mia seconda avventura sarebbe durata 20 giorni, ero pronto. L'India mi travolse con tutta la sua potenza. Con la mia seppur breve esperienza di due settimane in Nepal pensavo di poter reggere lo shock iniziale, che in molti mi avevano anticipato, ma mi ritrovai in un mondo completamente diverso.

Il delirio di Nuova Dehli, con i suoi clacson incessanti, i mendicanti, le case fatiscenti, gli odori e il caos dei mercati, quasi mi inghiottì. Mi sentivo una formica ai piedi di un gigante. Ci misi qualche giorno per imparare la lezione che questo Paese stava tentando di darmi: *è inutile cercare una spiegazione razionale per tutto quello che vedi, dimentica ogni cosa che pensi di sapere e butta giù quel muro che hai costruito. Non aver paura, lasciati andare.*

Ed io, non solo mi lasciai andare ma l'abbracciai con tutto me stesso, abbandonando ogni timore e facendo attenzione a qualunque cosa mi capitasse. Ogni momento poteva rivelarsi prezioso, anche due parole scambiate con uno sconosciuto potevano trasformarsi in un'esperienza epica. Dopo aver visitato i suoi templi meravigliosi sentii forte il desiderio di approfondire la conoscenza della religione hindu: *com'era possibile che più di un miliardo di persone fossero così devote?* Attraversai tutto il Rajasthan, l'India del Taj Mahal, dei maharaja, delle antiche roccaforti, dei deserti, degli elefanti e dei cammelli. Mi spostai dalla città blu, alla città rossa, a quella d'oro; alla fine delle tre settimane mi sentivo quasi uno di loro. Come ultima tappa scelsi Varanasi, ci arrivai sentendomi in pace ma soprattutto libero da pregiudizi e paure. L'obiettivo del mio viaggio era stato raggiunto: da quel momento in poi avrei potuto affrontare qualunque cosa. Il rientro a casa, questa volta, fu meno traumatico: ormai sapevo che viaggiare era la cura per il mio malessere interiore. Anche se il lavoro non mi appagava, risparmiando e rinunciando al superfluo potevo mettere da parte i soldi per un lungo viaggio in agosto e forse uno più breve a Capodanno: ognuno di questi sarebbe stato una boccata d'aria sufficiente per resistere fino al successivo.

Mi sembrava potesse funzionare, e per un po' funzionò davvero. Nei due anni che seguirono visitai la Giordania, il Laos e una parte della Cambogia, tornai perfino dal mio primo amore, il Nepal, per 17 indimenticabili giorni di trekking, attraversando il campo base del Monte Everest.

Ero affamato di vita e viaggiare era diventato il mio antidoto per combattere la noia e l'insoddisfazione. Dopo ogni ritorno a casa la voglia di esplorare cresceva sempre più e il peso della quotidianità tornava a farsi sentire. Ero cambiato, cresciuto; avevo capito che non potevo far finta di essere qualcun altro e darmi un contentino ogni tanto, non avrei potuto resistere ancora per molto.

Ma successe una cosa fuori da ogni controllo: mi innamorai.

2

Come disse Christopher McCandless (diventato famoso grazie al film Into the Wild che racconta la sua storia) sono convinto che "l'essenza dello spirito dell'uomo sia nelle nuove esperienze", e troppo spesso diciamo *no* per paura o per pigrizia, rinunciando inconsapevolmente a momenti che potrebbero cambiarci la vita o insegnarci qualcosa. Passavo otto ore al giorno in un ufficio sognando di essere altrove e non volevo sprecare neanche un minuto del mio tempo libero, la cosa più preziosa che possedevo. Per questo iniziai ad accettare ogni invito, anche quando istintivamente avrei voluto dire di no.

Fu grazie a questo mio nuovo approccio al mondo che incontrai la persona che cambiò la mia vita per sempre.

In un sabato sera di fine novembre, il freddo milanese aveva già vinto la sua battaglia convincendomi a rifiutare l'invito ad una festa del mio amico Walter. La mezzanotte era passata da un pezzo e io avevo già conquistato il divano, preso la copertina e spento la luce in attesa che la tv mi cullasse verso il mondo dei sogni, ma all'improvviso un pensiero piombò nella mia testa. Tentai d'ignorarlo ma senza successo: *ti eri ripromesso di dire sempre di sì, potrebbe essere solo una festa oppure no.* Decisi di vivere, balzai dal letto, il sonno poteva aspettare. Guidai velocemente e alle due ero davanti al locale, i miei amici erano già dentro da un pezzo. *Ero già stato a milioni di feste, cosa avrebbe mai potuto avere quella di diverso?*

Lo capii quando Walter mi presentò Federica. La ragazza che, come me, non avrebbe dovuto essere lì quella sera, e della quale mi innamorai senza riserve.

Un amore appena sbocciato è in grado di far dimenticare qualsiasi preoccupazione. Ero talmente felice che durante il primo anno tutti i miei problemi scomparvero. Due mesi dopo il nostro primo incontro partii per il Campo Base dell'Everest e probabilmente fu in quel momento che Federica capì che avrebbe passato la vita accanto ad un viaggiatore incallito; la rivelazione non le dispiacque e durante l'estate partimmo per la nostra prima grande avventura insieme. Due settimane in Sri Lanka zaino in spalla, spostandoci ogni giorno solo con i mezzi locali. Storia, mare, montagna, spiagge, giungla, balene, elefanti, fu meraviglioso! L'intesa era grandiosa e ora avevamo la certezza di esserci incontrati per sognare insieme. Viaggiare è stupendo ma condividerlo insieme alla persona che ami ha un valore inestimabile. Tornammo in Italia più felici che mai e cedemmo alla tentazione di organizzare un altro breve viaggio per la settimana di Capodanno, dopo aver passato il Natale in famiglia. Ormai la mia esperienza cominciava a dare i suoi frutti e avevo acquisito una certa abilità nell'organizzazione. Volevamo realizzare un altro sogno: la Lapponia e la sua aurora boreale.

Fu una settimana di prime volte: la motoslitta su un lago ghiacciato, la battuta di pesca sul ghiaccio, la guida di una slitta trainata dagli husky, la Casa di Babbo Natale a Rovaniemi e soprattutto, la prima aurora boreale della nostra vita! Per quanto si trattasse di una meta decisamente costosa avevamo fatto del nostro meglio per risparmiare il più possibile: colazioni abbondanti per saltare il pranzo, cene al supermercato e il couchsurfing (chiedere ospitalità ai locali). Tutte esperienze che ci aiutarono a ridurre le spese, ci misero alla prova, e ci divertirono molto!

Due viaggi indimenticabili nel giro di sei mesi e per la

prima volta con una compagna al mio fianco. Non smettevo più di sognare ma i problemi del mio passato tornarono a farmi visita, più grandi di prima. Puoi aggrapparti ad un periodo felice come ho fatto io, ma fuggire dai problemi non è la risposta. Mi ero illuso di averli risolti, in realtà avevo solo posticipato il momento in cui avrei dovuto affrontarli. Non potevo più ignorare lo sconforto che provavo ogni mattina a causa della routine quotidiana; ormai era già qualche anno che tenevo duro nella speranza che le cose migliorassero da sole. Forse avrei "messo la testa a posto" come suggeriva il mondo? Illuso!

Vivevo la mia quotidianità con il pilota automatico inserito e senza provare nessuna emozione.

Confucio disse: "Scegli un lavoro che ami, e non dovrai lavorare neppure un giorno in vita tua".

Se lui aveva ragione, allora io avevo sbagliato tutto!

Probabilmente il primo passo falso lo avevo commesso quando scelsi la scuola sbagliata e finii per odiarla, ignorando completamente il piacere di studiare qualcosa che si ama. Guardando all'adolescente che sono stato dico: parlate coi vostri figli, aiutateli a trovare una passione da seguire e soprattutto insegnategli che possono cambiare la rotta in qualsiasi momento, che è meglio fallire e rialzarsi piuttosto che non provarci affatto. Non indirizzateli verso un lavoro sicuro ma verso una vita felice. Io avevo seguito *"le ordinarie indicazioni"*: studia, trova un lavoro, una casa, paga le bollette, tieni duro e quando andrai in pensione potrai fare quello che vuoi.

Eppure stavo male, veramente male. Il solo pensiero di dover resistere per almeno altri 35 anni mi angosciava. E per cosa? Per tornare ad essere padrone del mio tempo quando forse non avrei avuto nemmeno più la forza per fare le migliaia di cose che invece avrei potuto fare ora?

È un sistema profondamente sbagliato. Facciamo lavori che odiamo per comprare cose, soltanto cose, nell'illusione che il loro possesso ci renderà felici. Abbiamo finito per dimenticarci dei nostri sogni, quelli veri, archiviandoli nella cartella "fantasie infantili". L'astronauta, la scrittrice, il veterinario, il calciatore, la ballerina, l'archeologo: forse sogni irraggiungibili che però avevano il sapore di una vita felice e piena di passione.

Abbiamo perso la scintilla dell'entusiasmo. Ci siamo convinti che la strada fosse solo una, quella che seguono tutti. Schiacciati dall'incapacità di spezzare le catene perché cullati dalle nostre rassicuranti abitudini e dalle false sicurezze. Ma i sogni restano sogni solo se non ci provi.

Ora ne ero certo: non volevo una vita sicura, ne volevo una felice! Non sarei diventato un vecchio arrabbiato, che si chiede al tramonto dei suoi giorni: *"chissà come sarebbe andata se avessi avuto il coraggio di cambiare?"*

Dovevo fare qualcosa, ma non ero più solo.

Federica soffriva quanto me nel vedermi in quello stato. Lei amava il suo lavoro, faceva la *visual merchandiser* per un'importante azienda di moda italiana. Un lavoro creativo, dinamico che l'appassionava e le permetteva di viaggiare in tutta l'Europa ogni settimana. Riuscivamo a vederci solo nel weekend, ma quando ami il tuo lavoro e sei felice puoi sopportarne anche i piccoli difetti. Probabilmente era per questo che stava così male per me. Mi chiamava ogni sera per chiedermi come fosse andata ed io non avevo nulla di interessante da dirle, mi sentiva triste e spento, mentre lei mi raccontava le diecimila cose che le erano capitate solamente nelle sue due ultime ore di lavoro.

Aspettò qualche mese fino a quando scoppiò anche lei: "ti amo, non posso vederti stare così male, e non oso immaginare come potresti essere ridotto tra dieci anni. Licenziati, molliamo tutto e partiamo!".

Sapeva benissimo che quello era il mio grande sogno, ci avevo pensato un'infinità di volte ma senza crederci davvero, forse perché nessuno mi aveva mai preso sul serio. Nessuno prima di lei.

Era disposta ad abbandonare tutto: famiglia, amici e soprattutto il lavoro che amava, solo per amore. Credo che sia questo il vero significato di "stare insieme" e le sarò per sempre grato per le parole pronunciate quel giorno. Da quel momento cambiò tutto, mi sentii invincibile e l'uomo più fortunato del mondo ad avere una donna così al mio fianco. D'altra parte io, per lo stesso motivo, per amore, non avrei mai potuto chiederle di abbandonare il lavoro che tanto amava, e prima di pensare ad un cambiamento così grande, ci demmo un ultimatum. Nel giro di un paio di mesi il suo contratto di lavoro sarebbe scaduto, in caso di rinnovo saremmo rimasti a Milano ed io avrei cercato un'altra via d'uscita, altrimenti avremmo mollato gli ormeggi.

Sessanta giorni dopo, il verdetto: Federica era ufficialmente disoccupata e a quel punto nulla poteva più fermarci.

Lo prendemmo come un messaggio inviato dall'universo. Un segno rassicurante ad indicarci che quella era la nostra strada per la felicità.

Il giorno dopo diedi le dimissioni.

3

Temevo quel momento. Ansioso ed agitato, avevo paura di non essere compreso e, invece, come la maggior parte delle volte accade, andò benissimo.

Quando mi chiusi la porta dell'ufficio del mio capo alle spalle, mi sentii leggero come non mai, mi ero appena tolto il peso più grande della mia vita. Per anni avevo sognato quel momento senza mai trovare il coraggio di fare quel primo passo, ma era tutto vero, e non riuscivo a togliermi il sorriso dalla faccia. Avevo 31 anni e mi sentivo di nuovo libero.

Dopo dodici anni passati nello stesso posto e con un futuro già scritto, avevo stravolto la mia vita, sentendomi come il primo giorno dopo il diploma, come se avessi di nuovo diciotto anni, entusiasta e pieno di energia.

Ero pronto a conquistare il mondo.

È incredibile come quello che mi spaventava tanto fosse in realtà ciò di cui avevo più bisogno per ritrovare la felicità. Per anni mi sono convinto di dover aspettare il momento giusto, ma la verità è che il momento giusto non esiste. Non rimandate le decisioni importanti, siate disposti a correre il rischio, i cambiamenti sono la più grande opportunità per crescere e diventare persone migliori. E soprattutto non aspettate di toccare il fondo come è successo a me.

Vi sorprenderà scoprire quante cose sarete capaci di fare una volta usciti dalla zona di comfort.

Abbandonandola ho risvegliato la mia mente atrofizzata dall'abitudine, riscoprendo il piacere di imparare cose nuove, e mi sono dato una seconda occasione per vivere la vita che avevo sempre sognato.

Mi restavano tre mesi di lavoro più uno a casa per smaltire le ultime ferie. In soli quattro mesi avremmo dovuto organizzare la nostra partenza. Inizialmente l'idea era di scegliere un Paese, trasferirci per un po' e ripartire solo quando ne avessimo sentito il bisogno. Ma riflettendoci arrivammo alla conclusione che anche in un altro continente avremmo finito per ritrovarci nella stessa situazione, rinunciando alla riconquistata libertà. Tanta fatica per poi ritrovarci al punto di partenza. Una scelta di vita così grande meritava un sogno altrettanto grande: «amore, ma se facessimo il giro del mondo?», sentivo già il cuore battere all'impazzata mentre proponevo a Federica l'avventura più grande che un uomo possa concepire. Dopo qualche istante di silenzio, ci guardammo sorridendo, e ci stringemmo in un profondo abbraccio. Avevamo trovato la nostra strada, dando un senso al terremoto emozionale di quei giorni, non riuscivamo a crederci!

Sognavamo una vita straordinaria, ricca di avventure incredibili ed incontri pazzeschi. Si trattava solo di scegliere cosa mettere al primo posto, a cosa dare più importanza: ai beni materiali o alle esperienze di vita? Non avevamo dubbi, avremmo usato tutti i nostri risparmi per questo viaggio e gestito gli imprevisti e gli ostacoli uno alla volta.

Avremmo perso l'equilibrio per abbracciare la vita insieme. Ci sentivamo invincibili. Nonostante l'euforia restava un altro passo importante da fare: dirlo alle nostre famiglie. Abbiamo entrambi i genitori divorziati, quindi ci aspettavano ben quattro arringhe e quattro giurie da convincere. Mia madre pianse ininterrottamente per un mese. Mi ama e dopo una vita piena di sacrifici per non farmi mancare niente, la notizia che avrei lasciato un lavoro sicuro la sconvolse. Potevo capirla, mi spezzava il cuore vederla così. Lei è da sempre la mia eroina, con quella forza sovrumana che solo una mamma può avere ha affrontato di tutto da sola. Cadendo e rialzandosi sempre, senza mai arrendersi. Le spiegai le mie ragioni, cercando di farle capire che il mondo in cui viviamo è completamente diverso da quello in cui era cresciuta, che ci sono altri modi di vivere rispetto al classico studia-lavora-compra casa e che le possibilità sono infinite. Beh... devo essere stato molto convincente perché oggi è la mia fan numero uno e mi vuole ancora bene. Mio padre capì che stavo stravolgendo tutto perché volevo essere felice, e anche il suo sostegno fu fondamentale. Organizzammo una cena con la mamma di Federica, con l'avvertimento che le avremmo dato una grande notizia. Pensò che stessimo aspettando un bambino. Immaginate la nostra difficoltà nel dirle non solo che non sarebbe diventata nonna, ma che non ci avrebbe visto per un bel pezzo. Alla fine anche lei comprese la situazione e ci diede la sua benedizione.

Il papà di Federica non fece di certo i salti di gioia, non le parlò per un paio di settimane, ma gli lasciammo tutto il tempo necessario per accettare la notizia e comprendere le nostre motivazioni. La paura dei genitori è un problema molto comune tra chi vorrebbe cambiare vita.

Si teme di deluderli ma questo non deve in alcun modo fermarvi. Hanno dedicato una buona parte della loro vita a voi e tutto ciò che vi diranno sarà in buona fede, per proteggervi come hanno fatto dal giorno in cui siete venuti al mondo. Date loro delle spiegazioni valide, mostratevi più determinati che mai, raccontategli cosa si prova a sentirsi fuori posto e infelici, parlategli dei vostri sogni e ditegli che avete bisogno del loro sostegno, non delle loro paure. Se non capiranno immediatamente prima o poi lo faranno ma non fatevi spaventare dalle loro preoccupazioni, né da quelle di nessun altro. Ci sarà sempre chi vi dirà di tenere duro e che la vita è così, ma molto probabilmente è perché quelli come voi li spaventano. State andando contro tutto ciò che insegna la società per dimostrare che si può vivere una vita felice, libera e semplice. Incontrerete persone che proveranno a trasmettervi i loro timori solamente perché non avrebbero mai il coraggio di cambiare che avete voi. Quando avrete successo smonterete una per una le loro convinzioni, costringendoli a chiedersi se hanno realizzato davvero i loro sogni o si sono arresi ad una vita insignificante. Avevamo solo quattro mesi per organizzare un'impresa che avrebbe richiesto almeno un anno di preparazione. Capimmo subito che sarebbe stato inutile stabilire in anticipo un itinerario, non c'era tempo e nell'era di internet avremmo trovato tutte le informazioni online al momento del bisogno. E poi vuoi mettere il piacere di decidere giorno per giorno dove andare in base all'istinto, ad un incontro casuale o magari lanciando una monetina? Libertà totale! Sapevamo solo che avremmo raggiunto la Cina via terra passando da Mosca per prendere la ferrovia Transiberiana e successivamente la Transmongolica. L'unica cosa che ci procurammo in anticipo per affrontare il nostro giro del mondo furono i biglietti per arrivare a San Pietroburgo in autobus, il visto russo e i biglietti del treno, nient'altro. Saremmo partiti i primi di ottobre e in un attimo era già luglio. Per un pelo riuscimmo a rinnovare il passaporto e a fare, prima delle chiusure di agosto, tutte le vaccinazioni per i viaggi internazionali, giusto in tempo per prenderci una febbre da cavallo proprio quando la temperatura estiva milanese raggiungeva i quaranta gradi. Poi fu la volta dello zaino e dell'attrezzatura, incredibilmente la parte più faticosa. Chissà perché in casi come questo tendiamo a pensare che nel resto del mondo non vendano tutto (o quasi) quello di cui potremmo aver bisogno, ci carichiamo come bestie da soma perché "non si sa mai". Se solitamente lo facciamo tutti per due settimane di viaggio, figuratevi noi, che saremmo stati via per anni, che avremmo attraversato quattro stagioni differenti, che saremmo passati dal deserto alla neve, dal mare alla montagna... se tornassi indietro partirei con la metà della metà delle cose.

Guardavo Federica fare le prove con il suo zaino mastodontico e mi ricordava le formiche che sollevano fino a dieci volte il loro peso. Nonostante fossimo super occupati, ogni tanto, nelle sere dove ci sentivamo più a pezzi, la mente tornava a giocare brutti scherzi, regalandoci qualche notte insonne, abituata com'era alla sicura routine. Fino all'ultimo la vecchia zona di comfort tentava di riportarci indietro con la carta della paura, ma noi eravamo arrivati fino a quel punto e non avevamo nessuna intenzione di mollare. Ad una settimana dalla partenza eravamo talmente esausti che non vedevamo l'ora di partire per mettere la parola *fine* allo stress degli ultimi mesi. Persino la paura era scomparsa, avevamo solo bisogno di dare inizio alla nostra grande avventura. Trascorremmo gli ultimi giorni con la famiglia e i nostri amici godendoci ogni secondo passato insieme. Sapevamo che avremmo sofferto molto la loro mancanza e anche se non eravamo ancora partiti il nostro viaggio ci stava già insegnando qualcosa, ad apprezzare le persone che abbiamo vicino finché sono con noi. Penso di non aver mai dato abbracci così forti come in quell'ultima settimana. Finalmente arrivò il 7 ottobre 2017, il giorno che avrebbe cambiato per sempre le nostre vite. Ero andato a letto alle tre del mattino per preparare lo zaino, non avevo quasi chiuso occhio per l'eccitazione e ricordo di essermi svegliato emozionato come un bambino la mattina di Natale. Mia madre naturalmente non mi avrebbe fatto partire se non fossi passato da lei per un ultimo saluto, e per essere sicura mi prese per la gola. Preparò un piatto di carbonara talmente grande da sfamare una squadra di calcio.

Ah quanto mi sarebbe mancata la sua cucina!

Salutati parenti, amici, conoscenti, cani e gatti, salimmo sul primo autobus del nostro giro del mondo. Non riuscivo a credere che stesse accadendo davvero, per anni avevo sognato quel giorno pensando che non sarebbe mai arrivato. Dopo un'infinità di momenti bui ce l'avevamo fatta. Dodici anni vissuti davanti ad una scrivania ed ora la mia casa sarebbe stata il mondo, con accanto la persona che amavo.

Finalmente ero nel posto giusto.

Inquadrami e viaggia con noi!

4

Prima tappa: Budapest. Arrivammo in Ungheria dopo 15 ore di autobus, a quel tempo ci sembravano lunghe quanto una settimana, non potevamo sapere che sarebbero diventate la normalità dei nostri spostamenti negli anni a venire.

Saremmo stati per un paio di giorni ospiti di due "amici di amici", Alex e Federico, che senza nemmeno sapere chi fossimo, ci accolsero a braccia aperte alle otto di una domenica mattina. Tre ore di sonno dovevano esserci sembrate sufficienti perché a mezzogiorno eravamo già fuori di casa ad esplorare la città, un po' perché eravamo impazienti di vivere la nostra nuova vita, un po' perché eravamo ancora abituati ai ritmi frenetici di quella vecchia, ma avremmo avuto tutto il tempo di perdere questa fastidiosa abitudine. Visitammo tutte le attrazioni principali come si fa durante un weekend fuori porta ma per quanto fosse bella la città, non potevamo fare a meno di pensare al coraggio che avevamo avuto per fare quel grande passo.

Ci sedemmo sul Ponte delle Catene, sopra il Danubio, con una vista spettacolare sul Palazzo del Parlamento sul lato di Pest e il Castello di Buda sulla sponda opposta. Guardavamo le persone intorno a noi, ci sembrava che corressero all'impazzata senza nemmeno potersi concedere un secondo per fermarsi ad ammirare quel panorama, mentre noi non avevamo neanche l'ombra di una preoccupazione. Non possedevamo niente di più di uno zaino e quello che poteva contenere, ma con il tempo dalla nostra parte ci sentivamo i più ricchi del mondo. Avevamo una decina di giorni per raggiungere la Russia, avremmo potuto fare con più calma ma non vedevamo l'ora di sentirci in un mondo completamente diverso dal nostro, come se solo così avremmo potuto considerarci davvero in viaggio. In realtà oggi so che non occorre spostarsi di diecimila chilometri per cercare qualcosa di nuovo, basta guardare le cose con curiosità, fare semplicemente una strada diversa per andare a lavoro, leggere un libro che parla di qualcosa di cui non sappiamo nulla, iniziare quel corso di fotografia che ci piaceva tanto, fare il primo passo per riallacciare un'amicizia con un vecchio amico. La bellezza è ovunque, dobbiamo solo smettere di correre in ogni momento e prestarle attenzione. Attraversammo una parte della Polonia, passando per Cracovia e Varsavia. Decidemmo di visitare il campo di concentramento di Auschwitz-Birkenau. Sapevamo che sarebbe stata un'esperienza durissima ma non potevamo ignorare una delle pagine più nere della storia con sei milioni di vittime. Nonostante avessimo visto il campo in decine di documentari, trovarci di persona fu agghiacciante. Angoscia, impotenza, rabbia, sono solo alcune delle terribili sensazioni che provammo. Le camere a gas, i forni, le montagne di scarpe, di capelli, di vestiti... cose che fanno gelare il sangue e tremare le gambe. Solo dopo averlo visto di persona si può comprendere la disperazione dei prigionieri che preferivano lanciarsi sul filo spinato carico di corrente elettrica piuttosto che vivere un altro giorno in quell'inferno. La voce della nostra guida polacca tremava mentre ci raccontava che i suoi nonni erano morti lì. Era doloroso ricordare ogni giorno le sofferenze del proprio popolo, ma per lui era più importante farle conoscere al mondo. Non riusciva a lavorare con i turisti tedeschi, anche il suono della loro lingua era troppo doloroso. Probabilmente in cuor suo sapeva che era sbagliato, ma come biasimarlo? Ci ringraziò per aver trovato la forza di affrontare quella visita guidata, mentre noi silenziosamente benedivamo il suo coraggio.

Riprendemmo il nostro viaggio, fermandoci due giorni a Riga, in Lettonia. Non stavamo più nella pelle per aver raggiunto il nostro primo traguardo: lasciare l'Europa con un autobus per la Russia. Arrivammo a San Pietroburgo intorno alle 5 del mattino, era ottobre, ancora completamente buio e faceva un freddo cane. Senza internet, senza poter cambiare gli euro in rubli per pagare un taxi e senza anima viva per strada, avevamo solo un indirizzo in tasca, quello di Alexander, un ragazzo che ci avrebbe ospitato per qualche notte. Per fortuna abitava solo a un paio di chilometri di distanza, che potrebbero sembrare pochi ma con 30 chili di zaino sulle spalle fu come correre una maratona. In quel momento imparai la prima lezione sulle difficoltà della vita da backpacker: mantenere la concentrazione per capire cosa fare anche quando le uniche cose che vorresti sono un letto e un posto caldo. Quando arrivammo nel punto che Alex ci aveva indicato, pensammo di avercela fatta ma il suo numero civico non c'era e il quartiere non era di certo dei migliori per girovagare. Dovevamo trovare un modo per contattarlo ma il freddo era talmente forte da impedirci di pensare. La seconda lezione che imparai quella mattina è che in questi casi bisogna affrontare un problema alla volta. Ci ricordammo di aver visto una fermata della metropolitana poco prima, di quelle con un atrio al coperto in superficie, e con le ultime forze ci riparammo lì, perfino il pavimento ghiacciato ci sembrò caldo.

Ci accampammo per una decina di minuti, in silenzio a riprendere fiato, aspettando che la temperatura corporea tornasse ad un livello accettabile. Terza lezione del giorno: nessuno correrà in tuo aiuto, l'unico che può tirarti fuori dai guai sei solo tu. Puoi essere stremato quanto vuoi ma la soluzione ai problemi non pioverà dal cielo e arrabbiarti ti farà solo perdere tempo. L'unica via d'uscita è alzarti in piedi e fare qualcosa. Non avevamo altra scelta se non fermare qualcuno e chiedere di poter fare una telefonata, spiegandoci a gesti da buoni italiani, perché la maggior parte dei russi non parla inglese. Probabilmente spinti dal bisogno di trovare un letto nel più breve tempo possibile, ci vollero meno tentativi del previsto per convincere uno sconosciuto, che stava andando a lavoro, a prestarci il suo telefono. È incredibile come, se messi alle strette, si possa essere in grado di superare ogni ostacolo. Questa è una delle cose più grandiose che si impara viaggiando. Sapevamo solo una cosa: che non saremmo mai tornati in strada senza una direzione certa; e quando vedemmo Alex attraversare quelle porte, una sensazione di gioia sfrenata fece scomparire la stanchezza. Persino il peso degli zaini sembrava dimezzato, avrei potuto sollevarli con una sola mano. Varcata la soglia di casa, Alex capì che era il caso di rimandare i saluti e le presentazioni. Aprì il divano letto, ci consegnò due coperte e ci augurò una buona notte.

Ci stringemmo prima di chiudere gli occhi, consapevoli di esserci sostenuti l'un l'altro fino all'ultimo.

"Ce l'abbiamo fatta" diventò il nostro nuovo modo di dirci "ti amo". Ci alzammo in tarda mattinata, finalmente con la forza per reggerci in piedi e pronunciare frasi di senso compiuto. Qualche ora prima non avevamo fatto caso alle condizioni della casa in cui eravamo entrati, più che un appartamento sembrava un bunker antiatomico. Quasi completamente privo di arredamento, grigio, freddo e con un paio di lampadine che penzolavano dal soffitto. Il pavimento del bagno non aveva piastrelle ma delle travi di legno sconnesse a cui bisognava fare attenzione per non inciampare a causa della luce fioca. Sembrava quasi fosse stato aggiunto successivamente e poi unito al resto della casa. Non potevamo assolutamente lamentarci: uno sconosciuto ci stava ospitando senza sapere nulla di noi e soprattutto senza chiederci niente in cambio. Ma per noi era la prima volta e dovevamo ancora abituarci a quella vita priva di comodità ma non dell'essenziale. Dopotutto, fare nuove esperienze e scoprire nuove realtà erano i motivi principali della nostra partenza. Alexander era un ragazzo d'oro, aveva abbandonato la carriera militare per entrare a far parte di un'associazione che aiutava i senzatetto. Non avendo i mezzi economici per partire, ospitava persone da tutto il mondo per conoscere nuove culture, per "viaggiare" restando fermo. La nostra storia lo sbalordì, non poteva credere che avessimo lasciato tutto e che avremmo viaggiato per così tanto tempo. Era il suo giorno libero e ci fece da guida per le vie di San Pietroburgo, una città costruita sull'acqua nel 1703 che si rivelò affascinante e romantica, qualcuno l'ha definita perfino la Venezia del nord. Con le sue meravigliose cattedrali, il fiume Neva, il magnifico Palazzo d'Inverno, i monumenti, i canali navigabili, era tutto ciò che non ti aspetteresti mai dalla prima volta in Russia. Per certi versi sembrava quasi di essere in Europa.

La temperatura sottozero ci mise a dura prova per tutta la giornata; soprattutto Federica, che è capace di sentire freddo in spiaggia a Ferragosto, soffrì particolarmente. Quando rientrammo la nostra casa-bunker riscaldata ci sembrò una reggia. Stavamo già iniziando a vedere le cose con occhi diversi. Il giorno dopo, purtroppo, fu ancora più dura. Alex ci disse che non ci avrebbe lasciato soli a casa, preferiva che i suoi ospiti uscissero la mattina con lui quando andava a lavorare e rientrassero al suo ritorno. Ciò significava uscire alle 6.00 del mattino e tornare alle 21.00, e considerando la temperatura particolarmente estrema non fu una bellissima notizia.

Federica era preoccupatissima, ancora sballottata da quei primi giorni di viaggio per niente semplici aveva bisogno di tempo per abituarsi a quei cambiamenti. Riuscii a tranquillizzarla e a farle forza, sapevo che questo era solo il primo dei tanti ostacoli che avremmo dovuto affrontare nei mesi a venire, ma le dissi che li avremmo superati insieme.

Venne il mattino e alle 6.00 eravamo già per strada; stringemmo i denti fino al primo bar aperto, era troppo presto perfino per fare i turisti. Bevemmo caffè bollente e tirammo fino alle 8.00, faceva freddissimo e pioveva, ma non volevamo sprecare tempo: così camminammo per tutto il giorno per scaldarci e vedere il più possibile. Erano i primi tempi del nostro viaggio, allora contavamo i centesimi e mangiavamo pochissimo, ripensandoci oggi forse avremmo potuto concederci qualcosa in più.

Alle 18.00 eravamo stremati dal gelo nelle ossa e dalla stanchezza, ci rifugiammo nuovamente in un bar ma mancavano ancora tre ore prima di poter tornare a casa. Nonostante tutto, in qualche modo io mi sentivo comunque eccitato, anche le difficoltà del viaggio facevano parte di ciò che avevo sempre sognato e mettermi alla prova mi faceva stare bene. Pensavo positivo, alle incredibili avventure che ci attendevano, ai popoli che avremmo conosciuto e a quanto saremmo cambiati. Federica, però, non la pensava ancora così e fu presa da una crisi di pianto. Forse iniziare un viaggio così lungo da un Paese gelido come la Russia e non da una spiaggia tropicale aveva complicato le cose.

Ero preoccupato, in fondo eravamo appena partiti ma provai a capirla, mi sentii anche un po' in colpa per il mio entusiasmo. La consolai per un paio d'ore senza ottenere grossi risultati, dopodiché cambiai tattica.

«Ricordi cosa abbiamo passato nell'ultimo anno per essere

qui? Siamo andati contro tutto e tutti e oggi finalmente stiamo vivendo il nostro sogno. Quante notti insonni e quanto coraggio c'è voluto? Questo è il viaggio della nostra vita, non ci saranno altre occasioni! Sai quante persone vorrebbero essere al nostro posto e purtroppo non ne hanno la possibilità? Non avere paura e goditi questa libertà perché potrebbe non ricapitarti mai più».

Non era ancora convinta e così giocai tutte le mie carte.

«Ascoltami, tutto questo non durerà per sempre, hai solo 27 anni e avrai tutto il resto della vita per rivedere famiglia e amici. Non stiamo andando in guerra, sapevamo che il prezzo da pagare sarebbe stato alto. Se vuoi sprecare l'occasione più grande della nostra vita torna pure a casa finché siamo così vicini, ma io non voglio tornare indietro dopo tutto l'inferno che abbiamo passato. Oggi è dura ma chissà quanto potrebbe essere fantastico domani, e io voglio scoprirlo. Ti prometto che un giorno ti ringrazierai per non esserti arresa».

Forse fui troppo duro ma toccai le corde giuste. Federica ha un carattere molto forte e fortunatamente reagì alla mia provocazione. Ogni tanto ricordiamo ancora con piacere quel momento perché fu lì che cambiò tutto.

«Hai ragione» mi rispose sorridendo. «Scusami, è stato solo un momento di debolezza ma questa è l'ultima volta che lascio spazio alla paura, lo giuro. Abbiamo fatto i salti mortali per essere qui, abbiamo creato qualcosa di meraviglioso e non voglio perdermi neanche un secondo di questo viaggio». L'amavo da impazzire. Non glielo dissi ma promisi a me stesso che mi sarei preso cura di lei in ogni momento. Il giorno dopo, il karma ci premiò. Ricevemmo un messaggio da Anastasia di San Pietroburgo che amava l'Italia e moriva dalla voglia di conoscerci ed ospitarci a casa sua. Ci disse che avremmo potuto restare senza limiti di tempo e, soprattutto, che saremmo stati liberi di uscire e rientrare in casa in ogni momento, evitando così le ore più fredde. Nastia, così si faceva chiamare dagli amici, ci raccontò che a soli 19 anni aveva attraversato la Russia in autostop dormendo in tenda. Se lei aveva compiuto una simile impresa, come avremmo potuto noi essere spaventati? Questi sono gli incontri casuali che preferisco, quando la vita di uno sconosciuto può aiutarti a vedere le cose da una prospettiva diversa. Eravamo di nuovo carichi d'entusiasmo come alla partenza, avevamo sconfitto l'ultimo disperato tentativo della comfort zone di riportarci indietro e ora nulla poteva più fermarci. Non era stato un momento piacevole ma sicuramente necessario per la nostra storia.

Erano passati solo una decina di giorni dalla nostra partenza, ma furono sufficienti per farci rendere conto di aver caricato troppo gli zaini. Facemmo un favore alle nostre schiene, regalando dei vestiti e rispedendo in Italia l'attrezzatura di cui non avremmo avuto un vitale ed immediato bisogno. Partimmo per Mosca, viaggiando nella terza classe di un treno notturno, fu un breve assaggio della Transiberiana. Invece di dormire trascorremmo il viaggio chiacchierando con un padre di famiglia e tre medici. Uno di loro oltre al russo parlava spagnolo, e ci raccontò che il treno è il mezzo ideale per conoscere la vera Russia. È un luogo dove la gente condivide un pezzo di vita non per qualche ora, ma per giorni. I russi condividono esperienze, consigli, segreti e brindisi (tanti brindisi), e da perfetti sconosciuti si finisce per diventare grandi amici. Non vedevamo l'ora di buttarci a capofitto in questa eccitante avventura. Erano le cinque del mattino quando arrivammo a Mosca, con un buio pesto e un vento gelido, come sempre. Avevamo trovato un ostello a poco più di un chilometro, per fortuna camminare è meno faticoso quando ne hai bisogno per scaldarti. Il *Good News Hostel* sembrava la casa abbandonata dei film horror, nessuna luce accesa e un campanello che probabilmente non aveva mai funzionato. Questa volta avevamo una sim locale e riuscimmo a telefonare. Dall'altro capo del telefono una voce russa parlò ininterrottamente per circa un minuto. Non capimmo una sola sillaba ma non ci sembrarono parole di benvenuto. Tuttavia, quando arrivammo, una ragazza aprì il cancello e ci fece entrare. Stavamo per accamparci in cucina quando ci disse ciò che ogni viaggiatore sogna di sentirsi dire: «la camera è già pronta, andate pure a riposare». Entrammo con la stessa gioia di un bambino che entra in un negozio di giocattoli e immaginate la nostra sorpresa quando scoprimmo che la stanza era pure un gioiellino. Completamente in legno, calda, pulita e accogliente. Fuori dalla porta era l'inferno sulla terra, lì dentro una valle incantata. Quella dormita fu una delle più belle della mia vita.

Nel pomeriggio uscimmo in preda all'eccitazione, eravamo a pochi metri dal nostro primo grande traguardo e camminavamo tenendoci per mano, come due ragazzini al primo appuntamento. Credo che gli ultimi cinquanta metri li facemmo di corsa, per ritrovarci all'improvviso nella grandiosa Piazza Rossa, il cuore di Mosca.

È un luogo stupefacente, sbalorditivo, strabiliante... e potrei continuare per ore. Non ho mai visto niente di paragonabile alla Cattedrale di San Basilio, sembra uscita da una fiaba con le cupole colorate che sembrano fatte di panna montata. A farle da cornice: il Cremlino e l'imponente torre dell'orologio Spasskaya, il Mausoleo di Lenin e il Museo Storico. La Piazza, inoltre, era colma di viaggiatori provenienti da tutto il mondo!

Potevo sentire il cuore di Federica battere forte per la gioia.

Dopo quel momento di panico a San Pietroburgo non avrei potuto desiderare di più. Se lei è felice, io sono felice. Dopo aver camminato per quattro giorni, arrivò il momento della partenza con la Transiberiana. Era un'avventura che sognavamo da sempre, non sapevamo cosa aspettarci ma non vedevamo l'ora di scoprirlo. Per goderci appieno l'esperienza scegliemmo la Platzkart: 54 lettini in un unico vagone, senza cuccette, senza porte, tutti insieme appassionatamente: studenti, uomini d'affari, operai, tifosi, militari, medici, madri con neonati urlanti e altri viaggiatori come noi. Tutti erano estremamente gentili, desiderosi di chiacchierare, di conoscerci, di offrirci da mangiare. In molti non parlavano inglese ma ci si capiva a gesti, era fantastico vedere come tutti facevano il possibile per comunicare. Passammo così tanto tempo insieme che alla fine il vagone si trasformò in un salotto tra vecchi amici, dove tutti sono in pigiama e pantofole. Per loro il treno non è solo un mezzo di trasporto ma una tradizione, come lo è iniziare a mangiare e bere non appena il convoglio comincia a muoversi. Per tre settimane vivemmo su quelle rotaie, scendendo solo quattro volte. Ci sentivamo talmente a nostro agio con quelle persone che decidemmo di chiedere ospitalità per tutto il Paese, noi volevamo vivere insieme a loro. A Yekateringburg e Novosibirsk fummo ospitati prima da Tim e Yulia, marito e moglie che da anni ospitavano chi viaggiava sulla Transiberiana solo per il piacere di scoprire nuove culture, poi da Svetlana e la sua famiglia, che ci mostrò la sacra ospitalità siberiana lasciandoci la camera da letto e dormendo sul divano. Una sera, tentammo di sdebitarci cercando in tutti i modi di offrirgli da bere, ma la serata si concluse con me che li pregavo in ginocchio di smettere di pagarci la birra e Federica che cantava ubriaca sul palco del locale. A Irkutsk festeggiammo il mio compleanno, con un trekking sulla neve lungo le sponde del lago Baikal, il lago più profondo e antico del mondo. In pieno inverno le sue acque si ghiacciano ed è possibile attraversarlo a piedi ma la temperatura non era ancora sufficientemente bassa (per la gioia di Federica). Fu il mio primo compleanno festeggiato durante il giro del mondo, 32 anni appena compiuti ma con la meravigliosa sensazione che il tempo scorresse all'indietro e non in avanti. Non mi sentivo invecchiato di un anno ma ringiovanito di 15!

Una sera, nel nostro ostello dimenticato da Dio in Siberia, sentimmo in lontananza qualcuno parlare italiano: era Lorenzo, un ragazzo veneto che si stava godendo il suo lungo viaggio verso l'Asia. Da buoni italiani condividemmo un piatto di pasta raccontandoci le nostre avventure. Ci salutammo con la speranza di rincontrarci, ma solo quando il destino lo avrebbe deciso.

Nel primo mese di viaggio ci era già successo di tutto: quanta vita, quante persone conosciute e quante nuove esperienze! Avevamo superato i primi ostacoli con tenacia e determinazione uscendone vincitori. Quel primo mese di cambiamenti non fu semplice, ma sentivamo che le nostre barriere mentali stavano crollando.

Finalmente avevamo il pieno controllo sulle nostre vite.

5

Entrammo in Mongolia da Ulan Ude, la nostra ultima tappa russa, una città da dove avremmo raggiunto Ulan Bator in autobus. Costava la metà del treno e permetteva di risparmiare molte ore al confine (immaginate quanto possano essere lunghi i controlli per decine di vagoni e centinaia di passeggeri).

Il piano era di scendere dall'ultimo treno della Transiberiana e prendere la coincidenza con l'autobus, ma una volta arrivati in stazione, alle cinque del mattino nel bel mezzo di una bufera di neve, scoprimmo che non c'era nemmeno un posto libero. Sfiniti, comprammo un biglietto per la mattina dopo e cercammo l'ostello più vicino. Più che un ostello era un appartamento in comune con altri viaggiatori, ma quando tutto quello di cui hai bisogno è un letto anche un materasso in un sottoscala ti sembra un resort alle Maldive.

Ulan Bator è tutto ciò che non vai cercando in un viaggio in Mongolia, ma è il punto di partenza obbligatorio per visitare tutte le sue bellezze. È il centro industriale ed economico del Paese, il numero degli abitanti è in continua crescita perché le nuove generazioni non vogliono più affrontare la dura vita dei nomadi e si riversano in città. Il traffico è paragonabile alle capitali europee e le centinaia di vecchi palazzi costruiti in stile sovietico conferiscono un'aura piuttosto triste e grigia alla metropoli.

Immaginate un Paese grande cinque volte l'Italia ma con un ventesimo della popolazione, poco più di tre milioni di abitanti. Di questi, circa la metà vive schiacciata tra le asfissianti costruzioni di Ulan Bator.

Probabilmente il periodo migliore per una visita è l'estate, ma noi arrivammo a novembre quando si ghiacciava. Il primo impatto non fu dei migliori: alla stazione degli autobus contrattammo con un tassista la corsa fino all'ostello. In questi casi ripetiamo la cifra decine di volte per evitare brutte sorprese, ma una volta giunti a destinazione l'autista fece scattare la classica truffa per turisti insinuando che il prezzo pattuito fosse per una sola persona e che avremmo dovuto pagare il doppio. Per nulla al mondo avremmo dato i nostri soldi ad un ladruncolo del genere! Uscimmo dall'auto ma il farabutto tentò un'ultima mossa disperata: non avrebbe aperto il bagagliaio coi nostri zaini finché non avessimo pagato. La situazione stava per prendere una brutta piega, notai solo in quel momento che eravamo in un vicolo semibuio e deserto, ma proprio quando stavamo per perdere la calma si avvicinò un uomo che passava di lì e ci chiese cosa stesse succedendo. Gli spiegammo la situazione e fortunatamente decise di schierarsi dalla nostra parte. Non ho idea di cosa gli disse in lingua mongola ma funzionò, l'imbroglione ci lasciò prendere gli zaini e potemmo finalmente entrare in ostello, mezzi morti dal freddo. Non male come prima sera!

Sfruttammo i primi giorni per esplorare la zona e scoprimmo che, a parte il famigerato tassista, i mongoli erano gentili, curiosi, disposti ad aiutarti e soprattutto parlavano inglese. In città i musei, i templi e i monasteri buddhisti sorgevano accanto ai grattacieli che in qualche modo ne offuscavano il fascino e la storia. C'erano cantieri ovunque e la costante sensazione che prima o poi lo spazio si sarebbe esaurito.

Organizzammo il nostro primo e unico tour nella sconfinata steppa della Mongolia: avremmo raggiunto il deserto del Gobi e per cinque giorni avremmo vissuto nella natura più incontaminata, popolata da cavalli, pecore, gazzelle, yak e cammelli. Attraversare la Mongolia da soli e con un mezzo proprio è difficile e potenzialmente rischioso. Non ci sono strade asfaltate, le poche vie esistenti sono sterrate e non segnalate, senza considerare che un guasto meccanico in mezzo al nulla potrebbe bloccarvi per giorni. Per questa ragione affidarsi ad una guida e ad un autista esperto è la soluzione migliore, inoltre vi racconteranno un sacco di aneddoti interessanti sulle usanze di quest'incredibile popolo. La nostra guida si chiamava Jen, e Batu era l'autista. Jen era dolce, timida e gracilina, in realtà era cresciuta in una Gher, l'abitazione usata dai nomadi, e aveva la forza di un leone, oltre ad essere un'ottima cuoca. I mongoli cucinano carne di montone dalla mattina alla sera, potrebbe anche essere buona se non fosse che il tempo medio di digestione si aggira intorno alle 48 ore. L'unica via di scampo durante il tour fu mentire spudoratamente: ci spacciammo per due vegetariani e mangiammo come due re proprio grazie alla gustosissima cucina di Jen.

Batu era grosso e robusto come un orso, sembrava arrivasse direttamente dall'esercito dei cavalieri di Gengis Khan. Al primo impatto non potei fare a meno di immaginarlo su un campo di battaglia, visione che svanì all'istante non appena aprì bocca. Era un giocherellone, con la battuta pronta e non perdeva occasione per strapparci un sorriso. Entrambi parlavano inglese, cosa non da poco in Asia. Entrammo in contatto con le popolazioni nomadi, che credono ancora in una vita semplice, e non vogliono cedere alla follia della città. Dormimmo in una Gher mongola, una struttura in legno richiudibile e trasportabile, ricoperta da strati di tessuto e feltro di lana di pecora, essenziali per creare l'isolamento termico necessario per sopravvivere nella steppa. Per i nomadi è un luogo sacro. Dall'esterno può sembrare una grande tenda, ma dentro tutto è disposto secondo regole ben precise in segno di buon auspicio, con decorazioni colorate e ornamenti in legno che ricordano la simbologia buddista. Senza corrente elettrica e riscaldati solo da una stufa, questo stile di vita ci insegnò ad apprezzare le piccole cose, come una serata condivisa attorno al fuoco dopo una giornata trascorsa al freddo.

Una sera Jen, pensando di farci un favore, caricò la stufa con una quantità spropositata di legna. Mi svegliai nel cuore della notte e mentre la temperatura esterna si aggirava intorno ai -25 gradi, quella interna probabilmente era vicina alla temperatura del sole. Mentre tutti dormivano profondamente, io iniziai a togliermi, uno alla volta, gli strati di indumenti, fino a ritrovarmi in mutande, neanche fossimo stati ai Caraibi. Resistetti un altro quarto d'ora soffrendo in silenzio, dopodiché mi infilai le scarpe e mi precipitai fuori dalla Gher. Penso che chiunque altro sarebbe morto ma non io, avevo accumulato talmente tanto calore che avrei potuto liquefare l'acciaio a mani nude. Provai lo stesso piacere di quando si esce da una sauna, che si amplificò all'infinito non appena alzai lo sguardo e vidi milioni di stelle sopra la mia testa che illuminavano il cielo. E pensare che un attimo prima ero sull'orlo di una crisi di nervi; se non fosse stato per quel momento di difficoltà non avrei mai scoperto quella meraviglia a pochi passi da me.

Non so dire quanto tempo sia rimasto lì fuori ma ci pensò Federica a scuotermi dall'incanto. Vedendomi attraverso la porta socchiusa, mi urlò di rientrare, ricordandomi che l'ipotermia non sarebbe stato un modo piacevole di passare la notte. La dolcissima Jen, incredibilmente ancora avvolta nel suo sacco a pelo, mi chiese scusa in otto dialetti diversi prima di spegnere la stufa. Provai a tranquillizzarla, poi lasciai parlare il mio sorriso che non riuscivo più a togliermi dalla faccia per ciò che avevo appena visto.

Anche il deserto del Gobi mi diede una bella lezione con le sue dune simili ad enormi montagne, delle cui vette devi guadagnarti un centimetro alla volta, scavando nella rena che continua a trascinarti giù. Penserai di non farcela, vorrai tornare indietro, ma avrai fatto così tanta strada per essere lì che non potrai mollare. Lo spettacolo che ti sarai guadagnato varrà ogni goccia di sudore, e ti renderai conto di aver ricevuto uno degli insegnamenti migliori che la vita possa offrirti. La sensazione che provai fu indimenticabile. Ero da solo perché Federica e Jen avevano abbandonato la scalata a metà strada, mi sentivo invincibile e avrei voluto che tutte le persone che amavo fossero lì per provare quella gioia. Se oggi, in un momento difficile, sento che sto per mollare, mi sforzo di ricordare quella salita infinita che mi aveva quasi messo in ginocchio e quella straordinaria bellezza che ho trovato in cima grazie alla decisione di non arrendermi. Tornammo a Ulan Bator più felici che mai. Per la prima volta iniziammo a riflettere sull'infinità di oggetti inutili con cui riempiamo le nostre case, convinti che siano indispensabili per sopravvivere. Quanto tempo perso, quanti soldi sprecati! Volevamo assimilare lentamente tutte quelle nuove emozioni e ci rendemmo conto che dal primo giorno di viaggio non ci eravamo mai fermati davvero, per questo decidemmo di trattenerci in ostello per due settimane e lavorare con calma alle nostre foto e ai nostri video, stringendo una grande amicizia con i proprietari.

Era ormai novembre inoltrato quando riprendemmo il nostro viaggio. Il freddo era diventato insostenibile ma la voglia di nuove avventure cresceva. Ci recammo all'ambasciata cinese per richiedere il visto d'entrata ma la procedura fu più difficile del previsto. Anche per uno turistico, i cinesi esigono una marea di dati tra itinerario, date precise e prenotazioni di hotel. Tutte informazioni che non avevamo. Per tre volte fummo costretti a tornare all'ambasciata, il piano era di richiedere un visto con doppio ingresso, da 30 giorni ciascuno, per attraversare la Cina da nord a sud, spezzando il viaggio con una visita a Hong Kong tra il primo e il secondo mese. Ottenemmo solo due ingressi da 10 giorni, una quantità di tempo ridicola per visitare uno dei Paesi più grandi del mondo. Non fu una notizia semplice da digerire. A niente servirono le nostre proteste, i cinesi non ne vollero sapere di rivedere la loro decisione. Salimmo sul treno per Pechino piuttosto arrabbiati e demoralizzati, ma quel tipo di sfide e cambiamenti imprevedibili facevano parte del gioco e in un modo o nell'altro li avremmo affrontati. Avremmo imparato col tempo che non c'è una versione giusta o sbagliata, tutto va come deve andare.

6

Grazie al couchsurfing ci mettemmo in contatto con Evan, un ragazzo cinese di Pechino che ci ospitò per tre giorni. Il suo aiuto fu inestimabile, ci fece da interprete e passammo le prime 48 ore cercando a tutti i costi di farci estendere il visto. Dopo due giorni di corse, uffici, moduli, stazioni di polizia e un'infinità di timbri, tutto quello che riuscimmo ad ottenere furono altri 10 giorni ma solamente sul primo ingresso. Ci ritrovammo, quindi, con 20 giorni a disposizione per visitare il nord del Paese per poi essere costretti ad uscirne per raggiungere Hong Kong. Ci sarebbe toccato correre, ma non avevamo altra scelta.

Una parte di Pechino ci lasciò a bocca aperta, l'altra era insopportabile. Non si può restare indifferenti dinanzi alla sua storia millenaria, alla Città Proibita, al Tempio del Cielo, al Palazzo d'Estate e naturalmente alla Grande Muraglia Cinese che da sola basta a giustificarne il viaggio. Sulle sue mura incontrammo altri italiani e, come sempre accade, bastò uno sguardo per riconoscerci, senza nemmeno il bisogno di parlare. L'incontro si concluse nell'unico modo possibile: con un piatto di spaghetti alla carbonara e tante risate. Pechino è una città immensa con 21 milioni di abitanti, è assordante, caotica e con un traffico esorbitante. I cinesi ci stanno stretti, ovunque ci sono orribili palazzoni costruiti soltanto per dare un tetto alle troppe persone. Ci sentimmo soffocare al solo al pensiero di abitare in quelle grigie e desolanti torri di cemento. L'aria era irrespirabile, per tutto il tempo passato in città una cappa aveva tappato il cielo e un'inquietante nebbiolina di smog ci aveva fatto compagnia. I cinesi sono poco educati, ruttano ed emettono flatulenze liberamente in pubblico. La prima volta che entrammo in un ristorante notammo cicche di sigarette e resti di cibo sul pavimento, cenere sui tavoli e un odore nauseabondo. Per fortuna non sono tutti così ma non fu un grande biglietto da visita. L'appartamento di Evan era in periferia, ciò significava quattro ore di mezzi pubblici al giorno per andare e tornare dal centro. Per quanto fosse il ragazzo più gentile del mondo, la sua casa fu un'altra occasione per comprendere lo stile di vita del suo popolo. La cucina era un disastro, inutilizzabile, talmente sporca che rinunciammo perfino ad utilizzare il frigorifero. I materassi erano due tavole di legno, usammo i sacchi a pelo per dare un minimo di sollievo alla schiena. In bagno l'unico desiderio era di essere più veloci possibili, funzionava solo il lavandino e la doccia consisteva in un tubo su una piccola grata in mezzo alla stanza. Lo scarico del WC era fuori uso ma Evan non aveva nessuna intenzione di farlo riparare. Ancora oggi ci chiediamo dove facesse i suoi bisogni perché noi fummo costretti ad utilizzare ogni mattina il bagno del fast food sotto casa, che era perfino più pulito del suo. Solitamente è Federica la maniaca del pulito e qualche volta esagera, ma in questo caso dovetti darle ragione quando mi disse che non avremmo potuto resistere per molto. Eravamo ancora inesperti a quei tempi e soffrivamo parecchio quel tipo di condizioni; ripensandoci oggi forse avrei potuto cercare una sistemazione più vicina al centro per risparmiarci almeno le quattro ore di viaggio giornaliere. Da allora lo faccio sempre nelle grandi città.

Un altro grande ostacolo fu la comunicazione. In Cina nessuno parla inglese e quel che è peggio è che nessuno ha la minima intenzione di impararlo! Anche i più giovani ti guardavano come fossi un alieno dopo aver pronunciato un semplice "hello" o "sorry". Se il popolo russo anche non conoscendo l'inglese fece di tutto per aiutarci, quello cinese (a parte Evan) non ne volle proprio sapere, eravamo invisibili per loro. Con soli 17 giorni rimasti a nostra disposizione stilammo un itinerario. Avremmo potuto raggiungere solamente altre quattro tappe nel nord del Paese, le distanze erano enormi e comprammo in anticipo tutti i biglietti dei treni. Il treno cinese è un'altra esperienza da provare almeno una volta nella vita. I vagoni in Russia erano affollati ma qui il livello di confusione è di un altro tipo. La Transiberiana in confronto è una giornata in un centro benessere. Le cuccette non hanno porte, le brande sono a file di tre, chi dorme sull'ultima in alto si ritrova con il naso a 30 centimetri dal soffitto e la ventola dell'aria condizionata a bruciapelo. Nonostante tutto era il mio posto preferito perché almeno lassù riuscivo ad estraniarmi dal caos infernale che regnava sul treno, anche se dovevo mummificarmi sotto le coperte sperando di sopravvivere alla temperatura glaciale. Federica, che non ama dormire nei piani alti dei letti a castello, dovette affrontare madri urlanti, bambini indemoniati, cene di famiglia, bische clandestine, venditori ambulanti, rutti, "gas molesti" e fumatori incalliti. Sì, perché sui treni cinesi è permesso fumare e l'odore in uno spazio così limitato è molto persistente. Dall'alto della mia postazione era come essere al cinema, non ho mai riso così tanto come in quei viaggi della speranza mentre osservavo Federica che cercava di non impazzire.

Arrivammo a Xi'an per vedere l'Esercito di Terracotta, voluto dall'Imperatore per essere protetto nell'aldilà. Si visita da una balconata molto alta e purtroppo non ci si può avvicinare molto, ma centinaia di soldati scolpiti a misura d'uomo duemila anni fa non sono una cosa che si vede tutti i giorni. Fortunatamente era bassa stagione ed evitammo le orde di turisti maleducati che solitamente prendono d'assalto questo luogo durante l'estate.

Questa tappa avrà sempre per noi un valore affettivo: fu la nostra prima volta con stanza e bagno privato dopo tre mesi di viaggio. Nella vita di tutti i giorni non facciamo mai caso a queste cose, ma comprendi davvero il lusso di avere un bagno privato solo quando sei costretto a condividerlo per mesi con degli sconosciuti. Era una camera semplicissima ma a noi sembrò di essere nella suite di un hotel a cinque stelle: avevamo imparato un'altra importantissima lezione.

Due giorni dopo arrivammo a Chengdu per visitare il *Panda Research Centre Breeding*, una riserva (non è uno zoo) dedicata alla salvaguardia dei Panda Giganti. Fondato nel 1980, il centro di ricerca che sorge al suo interno ha salvato dall'estinzione questa specie, portando a 2000 il numero di esemplari viventi, di cui l'80% si trova proprio qui, nella regione del Sichuan. La riserva è un enorme parco percorribile a piedi, una grande oasi verde con le vie interamente ricoperte da bambù, simili a dei tunnel così fitti da non riuscire a intravedere il cielo. Tutto il parco è disseminato di panda, ciascuno possiede una sua area all'aperto con qualche costruzione in legno per farlo giocare, ed un cartello che ne indica nome, anno di nascita e peculiarità del carattere.

Sono di natura tutti molto giocherelloni e la loro serenità fu una piacevole scoperta. Se dormono neanche una cannonata potrebbe svegliarli. Ci sono gli adulti, i giovani, gli irresistibili cuccioli, e il panda rosso: una razza decisamente più piccola ma altrettanto dolce e simpatica. Tutta la visita si svolge a debita distanza, l'unico modo per entrare in contatto con i panda è pagare (tantissimo) per una giornata da volontario, per poi scattare una foto con il vostro cucciolo in braccio.

È stato bello vedere con quanta passione si impegnano i

ragazzi che lavorano lì e sapere che questi splendidi animali sono al sicuro. Non gli fanno mancare nulla, li tengono puliti, li viziano e li coccolano, ma d'altronde è impossibile resistere a tanta tenerezza. Non fu per niente facile trascinare via Federica che stava già progettando una nuova vita da allevatrice nel cuore della Cina!

Due treni dopo arrivammo al Parco Nazionale di Zhangjiajie, forse uno dei luoghi più assurdi e stupendi che abbiamo mai visto, un'area naturale protetta nella provincia settentrionale dello Hunan. Mi sembrò di camminare in un luogo fatato, aspettandomi di vedere elfi e folletti da un momento all'altro. Inoltre, la maestosità dei suoi pinnacoli di roccia arenaria, che hanno vissuto 380 milioni di anni di cambiamenti geologici, mi fecero tremare le gambe quando provai a guardare in basso. Riconosciuto come Patrimonio Mondiale UNESCO, il parco ha ispirato le montagne fluttuanti del film *Avatar*.

Questo è stato senz'ombra di dubbio il luogo più affascinate visitato durante la nostra breve permanenza in Cina, avremmo voluto e potuto godercelo di più ma ancora una volta i misteri dei ragionamenti cinesi hanno avuto la meglio. Non abbiamo mai capito, per esempio, per quale motivo a Pechino, mentre si ragionava sul possibile itinerario, Evan ci avesse consigliato di fermarci a Zhangjiajie un solo giorno per dedicare più tempo alle grandi città. Mistero!

Nel nostro unico giorno a disposizione cercammo naturalmente di vedere il più possibile. Il parco era straordinario, di solito amiamo camminare ma per risparmiare tempo e coprire le lunghe distanze usammo le navette. Arrivò il tramonto in un batter d'occhio ma noi eravamo ancora immersi nei percorsi della foresta, e quando sei consapevole che in un luogo così lontano da casa non sarà facile ritornare, è molto dura tornare indietro. Continui a ripetere a te stesso "solo un altro passo", se non fosse stato per il buon senso di Federica probabilmente sarei ancora lì.

Tornammo alla fermata della navetta ma era troppo tardi, era deserta, avevamo perso l'ultimo autobus. Restava solo una possibilità, ripercorrere a piedi un sentiero attraverso il bosco per raggiungere una seconda fermata con la speranza di essere più fortunati. Oltre a noi non c'era anima viva in giro, come se quel giorno il parco non fosse mai stato aperto. Entrammo nella foresta che ormai era buio e, anche se avevamo le nostre torce, camminare nell'oscurità non fu di certo una passeggiata di piacere. Chissà perché ma in momenti del genere si ha sempre la sensazione che tutto il regno animale sia dalle tue parti, ogni piccolo rumore ti sembra il passo di un leone. La buttammo sul ridere per sdrammatizzare e, a parte i pipistrelli grandi come aquile, la traversata andò bene. Purtroppo anche la seconda fermata era deserta, sembrava di essere in una città fantasma.

Un attimo prima di rassegnarci allo sconforto e accettare il fatto che avremmo dovuto percorrere a piedi parecchi chilometri, intravedemmo uno spiraglio di luce che proveniva dalla porta dell'unica costruzione presente, una minuscola capanna di legno. Era l'ultima speranza, bussammo disperati. Quando una giovane ragazza aprì, il primo istinto fu di abbracciarla fortissimo ma cercammo di contenere la gioia per non spaventare il bambino che teneva in braccio. Non parlava inglese ma voleva aiutarci, capì che avevamo bisogno d'aiuto e ci fece entrare. Era una sorta di custode e quella era la sua casa, una capanna di tre metri per due dove viveva col figlio e il marito. C'erano solo un letto, una sedia, una lampadina e tantissime coperte. L'inverno non era ancora iniziato ma il freddo si faceva sentire, c'erano molte fessure tra le assi di legno sconnesse attraverso le quali soffiava un vento gelido. Provai a immaginare di vivere lì, non ce l'avrei mai fatta, e ancora una volta mi resi conto di essere davvero fortunato per tutto ciò che avevo senza averlo mai apprezzato veramente. Loro invece sorridevano, sembravano felici. Probabilmente per loro quello era un lavoro sicuro, in un parco con centinaia di migliaia di visitatori all'anno, che gli garantiva uno stipendio assicurato con cui crescere il loro bimbo. E sicuramente quella casa che a me sembrava così minuscola, per loro doveva essere un riparo dai pericoli, un luogo protetto e sicuro dove poter vivere insieme. Non chiedevano più di questo. Ci spiegammo a gesti e sorrisi, forse non capirono nulla di quello che tentammo di dirgli ma usarono la logica: cosa staranno mai chiedendo due stranieri sperduti in un grande parco, al buio, dopo l'orario di chiusura? Fecero una telefonata, il cinese era incomprensibile ma il loro tono calmo e pacato ci rassicurò. Dall'altro capo del telefono, chiunque fosse, aveva accettato di venirci a prendere. Con le dita delle mani contarono fino a quindici per farci capire che quelli sarebbero stati i minuti da attendere. Per non disturbarli ulteriormente provammo ad uscire ma sapevano che si gelava e non ce lo permisero, così ci sedemmo nell'unico angolo libero, e per un quarto d'ora giocammo col piccolo, scambiando sorrisi con i genitori. Senza dire una parola fu una delle "conversazioni" più belle della mia vita.

Lasciammo Zhangjiajie a malincuore, c'era ancora così tanto da vedere e non avevamo nessuna voglia di essere inghiottiti nuovamente dal delirio di una grande città. Fu il primo luogo ad averci mostrato un lato diverso della Cina e del suo popolo, gentile e aperto verso i viaggiatori stranieri. Col biglietto d'ingresso in tasca, costato un occhio della testa, saremmo potuti entrare nel parco per altri due giorni ma non potevamo permetterci di sprecare il biglietto del treno già pagato. Da una parte il disappunto perché uno sbadato ragazzo cinese ci aveva consigliato male, dall'altra la fortuna di aver conosciuto brave persone e la speranza che non tutto fosse perduto per questo strano Paese.

Arrivò il giorno dell'ultima tappa: Shangai, l'esempio perfetto della modernità cinese. C'erano più grattacieli che persone, ma la sera, illuminato, lo skyline sul fiume era qualcosa che non si può dimenticare. A quanto pareva era anche il set più gettonato tra i novelli sposi che puntualmente, al tramonto, si presentavano sul lungofiume accompagnati da un fotografo, incuranti della fiumana di persone che inevitabilmente sarebbe finita negli scatti del loro album di nozze. Tra tutte le città cinesi visitate era quella più internazionale, ci vivevano tantissimi occidentali espatriati e la mentalità degli abitanti era molto più aperta. Per strada non era difficile trovare uomini d'affari in giacca e cravatta connessi ai loro smartphone accanto a vecchietti dall'aria centenaria intenti a giocare a misteriosi giochi da tavolo.

Mangiare in Cina è come una roulette russa, menu completamente in cinese e nessuno che parli inglese, l'unica cosa da fare è puntare il dito alla cieca e sperare che non arrivi un piatto di interiora, insetti o serpenti. Se è il tuo giorno fortunato potresti trovare delle foto accanto ai nomi impronunciabili delle pietanze, per sapere almeno a cosa stai andando incontro, ma succede una volta su dieci. A Shangai invece, per la prima volta, trovammo i menu dei ristoranti con la traduzione in inglese. Non potevamo lasciarci scappare quell'occasione, mangiammo fino a che il nostro stomaco non raggiunse la sua capacità massima. Federica riacquistò la fiducia nel genere umano e imparammo che a pancia piena tutto sembra più semplice da affrontare.

Il nostro visto turistico stava per volgere al termine e arrivò il momento di tirare le somme. Come immaginato, venti giorni furono un periodo di tempo ridicolo per dare un senso ad un viaggio in Cina e ammetto che la fretta obbligata ha sicuramente influenzato molto il nostro giudizio finale. Anche i problemi di comunicazione incisero parecchio, a fine giornata eravamo sempre stremati e increduli che un Paese come questo, tanto avanzato per certi versi, fosse allo stesso tempo così arretrato. Notammo nel popolo cinese l'abitudine a non pensare, come se non fosse abituato neanche ai più piccoli ragionamenti di logica, come ad esempio scorrere di posto sull'autobus piuttosto che obbligare cinque persone a scavalcare una persona in un mezzo già strapieno. Invece di fare passi avanti sembrava stessero retrocedendo: milioni di persone dal volto spento, senza l'ombra di un'emozione, senza passione o il benché minimo amore per la vita. Il loro mondo era compreso nei pochi centimetri che separavano gli occhi dal display del cellulare, dal quale non staccavano mai lo sguardo, nemmeno per mangiare. Se oltre a tutto ciò consideriamo che internet è censurato (a parte i siti cinesi), è facile comprendere quanto il governo faccia il possibile per evitare qualunque tipo di apertura mentale. L'unica finestra che si affaccia sul mondo esterno è stata chiusa, non sia mai che a qualcuno vengano in mente strane idee!

Viaggiando lentamente, sui treni locali, abbiamo avuto modo di entrare parecchio in contatto con la gente del posto e, ci dispiace dirlo, siamo rimasti delusi. Non abbiamo mai visto un popolo così maleducato, indisponente, chiassoso, sporco e irritante come quello cinese. Forse in una vacanza di qualche giorno la cosa potrebbe passare inosservata, ma attraversando il Paese come abbiamo fatto noi, tutti questi difetti erano purtroppo sott'occhio quotidianamente, rendendo molto meno piacevole il viaggio.

Ovviamente, non voglio fare di tutta l'erba un fascio: abbiamo incontrato anche persone meravigliose (come Evan) ma con circa un miliardo e mezzo di abitanti posso dire che la percentuale di persone moleste è stata molto alta; mi dispiace solo di non aver trovato quella spiritualità che ci aspettavamo dall'Oriente e da un Paese come la Cina. Sicuramente i problemi col visto e la corsa forzata non ci aiutarono, tant'è vero che non abbiamo potuto vedere il sud del Paese, quello delle campagne e della calma, delle risaie e dei piccoli villaggi, quello che forse ci interessava maggiormente; ma sarà un ottimo motivo per tornare, perché ogni cosa nella vita merita una seconda possibilità. Giurammo a noi stessi che anche se il primo incontro non era stato di certo memorabile, non ci saremmo arresi con la Cina, quello era solo un arrivederci!

Imparata la lezione, decidemmo di non utilizzare il secondo visto d'ingresso, avremmo avuto solo dieci giorni questa volta, ancora meno della prima, sapevamo che avremmo visto poco o niente e non volevamo complicarci la vita inutilmente. Salimmo sul treno per Hong Kong più felici che mai, non vedevamo l'ora di lasciare il territorio cinese e buttarci a capofitto in un nuovo capitolo del nostro giro del mondo. L'attraversamento del confine a Shenzen fu uno dei più semplici, a piedi da un treno ad un altro. Fu come tornare sulla Terra dopo aver vissuto su un pianeta alieno, persone che finalmente ti guardavano negli occhi e soprattutto non avevano paura di aiutarti in caso di bisogno. Già da quei primi momenti notammo un particolare che avrebbe potuto essere insignificante per chiunque ma non per noi che arrivavamo dalla terribile esperienza cinese: le persone in fila sulle scale mobili lasciavano libero il passaggio sulla sinistra per chi aveva fretta, finalmente eravamo di nuovo tra esseri umani che si preoccupavano per altri esseri umani!

Il secondo grande motivo di gioia, ma non meno importante, fu che per la prima volta, da quando avevamo lasciato l'Italia, trovammo un clima caldo. Dopo aver attraversato sei Paesi gelidi, quella fu la nostra prima volta a maniche corte. Fu come vedere il sole dopo un inverno infinito, ci abbracciammo felici stringendoci l'uno all'altra come se avessimo appena tagliato un altro grande traguardo.

Hong Kong era caotica, affascinante, rumorosa, colorata, multietnica, divertente: a primo impatto dava proprio l'impressione di non dormire mai (e in effetti era proprio così). Per noi fu un risveglio dal torpore cinese, da troppo tempo non sentivamo l'eccitazione data dall'approdo in un Paese tutto da scoprire.

La città era a tutti gli effetti un ponte tra Oriente ed Occidente, un luogo dove si intrecciavano profondamente tradizione e modernità. Il suo fascino incredibile, a parer mio, stava proprio nel passare dagli immensi grattacieli e i neon del centro, ai vicoletti stracolmi di bancarelle di paccottiglia e ristorantini spartani senza nome.

C'è però un particolare che rende Hong Kong unica: è una delle città più densamente popolate del mondo, i suoi 7 milioni di abitanti vivono in pochissimi chilometri quadrati. Per darvi un'idea, l'Italia ha una densità di 203 abitanti per chilometro quadrato, Hong Kong di 6.479. Tutto ciò ha provocato uno sviluppo verticale della città con grattacieli ammassati l'uno sull'altro ed enormi e fatiscenti edifici. Alveari di cemento in cui le persone sono costrette a vivere in "appartamenti" di 2-3 metri quadri senza finestre. Se ogni abitante della Terra vivesse allo stesso livello di densità di Hong Kong, l'intera umanità potrebbe raccogliersi nei confini del solo Egitto!

Inoltre, è una città molto costosa per viaggiatori zaino in spalla: solo dopo estenuanti ricerche riuscimmo a trovare una stanza in offerta, spendendo per una notte più del doppio di quello a cui eravamo abituati. Quando vedemmo la nostra camera la tentazione di urlare fu grandissima: un loculo senza finestre! L'unico modo per entrare era salire sul letto, scendere dal materasso significava finire direttamente nel microscopico bagno, dove per sedersi sul WC era obbligatorio lasciare la porta aperta per stendere le ginocchia. Questa è Hong Kong, affascinante, viva e dinamica, ma allo stesso tempo folle e non adatta a chi soffre di claustrofobia.

La metropoli asiatica è anche uno dei più grandi centri di scambio, a livello mondiale, dei trafficanti di prodotti contraffatti: borse, vestiti, scarpe, orologi, occhiali da sole, giocattoli, sigarette, elettronica. Si può trovare davvero di tutto, addirittura venditori agli angoli delle strade che smerciano IPhone di ultima generazione perfettamente imballati, come fossero accendini.

Nel suo delirio comunque mi sentivo bene, pensai che se non fosse stato per il viaggio in corso, un'esperienza di sei mesi o un anno a Hong Kong sarebbe stata una grande esperienza di vita; quando ne avremo l'occasione ci ritorneremo senza pensarci due volte.

Incredibilmente senza averlo programmato, ritrovammo Lorenzo, che non vedevamo dalla Siberia! Anche lui aveva viaggiato in Cina e, come noi, era fuggito a Hong Kong. Era come se ci conoscessimo da anni, fu meraviglioso ridere e scherzare sulle follie dell'Asia. Quando si viaggia per tanto tempo, rivedere altri viaggiatori lungo la strada è un momento di gioia incontenibile, si condividono le stesse emozioni e gli stessi ostacoli. È come ritrovare, per un breve momento, un calore famigliare, è farsi forza l'un l'altro, è camminare senza meta ridendo a crepapelle, è godersi insieme una libertà che non ha prezzo.

Avendo rinunciato forzatamente al sud della Cina anche il nostro piano iniziale andò a farsi benedire. Proprio lì avremmo dovuto cercare un contatto locale per entrare in Tibet, da sempre nei nostri sogni, con l'obiettivo di non spendere un patrimonio. Invece passammo tutta la serata davanti al computer consapevoli dei prezzi esorbitanti che avremmo trovato. Con ancora anni di strada davanti a noi non ne valeva la pena, avremmo realizzato quel sogno un'altra volta, coscienti del fatto che non avremmo mai smesso di viaggiare.

Tutto questo avrebbe potuto sconfortarci e, invece, fu proprio quella sera che comprendemmo il valore delle infinite possibilità che una vita libera può offrire.

Eravamo concentrati nella ricerca dei voli, confrontando migliaia di compagnie per spendere il meno possibile, la destinazione successiva sarebbe dovuta essere il Nepal, fu a quel punto che Federica mi sorprese con una domanda.

«E se andassimo in Giappone?» mi chiese, sorridendo.

Per un istante pensai stesse scherzando, in una vita "normale" decisioni del genere vanno ponderate con attenzione. Ma noi non stavamo vivendo una vita normale!

«Dici sul serio?» replicai, per essere certo che non fosse una battuta.

«Non abbiamo nessuna fretta, nessun obbligo, nessun capo a cui rendere conto, dammi un solo buon motivo per cui non dovremmo farlo. E poi tu sogni di andarci da sempre, adesso che siamo così vicini è un'occasione d'oro!».

Aveva doppiamente ragione. Sognavo il Giappone da sempre e da Hong Kong il volo costava una bazzecola, quanto la tratta Milano-Roma. A casa, mentre stavamo progettando il giro del mondo, lo avevamo escluso perché fuori dalla nostra rotta. Per ridurre al minimo il numero dei voli avevamo verificato solamente i prezzi delle navi che partivano dal porto di Shangai; costavano troppo e considerando che il Giappone è uno dei Paesi più cari dell'Asia, lo avevamo lasciato per una futura lista dei desideri. E invece, cambio di programma! Eccitati comprammo i biglietti aerei, un attimo prima non avevamo una meta e un secondo dopo ci ritrovavamo con la certezza che nel giro di 48 ore avremmo messo piede nel Paese del Sol Levante. Sarebbe già stata una gioia incontenibile se lo avessimo programmato, figuratevi scoprirlo così, inaspettatamente e senza nessun preavviso. Era quella la vita che avevo sempre sognato: avere il potere di stravolgerla all'improvviso per seguire solo il cuore.

Dopo un inferno di ostacoli, dubbi e paure mi ero guadagnato la libertà.

7

Arrivare in Giappone fu come atterrare su un altro pianeta. Un mondo dove tutto era perfetto. Trovammo una gentilezza, un ordine, una pulizia e un rispetto delle regole che non apparteneva alla realtà a cui eravamo abituati. I giapponesi avevano tutto sotto controllo e forse noi, con i nostri zaini enormi, i vestiti piuttosto trasandati e i corpi ricoperti di tatuaggi, li abbiamo incuriositi, o più probabilmente spaventati. A suggerirmi la seconda opzione fu il fatto di essere stato l'unico tra tutti i passeggeri del volo ad essere fermato per un controllo dagli agenti dell'immigrazione. Ripensandoci oggi, l'idea di farmi crescere la barba per tre mesi non fu una bella mossa. Ad un primo impatto il mio aspetto non doveva essere rassicurante, soprattutto in aeroporto. D'altronde non ne eravamo nemmeno sorpresi, ancora oggi ci fermano nove volte su dieci e abbiamo potuto tristemente constatare che la causa sono proprio i tatuaggi. Ci sono ancora troppi Paesi che li associano alla delinquenza, ce ne siamo fatti una ragione, ma perdere ogni volta un'ora di tempo per convincere qualcuno che non sei un trafficante di droga è una gran rottura di scatole. Non è facile mantenere la calma quando sei in viaggio da venti ore e ti chiedono di aprire lo zaino dove hai incastrato tutto alla perfezione. Mentre sventolano le tue mutande come una bandiera, a loro non interessa se dovrai perdere mezz'ora per rimettere tutto a posto; e poi vagli a spiegare che le pastiglie che hanno trovato non sono sostanze stupefacenti ma servono a salvarti la vita.

La nostra esperienza peggiore è stata senz'ombra di dubbio

quella dello scalo ad Abu Dhabi, negli Emirati Arabi Uniti, quando dopo la perquisizione mi hanno fatto spogliare in uno stanzino e costretto a fare dieci piegamenti sulle gambe completamente nudo per essere sicuri che non avessi nascosto nulla nelle mie cavità corporee.

In momenti come quello dovevo impegnarmi seriamente per tenere a bada Federica che non è propriamente la regina dell'autocontrollo. Mi toccava sempre ricordarle che essere arrestati sarebbe stato di gran lunga peggiore che perdere un paio d'ore ai controlli di sicurezza.

In Giappone però Federica passò i controlli senza problemi e quando si accorse che ero stato bloccato non le permisero di tornare indietro. Pregai in otto lingue diverse che non tentasse di salvarmi, avevo più paura per gli agenti nipponici, dolci come bambini, che per me.

Mi lasciarono nel solito stanzino mentre nell'ufficio accanto iniziarono i controlli al mio passaporto, ma senza nessuna tensione anzi, successe una cosa in particolare che fece esplodere il mio smisurato amore per il Giappone: esattamente ogni dieci minuti qualcuno entrava nella stanza per chiedermi scusa per l'attesa e se ne andava salutandomi con un inchino. Avrei tanto voluto abbracciarli. Sembravano mortificati e spiegai che comprendevo che lo facessero solo per motivi di sicurezza. Un agente mi riportò il passaporto, ma prima di congedarmi mi sottopose a una specie di quiz che solo un giapponese potrebbe inventarsi: mi chiese di dirgli i nomi dei monumenti architettonici raffigurati sulle pagine del passaporto italiano. In realtà fu grazie a lui che scoprii che tutte le pagine pari sono illustrate col disegno della statua equestre di Marco Aurelio, mentre quelle dispari raffigurano alcuni dei più bei monumenti ed edifici della nostra Penisola. È quasi impossibile riconoscerli tutti ma non potei fare a meno di sorridere, forse sperava di sembrare un duro ma ai miei occhi era solo molto tenero. Ad ogni modo riuscii a convincerlo di essere un vero italiano (mi pento di non avergli chiesto di quale nazionalità credeva che fossi). Mi restituì i documenti e mi fece cenno di andare. Nessuna stretta di mano, solo un altro inchino, un semplice gesto che mi incantò e per cui nutrii un profondo rispetto. Quando da lontano vidi Federica al nastro trasportatore del ritiro bagagli, non c'era nessun altro a parte lei. La stanza enorme di un aeroporto deserto, in piena notte e senza anima viva, con un puntino nero accovacciato sui nostri zaini. Aveva quasi perso ogni speranza. Dopo aver immaginato ogni tragedia possibile stava già meditando su come trovare un avvocato per tirarmi fuori di prigione. Le raccontai cosa mi era capitato e scoppiammo a ridere. Non avevamo più dubbi, quella che ci aspettava sarebbe stata una tappa memorabile. Recuperammo gli zaini e salimmo sull'autobus diretto al centro di Kyoto. Anche in quell''occasione i giapponesi si rivelarono adorabili: c'è mancato poco che ci prendessero in braccio per portarci ai nostri posti a sedere.

Era notte fonda quando l'autista ci lasciò alla fermata, la situazione era surreale, sembrava di essere sul set di un film. Kyoto era la città più pulita e ordinata che avessimo mai visto, non c'era neanche uno spillo fuori posto, perfino il silenzio pareva soprannaturale, come se da un momento all'altro una folla stesse per sbucare alle nostre spalle urlando "sorpresaaa!".

La stanchezza fu rimpiazzata dall'entusiasmo.

Ci godemmo appieno quel momento mentre cercavamo di seguire la mappa che ci avrebbe condotto verso casa. Avevamo trovato una ragazza che affittava il suo monolocale ai viaggiatori di tutto il mondo, il prezzo era ottimo per gli standard giapponesi ma decisamente al di sopra della nostra media. In Giappone spendere più del solito era inevitabile ma avremmo fatto di tutto per risparmiare, almeno sul cibo. Sapevamo che una volta raggiunti i Paesi più economici come Nepal, India e Thailandia, saremmo tornati in pari col budget.

Il monolocale era perfetto, con un letto tradizionale: il futon, un fornello e un piccolo bagno dove, quando facevo la doccia, potevo toccare il soffitto con la testa, ma almeno c'era l'acqua calda. Non avremmo potuto desiderare di più nel gelido freddo di quel fine dicembre.

Il giorno dopo uscimmo in esplorazione, ma ad ogni passo eravamo costretti a fermarci, attirati da qualcosa che avevamo visto nei cartoni animati con cui eravamo cresciuti: dai vicoli che sembravano usciti da una puntata di Holly e Benji al ristorante in legno di Zio Marrabbio, dagli zoccoli di Sampei al kimono di un vecchietto con l'aria di essere l'uomo più saggio del mondo.

In Giappone c'è un perfetto equilibrio tra modernità e tradizione. Ad esempio in pieno centro, tra i grattacieli puoi ritrovare un tempio sacro, capace di catapultarti all'improvviso nell'antico mondo dei samurai, i leggendari soldati fedeli ad un rigidissimo codice d'onore.

Era come viaggiare nel tempo.

Nei primi giorni esplorammo la città in tutta calma, avevamo finalmente trovato la pace che stavamo cercando. Nevicava e faceva freddo ma invece di complicare le cose, la neve rese tutto ancora più magico, e tornare la sera nel nostro piccolo nido era una gioia.

Ci sono delle meraviglie a Kyoto che da sole basterebbero a giustificarne il viaggio: il Castello di Nijo, il Padiglione d'Oro, la foresta di bambù di Arashiyama o Fushimi Inari, un antichissimo santuario shintoista dove un incredibile tunnel, formato da Torii color rosso fuoco, attraversa una foresta fino

60

a raggiungere la cima del monte Inari, da cui si gode di una meravigliosa vista sulla città.

I Torii sono porte sacre formate da due colonne verticali e una o due orizzontali poste sulla cima. Segnano l'ingresso in un'area sacra e sono considerati simbolo di prosperità e fortuna. Un passaggio attraverso un Tori porta alla purificazione, non si deve mai passare all'esterno delle colonne perché potrebbe essere considerato un gesto poco rispettoso. Il santuario Fushimi Inari è dedicato alla divinità del riso, Inari, e le statue a forma di volpe, sparse lungo il percorso, rappresentano i suoi messaggeri; le volpi sono considerati animali sacri nella mitologia giapponese. È un luogo unico nel suo genere; il cammino per raggiungere la vetta, disseminato di tombe e altari nascosti tra gli alberi, ti donava la sensazione di essere nel bel mezzo di un pellegrinaggio. È qui che per la prima volta abbiamo partecipato al *misogi,* un rituale di purificazione per mondare il corpo dalle impurità del mondo profano.

All'ingresso del luogo sacro c'è una vasca colma d'acqua santa, dove si dà inizio al rituale: usando lo *hishaku,* un mestolo di bambù, tenuto con la mano destra, l'acqua viene fatta scorrere sulla mano sinistra, lo stesso passaggio viene poi ripetuto per la mano destra. Dopo si riprende il mestolo con la mano destra per riempire la sinistra d'acqua, che verrà usata per lavare la bocca. La mano sinistra dovrà essere purificata con l'acqua versata con la destra e infine, lo *hishaku* dovrà essere posto verticalmente per lasciar cadere l'acqua che purificherà il manico, per poi essere rimesso a posto con la parte concava rivolta verso il basso.

Ne prendemmo parte con profondo rispetto.

La cucina giapponese fu un'altra grandiosa scoperta. Ogni tipo di pietanza, che fosse pesce, carne, riso, verdure, tagliolini, uova o tofu, era incredibilmente squisita! Potevamo scegliere alla cieca con la totale sicurezza che qualunque cosa fosse arrivata ci sarebbe piaciuta da morire. Non potevamo permetterci di consumare i pasti nei ristoranti ma ci concedemmo un assaggio di ogni specialità nei mercatini di street food. Trovammo due soluzioni per sopravvivere: la catena 7-Eleven, minimarket di cibo fresco e buonissimo, dove scoprimmo gli *onigiri,* polpette di riso con tonno o salmone al prezzo di circa un euro, e che diventarono la nostra principale fonte di sostentamento; e i supermercati tradizionali che verso le nove di sera scontavano tutto il *sushi* e il *sashimi* (riso e pesce crudo) invenduto. Le nostre cene diventarono delle sfiziosissime scorpacciate senza nessun senso di colpa.

Per sfruttare al meglio gli ultimi giorni a disposizione, acquistammo un pass per il treno che ci avrebbe permesso di viaggiare nella prefettura di Kyoto e visitare altre città.

Prendere il treno in questo Paese è un'altra esperienza obbligatoria. Se in Italia tra ritardi e cancellazioni è un vero incubo, in Giappone la precisione è micidiale, anche un minuto di ritardo è per loro motivo di disonore. Per non parlare poi degli *shinkansen,* i treni proiettile ad altissima velocità che sembrano usciti da un film di fantascienza. L'usanza che abbiamo apprezzato particolarmente è quella che impone di tenere un tono di voce bassissimo quando si viaggia sui treni o ancora meglio non parlare affatto, per non disturbare in alcun modo gli altri passeggeri. Ho imparato bene questa lezione quando ho fatto l'errore di telefonare a casa facendo spazientire una signora che ha comunque resistito dieci minuti prima di farmi notare la mia maleducazione. La nostra prima gita fu a Nara, non avrei mai immaginato che potesse esistere un luogo simile, nemmeno se me l'avessero raccontato.

Una cittadina completamente invasa da cervi e cerbiatti che circolano liberamente tra strade, parchi, case e templi, come se fossero persone a passeggio. Non sto parlando di un centinaio ma di migliaia di esemplari che convivono in completa armonia con l'uomo e che non ne hanno paura anzi chiedono del cibo come farebbero un cane o un gatto. E non c'è un ingresso da pagare per godere di questa meraviglia, perché l'attrazione è la città stessa.

Una volta entrati, nel giro di pochi minuti, sarete circondati da questi teneri animali, che ad un primo impatto possono intimorire per la loro stazza, ma che dopo la prima carezza vi faranno sciogliere e sarete pronti a perdere la dignità come è successo a noi. Poi fu la volta di Osaka, una città pazza se paragonata alla tranquillità di Kyoto, e famosissima per lo street food. Il quartiere di Dotonbori è pieno zeppo di ristoranti, di insegne colorate e luci al neon che al calar del sole danno il meglio di sé: è come essere in un gigantesco flipper! Sembra che ogni locale, ristorante, negozio, supermercato o bancarella faccia a gara per chi possiede l'insegna più appariscente. Enormi animali, mostri, pupazzi e mascotte di ogni genere, sono appesi e scalano gli edifici come King Kong sull'Empire State Building.

Ci fermammo a gustare un Okonomiyaki, detto anche "pizza giapponese", fatto di pastella, cavolo e ingredienti come frutti di mare, maiale, pomodoro o formaggio, il tutto condito con maionese, salsa okonomiyaki (dolce e saporita), alghe e fiocchi di palamita disidratati. Avremmo voluto provare ogni cosa ma non potevamo se volevamo restare nel budget. Questo è uno dei sacrifici più grandi per chi vuole viaggiare per tanto tempo: se fosse stato il solito viaggio di quindici giorni avremmo preso d'assalto ogni ristorante senza nemmeno controllare i prezzi sul menu, ma noi volevamo esplorare il mondo, e se da una parte un'esperienza del genere può darti tantissimo in termini di esperienze di vita, dall'altra richiede uno sforzo enorme. Provate ad immaginare di non poter (quasi) mai saziare la vostra fame, di dover mangiare sempre le stesse cinque cose, ma non per una settimana o un mese, per anni. Dovete volerlo con tutte le vostre forze, soprattutto per superare quei momenti in cui vorreste solo tirar fuori la carta di credito e spendere per un pasto decente l'equivalente di una settimana di cene in ostello. È dura, durissima. A volte, per non pensarci, giocavamo ad immaginare quali dei nostri piatti preferiti avremmo chiesto alle nostre mamme una volta tornati. Per fortuna abbiamo sempre resistito, cinque minuti di lamentele e poi tutto passava. Bastava ripensare a tutte le avventure che avevamo vissuto fino a quel momento e la fatica spariva, la fame sembrava indebolirsi e la gratitudine tornava a farci sorridere.

Per l'ultimo giorno decidemmo di unire due tappe. Con un treno da Kyoto e una barca raggiungemmo l'isola di Miyajima. La vista era spettacolare: un'enorme torii rosso spuntava dall'acqua a pochi metri dal santuario di Itukushima che sorgeva proprio sulle rive dell'isola, illuminato dall'unico raggio di sole che filtrava attraverso le nuvole quasi a volerci indicare la via.

Miyajima è considerata un luogo sacro, un'oasi di tranquillità immersa nella natura, il luogo perfetto per un ritiro spirituale. Si respira una calma affascinante e suggestiva, nonostante sia ormai una meta turistica.

Naturalmente anche quella volta non ci tirammo indietro di fronte alla specialità dell'isola, le ostriche! Le cucinano in tutte i modi ma avevo a disposizione un solo assaggio e le provai crude. Quattro favolose ostriche furono il mio pranzo per quel giorno. Avevamo ancora un po' di tempo e convinsi Federica a fare un piccolo trekking per raggiungere la cima del monte Misen, al centro dell'isola. Avremmo potuto usare la funivia ma in questi casi a piedi è molto più soddisfacente (ed economico). Le assicurai che saremmo tornati con largo anticipo per prendere la barca di ritorno ma proprio quella volta persi l'orientamento. Non so come, ma sbagliai sentiero. Quest'errore ci costò parecchio tempo e anche se riuscimmo a raggiungere la vetta e godere di un panorama pazzesco, fui costretto a chiedere scusa in ginocchio a Federica che quella mattina avrebbe solo voluto godersi il mare, ma io difficilmente riesco a dire di *no* alla montagna. Grazie al cielo, dieci chilometri dopo, arrivammo al porto in tempo. Per farmi perdonare le promisi che quella sera avremmo cenato al ristorante, dopotutto era il 25 dicembre.

Quel pomeriggio non fu in linea con la serenità che si dovrebbe avere in un giorno così importante, ma non avremmo mai rinunciato a quella visita. Dovevamo farlo per rispetto di tutte le persone che lì ci avevano perso la vita.

Scendemmo alla stazione di Hiroshima in silenzio, fissando il cielo grigio come per immaginare la bomba atomica che, alle 8.15 del 6 agosto 1945, annientò la città.

Nell'epicentro dell'esplosione ora sorge il Parco della Pace, dove arde una fiamma che verrà spenta solo quando nel mondo non esisteranno più ordigni nucleari. In mezzo a questi giardini, dove oggi i giapponesi si ritrovano con serenità, ci sono i resti dell'A-Bomb Dome, l'unico edificio rimasto in piedi dopo lo scoppio. La vista delle macerie in riva al fiume che attraversa il parco è straziante. Anche il fiume rievoca ricordi tremendi che ti riportano a quando le persone in preda al panico si gettarono in acqua per salvarsi ma morirono bollite vive.

Ad ogni nostro passo il dolore cresceva. Quando visitammo il Museo della Pace, interamente dedicato al drammatico evento, le gambe faticarono a reggerci. Vedemmo le foto delle vittime con la pelle completamente sciolta per il calore, i vestiti a brandelli, le pietre con impressa l'ombra di chi vi era seduto, gli orologi rimasti fermi all'ora dell'esplosione, i giocattoli carbonizzati, le testimonianze dei bambini nati con malformazioni a causa delle radiazioni, impossibile non commuoversi e credere che l'uomo sia stato capace di una simile crudeltà. Ci sono persone che sono costrette ad uscire perché il dolore è insopportabile.

All'esterno del Museo c'è il meraviglioso Children's Peace Monument, dedicato a tutti i bambini deceduti e ispirato alla storia di Sadako Sasaki, una bambina che si ammalò di leucemia e trascorse gli ultimi anni della sua vita a creare origami. Una leggenda giapponese narra, infatti, che chi avesse creato mille gru di carta avrebbe potuto esprimere un desiderio. Tutt'oggi migliaia di persone continuano a portare in questo luogo gru di carta colorate come simbolo di pace.

Dopo la visita ad Hiroshima ci sentimmo ancora più vicini al popolo giapponese e il nostro amore si trasformò in un rispetto ancora più grande. Come potevano essere così calmi e gentili? Io probabilmente sarei impazzito, loro invece erano le persone più buone e rispettose che avessi mai incontrato, un esempio da seguire. I giapponesi mi diedero un'altra bella lezione.

Rientrammo a Kyoto molto tardi quella sera, dopo le ultime toccanti ore a Hiroshima avevamo perfino dimenticato che fosse la sera di Natale, il primo lontano dalle nostre famiglie. I viaggiatori come noi smettono di contare i giorni ed è uno dei motivi per cui spesso sono invidiati, ma durante le festività i ruoli s'invertono. Siamo noi che vorremmo essere a casa, circondati da parenti e amici, a chiacchierare, a goderci le abbuffate e a brindare fino a notte fonda. Anche solo per 24 ore vorremmo teletrasportarci a casa per dire alle persone care quanto gli vogliamo bene.

Viaggiare per anni ci ha insegnato anche questo, il valore di quei giorni, quando si sta tutti insieme e a cui spesso non diamo la giusta importanza; addirittura c'è chi li snobba e li odia. A tutti loro consiglierei di partire per qualche anno senza mai tornare, non sanno quanto cambierebbe il loro modo di vedere le cose.

Federica soffriva molto più di me quei momenti e per cercare di tirarla su le ricordai della cena che ci attendeva per quel giorno di festa. Non avevamo fatto i conti però con i ristoranti di Kyoto che a quell'ora erano praticamente tutti chiusi. L'unico ancora aperto e che riaccese la speranza per un istante ci mandò via perché la cucina aveva appena servito l'ultimo tavolo. In Giappone il Natale non viene considerato una festa religiosa ma un giorno romantico da trascorrere insieme al proprio partner, un po' come il nostro San Valentino. Infatti, lo scambio dei regali avviene più spesso tra innamorati che fra amici o famigliari. In ogni caso l'atmosfera natalizia non manca: luminarie per le strade, alberi addobbati, canzoncine di Natale e felicità diffusa.

Il 25 dicembre moltissimi giapponesi cenano al KFC, il Kentucky Fried Chicken, la famosa catena americana di fast food che vende pollo fritto, il peggiore che abbia mai assaggiato! È un po' come se noi italiani la notte di Natale andassimo al McDonald's, ma c'è una spiegazione: negli anni '70 fu proprio la catena di fast food a creare un'incredibile campagna pubblicitaria per lanciare il primo menu di Natale, di fatto introducendo questa festività ai giapponesi che la consideravano ancora come una "novità" del dopoguerra. Col passare degli anni il menu natalizio divenne una tradizione e oggi occorre addirittura prenotare con molto anticipo se non si vuole aspettare per ore, irrobustendo le lunghe file chilometriche che si accalcano all'ingresso. Pazzesco.

Quella sera ci eravamo quasi dati per vinti, tutto sembrava fuorché Natale. Abbracciai forte Federica nel tragitto fino a casa, stringendola sempre più intensamente ad ogni passo, mi spezzava il cuore non poter fare di più. Faceva freddo e non c'era anima viva a parte noi. A due passi da casa trovammo, credo, l'unico supermercato ancora aperto in tutto il Giappone. Era talmente tardi che il cibo rimasto era in vendita con sconti fino all'80%, praticamente quello che solitamente non potevamo permetterci era quasi regalato. Comprammo un'infinità di roba, vaschette di sushi, sashimi, tempura e qualunque cosa stuzzicasse il nostro appetito. Passammo la notte di Natale nel nostro monolocale, caldo e accogliente, godendoci ogni morso di quel glorioso banchetto, con una bottiglia di vino e un buon film.

Fu una serata memorabile.

La mattina seguente prendemmo l'autobus che ci avrebbe condotto verso la seconda parte del nostro viaggio nel Paese del Sol Levante. Lasciammo Kyoto con un filo di tristezza, con quella sensazione tipica di quando devi salutare un vecchio amico e non hai idea di quando lo rivedrai, sai solo che non accadrà presto, vorresti abbracciarlo forte e non lasciarlo andare via. Quei primi giorni erano stati speciali, avevamo bussato alla porta del Giappone con estremo rispetto e lui ci aveva accolto a braccia aperte, offrendoci un'ospitalità degna di un re. Sapevamo che qualsiasi cosa avremmo trovato nel resto del nostro breve viaggio in terra nipponica, sarebbe stato altrettanto grandioso. Il trasferimento durò solo nove ore, probabilmente sarebbe potuto durare anche meno ma scoprimmo che è normale che l'autista si fermi quasi ogni sessanta minuti per dare la possibilità ai passeggeri di mangiare qualcosa e usare il bagno. Abituati a non ricevere nessun tipo di servizio in Cina, ci sembrò di essere addirittura troppo coccolati. Le stazioni di servizio erano più pulite di una sala operatoria e moderne quanto un Apple Store. Di nuovo credevamo di essere sul set di un film.

Nell'ultimo tratto, al tramonto, il Monte Fuji ci affiancò, dandoci il benvenuto. Era perfetto come un dipinto e rassicurante come un vecchio saggio. Mi sentii così fortunato e felice, non volevo essere in nessun altro posto al mondo se non lì. Quanto amavo la nostra vita!

Tokyo per me è sempre stata qualcosa di leggendario, fin da quando ero piccolo. Gli associavo i miei cartoni animati preferiti, i manga, i robot, i videogiochi, tutto ciò che di più futuristico avevo visto o sognato. Ecco, se avessero fondato una città sulla luna io l'avrei immaginata molto simile a Tokyo, con l'aggiunta di navicelle spaziali e macchine volanti. Ora, se a quest'euforia aggiungiamo l'amore immenso per il Giappone nato nei giorni precedenti, capirete perché mi sentivo come Alice nel Paese delle meraviglie.

Non vedevamo l'ora di perderci alla scoperta della metropoli ma rimandammo all'indomani. Era sera tarda e il monolocale trovato, stavolta era parecchio fuori dal centro. Disfarci dei pesantissimi zaini, farci una doccia e riposare per ripartire carichi l'indomani ci sembrò la cosa migliore da fare. Orientarsi non fu un problema, come al solito bastò chiedere per trovare gentilissimi sconosciuti disposti a tutto pur di aiutarci. Il nostro motto divenne "non serve preoccuparsi, i giapponesi avranno già pensato ad una soluzione", e vi assicuro che si verificava ogni volta.

Forse fu proprio perché negli ultimi dieci giorni tutto era stato così perfetto che il destino decise di metterci i bastoni fra le ruote. Il nostro quartiere era molto tranquillo e, come sempre, sicurissimo. Il titolo di "Paese più sicuro al mondo" è meritatissimo, potreste lasciare in mezzo alla strada cellulare e portafoglio e li ritrovereste nella stessa identica posizione il giorno seguente, sempre che qualcuno non ve li abbia già riportati prima. Come da istruzioni del proprietario di casa, inserimmo il codice per aprire il lucchetto sulla porta ma la serratura non si sbloccò. Nessun rumore, neanche il minimo segno di vita.

«Avrai sbagliato ad inserire il numero, riprovaci», dissi a Federica.

«Niente da fare, ho già provato tre volte» mi rispose, iniziando a preoccuparsi.

«Dai, è impossibile, ci provo io», le passai davanti cercando di mantenere la calma. In questi casi la stanchezza può giocare brutti scherzi e invece di risolvere il problema insieme si può finire per litigare, solo per il bisogno di sfogarsi. Quella volta per fortuna non andò così.

Non volevamo credere che stesse accadendo proprio a noi, non avevamo una sim locale per chiamare il proprietario né le forze per affrontare un problema del genere. Ma come vi ho già detto, in un viaggio simile nessuno può aiutarti se non te stesso. Prima ti attivi e prima starai meglio.

Non passava anima via, chiedemmo aiuto alla cassiera di un minimarket ma non parlava inglese e spiegare una faccenda così grande a gesti era praticamente impossibile. Supponendo che forse solo una cifra fosse sbagliata tentammo di sbloccare la serratura per una buona mezz'ora ma senza risultati. Le provammo tutte, non volevamo arrenderci e soprattutto avevamo già pagato per una settimana. Addirittura trovammo un altro lucchetto nascosto sul pianerottolo, forse erano stati scambiati per sbaglio? Non c'era una spiegazione logica ma escludemmo quest'ipotesi quando il nostro codice non aprì nemmeno il secondo lucchetto. Dopo oltre un'ora di tentativi e imprecazioni successe l'impensabile: sentimmo un rumore dall'interno. Increduli, ci tappammo la bocca e trattenemmo il respiro. Era forse stata un'allucinazione? No, la porta si aprì e sbucò una coppia forse più spaventata di noi. Parlavano spagnolo e avevano la faccia stanca di chi aveva appena affrontato un lungo viaggio. Spiegammo balbettando la situazione e ci fecero entrare. Furono gentili, ci dissero che erano arrivati poche ore prima dalla Spagna ed erano crollati a letto distrutti. Ci mostrarono la loro prenotazione, avevano riservato quel monolocale molti mesi prima di noi e non avevano colpe, lo sbaglio era solo del proprietario. Ci prestarono il telefono per chiamarlo, eravamo furibondi. Ricevemmo delle scuse piuttosto fredde e striminzite, la sua personale assicurazione che saremmo stati rimborsarti ma niente di più, avremmo dovuto cercare altro ripartendo da zero proprio in quel preciso momento.

Non fu semplice mantenere la calma. Era esattamente il periodo a cavallo tra Natale e Capodanno, quando in tutta la città non c'era nemmeno una stanza libera, soprattutto per chi viaggiava al risparmio come noi.

La strategia migliore in questi momenti è affrontare una cosa per volta: il problema più imminente era trovare un tetto per quella notte; il giorno dopo, a mente lucida, avremmo cercato qualcosa per il resto della settimana. Con il telefono prenotammo l'albergo più vicino, a meno di due chilometri di distanza. Era sicuramente più lussuoso e costoso del dovuto ma non avevamo più un briciolo d'energia per cercare altrove. Per una notte avremmo fatto un'eccezione e, dopo quel che era successo, direi che ce lo meritavamo. Dopo una cena da 3 euro al consueto 7/Eleven, una doccia calda e una buona dormita, la vita tornò a sorriderci. Quando non hai niente, il lato positivo è che basta veramente poco per essere felici. Passammo la mattinata seguente a cercare una camera, contenti per un'altra buona notizia: non solo saremmo stati rimborsati per la vecchia prenotazione, ma anche per la differenza di prezzo per quella notte non prevista in un hotel più costoso (a saperlo prima avremmo potuto prenotare in un cinque stelle!). Dopo aver spulciato tutto il web trovai una stanza lontana dal centro ma fornita addirittura di un fornellino elettrico per prepararci la colazione. C'era a malapena lo spazio per appoggiare gli zaini ma per noi due era perfetta. Iniziammo finalmente la nuova avventura dal luogo simbolo di Tokyo, il centro del quartiere di Shibuya, con il più grande e trafficato incrocio pedonale del pianeta, lo *Shibuya Crossing*. Si calcola che ogni volta che il semaforo per i pedoni diventa verde, 2500 persone attraversino la strada, e ciò accade all'incirca ogni 2 minuti, mentre in un angolo della piazza c'è una lunghissima fila di persone in attesa di scattare una foto accanto alla statua creata in memoria di Hachiko (avete presente il film con Richard Gere?), un cane che per nove anni ha aspettato il suo padrone defunto alla stazione di Shibuya, nello stesso punto dove abitualmente lo attendeva quando tornava dal lavoro. Dalla sua morte, nel 1935, Hachiko è diventato per il Giappone e per il resto dell'umanità, simbolo di amore e assoluta fedeltà. A Shibuya nacque una delle più belle amicizie di questo giro del mondo, quella con Yusei e Diana che ci avevano riconosciuto in mezzo a migliaia di persone all'incrocio più attraversato del pianeta!

«Ma voi siete i Trip'N'Roll?», ci chiese Yusei, di origini giapponesi e con un forte accento fiorentino, il che rese la situazione ancora più surreale.

«Sì... siamo noi», balbettammo, un po' spiazzati.

«Vi conosciamo, abbiamo seguito il vostro viaggio».

Non servì aggiungere altro, due secondi dopo ci stavamo già abbracciando come fossimo amici da una vita.

Anche loro ne stavano affrontando uno, attraverso l'Asia con l'obiettivo di raggiungere l'Australia, dove si sarebbero fermati per un anno.

Sentivamo di aver trovato due persone con un grande cuore e ci scambiammo i contatti con la promessa che ci saremmo rivisti per fare un giro per la città tutti insieme.

La bellezza di Tokyo è che ha tanti quartieri diversissimi tra loro, e ciascuno merita di essere scoperto, assaporato e vissuto. Noi, ovviamente, volevamo vederli tutti!

Ci sentivamo in un gigantesco luna park, c'era così tanto da vedere che optammo per i *Free Walking Tours*, dei tour gratuiti guidati da un locale che, in cambio di una mancia a piacere, mostrava e raccontava la storia della sua città.

Ci innamorammo di ogni angolo. I mega schermi e le mille luci di Shibuya; i locali e i karaoke di Shinjuku; il lusso sfrenato di Ginza; il mercato del pesce di Tsukiji; la storia e la tradizione di Asakusa con il tempio più antico di Tokyo; il delirio di Akihabara, il quartiere dei manga, dei videogiochi e dei *maid cafe* (dei locali dove si viene serviti da cameriere vestite con pizzi e merletti in stile ottocentesco); la vita notturna di Roppongi; il meraviglioso parco di Ueno; la stravaganza di Harajuku con i suoi negozi di abiti sgargianti (si dice che tutte le mode del Giappone nascano proprio qui) e i ragazzi vestiti come i personaggi dei videogiochi.

Tokyo ci stupì, era ancora più bella di come l'avessimo immaginata, un anno intero non sarebbe bastato per conoscerla appieno.

Un giorno ricevemmo un messaggio sul telefono, era Lorenzo! Potete immaginare la nostra gioia, dopo Russia e Hong Kong ci saremmo goduti insieme anche il Giappone.

Era diventato a tutti gli effetti un fratello e compagno di viaggio! Fissammo un appuntamento per il 31 dicembre, un giorno che ci sembrò degno della nostra amicizia.

Ci incontrammo nel pomeriggio per iniziare a gironzolare da un quartiere all'altro, come sempre senza una meta precisa, comprando a turno una birra ai 7/Eleven per un brindisi in attesa della mezzanotte. Per il "cenone" di fine anno, scegliemmo una food court sotto la Tokyo Tower, una torre di 333 metri che ricorda vagamente la Torre Eiffel. In Europa sarebbe sembrato solo un insieme di ristorantini da quattro soldi, ma in Giappone mangiammo in un self-service il Ramen più buono della nostra vita: una zuppa a base di carne o pesce con tagliolini, insaporita con salsa di soia, uova, verdure, alghe e molti condimenti, ne esistono decine di varianti. Con lo stomaco pieno arrivò finalmente il momento di raggiungere l'evento con cui avremmo effettivamente dato il benvenuto all'anno nuovo. Rinunciammo ad andare a Shibuya per una festa commerciale, volevamo qualcosa di veramente tradizionale e, grazie ad un amico, recuperammo un importante contatto: un giornalista italiano che ci invitò ad assistere alla celebrazione di fine anno che si sarebbe svolta al tempio di *Atago-Jinja*: la cerimonia dei 108 rintocchi, secondo la quale la nostra anima è afflitta da 108 peccati e, con altrettanti rintocchi di campana, può essere purificata per iniziare bene l'anno nuovo. Ogni rintocco viene eseguito solo quando il riverbero del precedente si è esaurito e tutto è calcolato in modo che l'ultimo risuoni a mezzanotte, in modo tale che possa essere anche il primo del nuovo anno. Terminata la cerimonia tutti i fedeli hanno la possibilità di mettersi in fila per agitare a turno il *Tamakushi*, la "corda sonante", per esprimere i propri desideri e recitare la prima preghiera dell'anno.

Fu un onore poter assistere ad un momento così importante e solenne della cultura nipponica, soprattutto se paragonato ai nostri festeggiamenti con alcool a fiumi e sregolatezza. Restammo affascinati dal rispetto dei fedeli e dall'eleganza dei loro movimenti, fu un momento di autenticità che ci lasciò un grato ricordo. Il primo giorno dell'anno ci concedemmo una pausa, e per una volta fingemmo di essere a casa nostra, coccolati dal caldo e dal dolce far niente. Era necessario ogni tanto staccare completamente dal viaggio, per riposare il corpo ma soprattutto la mente.

La mattina del 2 gennaio eravamo di nuovo in pista, pronti e carichi per l'appuntamento con Lorenzo al Palazzo Imperiale, dove l'Imperatore e la sua famiglia attendevano migliaia di visitatori per il tradizionale saluto di inizio anno, rito che sancisce ufficialmente la fine delle celebrazioni del Capodanno. Centinaia di bandiere e persone trascinate da un entusiasmo generale mai visto prima. Pensavamo fosse finita, e invece, tornando a casa, ci trovammo nel bel mezzo di una parata. Diverse scuole stavano sfilando con musicisti e ballerini. Gli studenti ci mettevano cuore e anima, si sgolavano con una foga tale da farci credere per un attimo che stesse sfilando anche l'Imperatore! Non ho mai visto una passione simile nemmeno in una tifoseria calcistica.

Il pomeriggio, invece, lo passammo con Yusei e Diana in un *onsen*, il tradizionale bagno termale dove i giapponesi amano rilassarsi. Scegliemmo l'onsen *Jakotsuyu* di Asakusa, che ci venne indicato come uno dei pochi frequentato solamente da persone locali e che accettava i tatuaggi (vengono ancora associati alla *Yakuza*, la mafia giapponese, ma per fortuna le cose stanno cambiando con le nuove generazioni). Un onsen è diviso in due zone, una per gli uomini e una per le donne. Dopo essersi lavati si entra completamente nudi e bisogna lavarsi nuovamente ogni volta che si esce da una vasca e si vuole entrare in un'altra.

Regnava un religioso silenzio con un'atmosfera molto rilassante, probabilmente i più tesi inizialmente eravamo proprio noi. Passammo ore nell'ozio più totale mentre i nostri muscoli ci ringraziavano per aver finalmente pensato a loro. Forse fu l'esperienza più "giapponese" di tutte, assolutamente da provare almeno una volta nella vita.

Prima di uscire Yusei mi fece notare un uomo un tempo appartenuto alla Yakuza, riconoscibile non solo per i tatuaggi su tutto il corpo ma anche per il dito mignolo mozzato, il prezzo da pagare per uscire dall'organizzazione criminale. Il nostro tempo in Giappone purtroppo stava per scadere, restava solo un'ultima cosa da fare: il Monte Fuji. Ci andammo con Lorenzo, per un'altra avventura insieme prima di separarci nuovamente.

Ci svegliammo prestissimo per arrivare di buon'ora al lago *Kawakuchi* e ammirare il leggendario vulcano, nonché montagna più alta del Giappone. Per vederlo è necessario un cielo limpido e quel giorno fummo premiati, il sole splendeva più forte che mai. Il lago era una tavola con il Fuji che si specchiava nell'acqua, più bello di un sogno. Da amante della montagna avrei tanto voluto raggiungere la cima ma è possibile effettuare la scalata solo in estate, e giurai a me stesso che un giorno sarei tornato anche per questo. Avevamo raggiunto il luogo simbolo del Paese con il quale da secoli i giapponesi hanno un legame spirituale; un oggetto di culto riconosciuto in tutto il mondo e un altro passo fondamentale nel nostro lungo cammino alla ricerca della felicità. Il Giappone non ci ha mai deluso anzi, ogni giorno è stato uno stupore continuo. Mai, un "arrivederci" da parte nostra è stato così sentito: non solo torneremo ma faremo di tutto per restare il più a lungo possibile, magari per ammirare la fioritura dei ciliegi!

8

Tornare in Nepal per la terza volta fu un po' come tornare a casa: era stato il mio primo vero viaggio, quello che aveva dato il via alla catena di eventi che avevano ribaltato la mia vita. Questa volta però ero con Federica e non vedevo l'ora di farle conoscere questa terra che mi aveva fatto innamorare dell'Asia, quella del caos ma anche della spiritualità, quella del traffico ma anche della natura incontaminata, un mondo dove si viveva con poco.

L'aeroporto di Khatmandu è completamente diverso dagli aeroporti a cui siamo abituati, che sono pseudo centri commerciali con ristoranti e hotel. Questo sembrava più un ufficio postale vecchio di duecento anni. Il ritiro bagagli era costituito da tre scassati nastri trasportatori in una stanza che sembrava apparentemente accessibile a chiunque: passeggeri, facchini, tassisti, venditori ambulanti e perfino galline! La situazione era surreale ma allo stesso tempo troppo comica per non scoppiare a ridere, io mi godevo le espressioni d'incredulità di Federica che vedeva tutto questo per la prima volta, ignara che fosse solo l'inizio.

Nel sud est asiatico il prezzo per ogni cosa va e deve essere contrattato, è la normalità, praticamente un rituale. Tutti se lo aspettano e con la pratica e un po' di faccia tosta si può diventare dei veri maestri, soprattutto con quei furbacchioni che vogliono truffare gli occidentali. Basta semplicemente fermarsi ad un prezzo onesto per entrambi, e ricordare che è inutile accanirsi per risparmiare cinque centesimi, soprattutto se chi abbiamo davanti sopravvive con l'equivalente di un euro al giorno.

Iniziammo ad allenarci con le trattative per un taxi che ci avrebbe portato in centro. I tassisti sono i primi che giocano sull'ignoranza dei turisti, è sempre meglio informarsi in anticipo sul costo della tratta per evitare di farsi fregare, magari chiedendo ad un agente nei paraggi o a qualcuno che vi ispiri fiducia. Con Federica trovarono pane per i loro denti: inizialmente timida, divenne in poco tempo un'abilissima negoziatrice, molto più tenace di me; chiunque avesse davanti cedeva per sfinimento (o forse per paura) e finiva per guardarmi negli occhi come a voler dire "ti sono vicino, amico". In Asia non sono abituati a vedere donne con il carattere così forte, io invece l'adoravo per questo. Totalmente diversi, ci completavamo. Forse è sempre stato questo il nostro segreto: dove non arrivava uno c'era l'altro; e probabilmente non staremmo ancora insieme se non fosse per le nostre differenze. Nonostante il traffico, i clacson, lo smog e il mal di gola per la polvere nell'aria, Kathmandu è pur sempre una delle città più affascinanti del mondo. Era il gennaio del 2018 ma i danni del terremoto del 2015 erano ancora ben visibili. La piazza principale, *Durbar Square*, non era più la stessa ma lo spirito e la forza delle persone non erano cambiati. Kathmandu fu una vera esplosione di umanità: le bandiere di preghiera colorate, i bambini, le collane di fiori, i venditori di frutta, i canti dei monaci, le scimmie, i risciò, l'odore d'incenso e soprattutto i nepalesi, sempre sorridenti e pacifici, che lentamente stavano ricostruendo il Paese... che popolo, che cuore!

Il nostro ostello era a Thamel, il quartiere dei backpackers, la base perfetta per esplorare la città. Dal Nepal in poi la lingua non sarebbe stata più un problema, l'inglese è diffuso in tutto il sud est asiatico, non occorre nemmeno conoscerlo alla perfezione per farsi capire. Moltissime persone sono terrorizzate dal problema della lingua, così tanto da decidere spesso addirittura di non partire. In realtà abbiamo incontrato tantissimi viaggiatori che non conoscevano altro che la propria lingua madre e se la sono cavata benissimo lo stesso. Qualunque sia il vostro livello di inglese, non può e non deve essere considerato un ostacolo. Noi ne siamo la prova vivente e, dopo avercela fatta in Russia, Cina e Giappone, non ci spaventa più nulla.

Anche il costo della vita scese in picchiata. Dopo la batosta giapponese fu un vero sollievo: finalmente avremmo mangiato più di un chicco di riso alla volta! Tra le specialità locali ce n'era una, che da tempo aveva conquistato un pezzo del mio cuore, il *Dal Bhat*: un piatto a base di riso, verdure, carne, patate e zuppa di lenticchie. Non solo è squisito ma la tradizione nepalese vuole che venga servito a volontà finché non si dice "basta", ciò significa grandiose scorpacciate anche per chi, come noi, aveva un budget di 15 euro al giorno. La nostra stanza era grande, aveva un costo super conveniente e avremmo potuto dormirci in quattro. Il bagno aveva solo un doccino elettrico fissato al muro, se volevi lavarti eri costretto ad allagare la stanza, ma dovevi comunque sperare che ci fosse l'acqua, cosa che a Kathmandu non si può dare per scontato. Niente porta o tenda, e non le avremmo avute per un bel pezzo. Per rendere il tutto ancora più emozionante c'erano i blackout improvvisi (anche questi nella norma), quindi niente elettricità e niente acqua calda. Insomma, non ci si annoiava mai.

"Beh ma almeno il riscaldamento funzionava?", vi starete chiedendo. Non esisteva alcun tipo di riscaldamento, dimenticatevi i termosifoni, al massimo si può sperare in una stufa elettrica, cosa che non abbiamo mai avuto perché rarissima negli ostelli economici.

Provai a buttarla sul ridere: «guarda il lato positivo amore, è un'occasione per abituarti al freddo che ci sarà sulle montagne». Federica, che è la donna più freddolosa del mondo, non la prese benissimo. Risolvemmo il problema indossando abiti pesanti, cappellino, sciarpa e guanti anche in camera.

Una delle esperienze più significative fu la visita al tempio delle cremazioni a cielo aperto, il *Pashupatinath*. È un luogo sacro, forse in parte, ormai, un'attrazione turistica considerando il costo salato del biglietto d'ingresso.

Sulle rive dell'inquinatissimo fiume Bagmati sorgono una serie di pire destinate alla cremazione dei corpi che arrivano praticamente uno dopo l'altro, in un ciclo infinito. Quando un uomo muore, nel giro di dieci minuti viene portato qui con tutta la sua famiglia. Gli uomini in segno di lutto si vestono di bianco e si rasano i capelli, il fuoco viene acceso dal figlio primogenito dopo aver completato tre giri in senso antiorario attorno alla pira. È impossibile restare indifferenti: i pianti e le urla delle donne sono strazianti, l'odore di bruciato è quasi insopportabile, un senso di impotenza è inevitabile. Non c'è nemmeno il tempo di riprendersi perché tutto si svolge rapidamente, ci sono altri morti in arrivo, altra sofferenza e altro dolore. Non è qualcosa che si può dimenticare facilmente e si fa fatica a capire come sia possibile che la presenza dei turisti, di fatto degli intrusi, non dia loro fastidio.

A pochi passi da lì ci sono immondizia, escrementi, uccelli morti, resti di cibo, ed il fiume emana un odore nauseabondo. In quelle acque putrescenti i bambini si immergono a caccia di qualunque cosa di valore da poter rivendere per pochi spiccioli. C'è perfino un angolo destinato ai banchetti di souvenir e ai santoni alquanto discutibili, che sembrano più interessati a fumare marijuana e farsi pagare per le foto coi turisti piuttosto che a pregare. È insopportabile vedere da una sponda del fiume le famiglie straziate dal dolore, e dall'altra la totale mancanza di rispetto per un momento così doloroso per chi ha appena perso una persona cara. Eppure gli unici a preoccuparsi sembravamo noi che consideriamo il cimitero un posto inviolabile, mentre i nepalesi lo vivono come luogo per chiacchierare, passeggiare, riflettere e riposare. Il loro modo di concepire la morte è diverso dal nostro, quello che per noi è uno shock, per loro fa solo parte del ciclo della vita.

L'attrazione religiosa più importante della città è lo Stupa di *Boudhanath*, il più grande del Nepal e simbolo della fede buddista, attorno al quale, ad ogni ora del giorno, camminano in senso orario i pellegrini.

I monaci che recitano i mantra, l'odore d'incenso, le bandierine colorate, i cerchi di preghiera, tutto contribuisce a creare un'aura mistica, sembra un'oasi di pace che nulla ha a che vedere con il caos che regna fuori dall'antico portone d'ingresso. Decidemmo di raggiungerlo a piedi, con una passeggiata di mezz'ora dopo il pomeriggio trascorso a Pashupatinath. In un Paese così diverso dal nostro anche una camminata può diventare il mezzo per scoprire il mondo, un passo alla volta e in prima fila. Visitare le attrazioni principali è sempre interessante, ma camminare per le vie di una città sconosciuta è una vera scuola di vita. Si scoprono particolari unici, abitudini diverse e spesso si fanno gli incontri più belli. Quella volta, ad esempio, finimmo in una piccola piazza che sembrava abbandonata, se non fosse stato per un gruppo di bambini che giocava a palla. Nemmeno il tempo di entrare e Federica ne stava già abbracciando mezza dozzina. I piccoli non parlavano inglese ma quando si tratta di giocare basta un sorriso e un calcio ad una palla. Infatti, nel giro di pochi secondi la voce fece il giro del quartiere e ci ritrovammo circondati da un esercito di adorabili piccole pesti. Unica regola: sorridere e divertirsi. Funzionava sempre e ogni volta tornavamo a casa con una giornata da incorniciare.

Trovammo tanto fascino e tanta bellezza in città, ma anche alcune cose che ci lasciarono un po' perplessi. Tra tutte, la dea Kumari, una bambina considerata una dea e venerata da indù e buddisti. Secondo la tradizione, che prosegue da oltre 500 anni, la dea Taleju (una divinità protettrice del Nepal) si reincarna ogni dieci anni in una bambina della comunità indigena Newar. La piccola deve avere un'età compresa tra i 2 e i 4 anni e una precisa mappa astrale. Una volta trovata, viene trasferita nel *Kumari Ghar*, un edificio nel centro storico di Khatmandu, dove vivrà reclusa fino al primo ciclo mestruale, ovvero quando sarà considerata di nuovo una comune mortale e dovrà essere sostituita da una nuova eletta. Fino alla pubertà la dea Kumari è obbligata a vivere nel palazzo, ha servitori, educatori e insegnanti ma non può vedere nessun altro, perfino i genitori possono farle visita solo in veste ufficiale. Da una parte la civiltà moderna si oppone e critica l'isolamento di queste bimbe che di fatto vengono private della propria infanzia (molto spesso hanno anche difficoltà a tornare nel mondo reale e a trovare marito perché si crede che sposarle porti sfortuna), dall'altra c'è una tradizione centenaria difficile da scalfire. La Dea Kumari, inoltre, è diventata un'attrazione: ogni giorno, a mezzogiorno, le è concesso di affacciarsi alla finestra del cortile interno del palazzo per salutare e benedire i turisti di passaggio, ignari della vita che è costretta a sopportare. Viaggiare significa scoprire nuove culture e tradizioni che per quanto possano sembrarci assurde dobbiamo imparare a non giudicare.

Quei giorni a Khatmandu furono speciali: rallentammo un

po', finalmente; e trovammo anche la prima pizza italiana del nostro giro del mondo. Chi l'avrebbe mai immaginato, proprio in Nepal! Fu un altro di quei momenti in cui capimmo il valore di qualcosa che normalmente diamo per scontata. In Italia basta fare un passo per trovare una buona pizza mentre in viaggio non è così semplice, e fra l'altro potevamo permettercela solo in occasioni speciali. Giurai a me stesso che una volta tornato a casa avrei mangiato pizza anche a colazione!

Arrivò il momento che aspettavo ansiosamente: il mio terzo trekking sull'Himalaya e il primo di Federica. Ero eccitato e felice, mentre lei passava dall'euforia al terrore. A Thamel, il quartiere del nostro ostello, tutto richiamava alla leggendaria catena montuosa. C'erano decine e decine di negozi che vendevano ogni tipo di attrezzatura, abbigliamento, tende, scarpe, bacchette, occhiali, qualunque cosa potesse essere utile lassù. Non si può venire in Nepal e non vivere quest'esperienza, non occorre per forza lanciarsi in percorsi di una settimana se non si è allenati, bastano anche tre o quattro giorni ma io credo che chiunque dovrebbe vivere quest'avventura almeno una volta nella vita.

Se oggi amo la montagna lo devo al primo trekking della mia vita sull'Himalaya, quando capii che, ogni volta che ne avessi avuto l'occasione, avrei percorso sentieri, tra fiumi, foreste, neve e ghiacciai, godendomi quel silenzio che in nessun altro luogo al mondo è possibile trovare.

In autobus ci spostammo a Pokhara, una piccola e tranquilla cittadina sulle rive del lago Phewa, conosciuta come punto d'accesso al circuito dell'Annapurna, uno dei più famosi percorsi sull'Himalaya. Io avevo già raggiunto il campo base dell'Everest con 17 giorni di cammino, pertanto questa volta optammo per il campo base dell'Annapurna, che prevedeva meno giorni per la gioia di Federica, ed era anche più economico. Il lungolago di Pokhara è completamente turistico: ostelli, ristoranti, negozi e agenzie sono tutte qui, ma l'atmosfera è piacevole, l'ideale per chiunque voglia fermarsi per qualche giorno. Il problema principale è capire a quale agenzia rivolgersi per organizzare il trekking: ce ne sono a centinaia e tutte offrono gli stessi pacchetti e servizi sulla carta. L'unica soluzione fu armarsi di pazienza ed entrare in quelle che ci ispiravano di più, segnando offerte e prezzi. Anche così, però, non riuscimmo a trovare nessuna sostanziale differenza per sceglierne una. Stavamo quasi per tirare a sorte quando la nostra attenzione fu attirata dal nome di un'agenzia, la *Ethical Trekking Nepal*.

Fummo accolti da Krishna, la cui gentilezza ci mise subito a nostro agio. La sua competenza nel parlare e le foto che lo ritraevano sulle cime delle montagne innevate ci confermarono l'intuizione che avevamo avuto mentre lo ascoltavamo, era una ex guida. A catturare la nostra maggiore attenzione però furono le foto di tanti bambini, alcuni piccoli e altri adolescenti, sorridenti e dolcissimi.

Non potemmo fare a meno di chiedere chi fossero e Krishna ci rispose che erano la sua famiglia. Aveva quattordici figli:

tre erano suoi, gli altri undici li aveva adottati e aveva aperto la Shangri-La Home, la casa-orfanotrofio dove vivevano tutti insieme. Una parte dei profitti dell'agenzia era destinata ai loro pasti, ai vestiti, ma anche ai loro studi. Bastò uno sguardo con Federica, avevamo appena trovato l'uomo giusto. Una parte del nostro denaro avrebbe aiutato un papà a crescere i suoi figli e a dargli un futuro.

Trovammo un accordo per il nostro trekking, Krishna venne incontro alle nostre esigenze, per lui nulla era impossibile. Solitamente una persona impiega otto o nove giorni per completare il percorso, noi lo avremmo fatto in sei. Avremmo dovuto camminare di più in meno tempo, certo, ma avremmo speso molto meno.

Eravamo felici, impazienti di partire, ma la storia di quest'uomo ci aveva colpito al cuore. Volevamo aiutarlo, poter fare di più, e ci offrimmo volontari per dargli una mano al nostro ritorno. Non sapevamo in che modo, ma avremmo fatto qualunque cosa ci avesse chiesto.

«Non è una cosa che faccio solitamente, devo conoscere una persona da un po' di tempo prima di farla avvicinare ai miei figli, ma c'è qualcosa in voi che mi trasmette fiducia e serenità. Il mio istinto mi dice di accettare il vostro aiuto». Avevamo le farfalle nello stomaco, avremmo dedicato gli ultimi venti giorni del nostro visto ai bambini della Shangri-La Home, dovevamo ancora partire e già non vedevamo l'ora di tornare per vivere quella nuova incredibile esperienza. Il nostro trekking per il campo base dell'Annapurna iniziò il giorno successivo. In Asia è così, non si perdono in chiacchiere quando si tratta di organizzare un'escursione, un trasferimento o qualunque altra cosa. Questa gente ha veramente bisogno di guadagnare per essere certa di poter mangiare ogni giorno, cosa che tutti noi diamo per scontata; qualunque sia la vostra richiesta troveranno sempre una soluzione per venirvi incontro. Davvero, nella maggior parte dei casi la loro attenzione per il cliente è maniacale. Conoscono bene le potenzialità di una recensione positiva su internet ad esempio e il valore del passaparola, ma non è solo dal denaro che sono motivati: ci tengono davvero a mostrare le bellezze del loro Paese. La nostra guida si chiamava Deepak, era un giovane studente di Economia con la passione per la montagna. Estroverso, gentile, premuroso e con un gran senso dell'umorismo. Avere una guida in questi casi non è solamente utile a salvarvi la vita, ma è come avere un nuovo migliore amico e un pozzo d'informazioni da cui poter attingere ogni volta che se ne ha bisogno. È vero, chi è molto esperto potrebbe anche affrontare questi trekking in solitaria ma io non rinuncerei mai all'occasione di vivere per qualche giorno a stretto contatto con un nepalese cresciuto su queste montagne. Ricordo tutte le guide che ho avuto come uomini straordinari, meravigliosi insegnanti di vita che in qualche modo mi hanno sempre aperto gli occhi e fatto riflettere. Se fossi nato in Nepal avrei sicuramente fatto di tutto per essere uno di loro. Raggiunto il punto di partenza con una jeep, iniziammo a camminare e l'avventura finalmente prese vita. Il sole splendeva e la natura che ci circondava brillava di un verde accecante. Attraversammo i primi piccoli villaggi tra precipizi e cascate, sembrava una valle incantata fuori dal mondo, nemmeno nei nostri pensieri l'avremmo immaginata tanto perfetta. Faceva molto caldo e passammo ai pantaloncini e alle maniche corte, ancora ignari di quello che ci aspettava. Come immaginato, Deepak era un'enciclopedia vivente, tra un passo e l'altro lo tempestammo di domande e ci svelò mille curiosità sulle abitudini del suo popolo.

La fatica non tardò a farsi sentire. Dopo ogni salita era necessaria una pausa per riprendere fiato, per fortuna avevamo portato solo gli zaini piccoli con lo stretto necessario. Grazie all'esperienza maturata nei lunghi mesi di viaggio non avevamo bisogno di molto, ma chiunque voglia portarsi dietro l'intero bagaglio può assumere un portatore, ovvero uno sherpa che porterà il peso al posto vostro sino al rifugio. Gli sherpa sono un gruppo etnico del Nepal che da sempre vive sulle montagne e sono dotati di una forza e di una resistenza che noi possiamo solo sognare. Se l'uomo bianco ha conquistato la cima dell'Everest e di tutta la catena himalayana lo deve a loro, che da anni si occupano di mettere in sicurezza percorsi, montare i campi, cucinare, trasportare le bombole d'ossigeno, assumendosi tutti i compiti fisicamente più impegnativi e pericolosi. Per i carichi più pesanti hanno una fascia che, passando dalla testa, regge una cesta che caricano sulla schiena, e il cui peso può arrivare fino a 70 chili. Alle quote più basse, ho visto sherpa camminare in infradito sulle rocce, con il doppio del nostro peso sulle spalle, e arrivare con ore d'anticipo rispetto a noi che indossavamo abbigliamento tecnico dalla testa ai piedi.

Quel primo giorno, nonostante il sudore e la fatica, lo spettacolo fu impagabile, ci sembrò di essere stati catapultati su un altro pianeta, dove i problemi del mondo non esistevano. I contadini, impegnati a lavorare la terra, trovavano sempre il tempo per offrirci un sorriso e uno di loro ci permise anche di visitare casa sua.

Il nostro primo pasto lo consumammo in uno dei tanti rifugi lungo la strada. Ero affamato come un leone, credo di non aver mai apprezzato così tanto un piatto di riso come in quei giorni di fatica. Il mio piatto preferito era il Dhal Bat, non mi fermavo mai prima del secondo giro. Deepak ci spiegò che era l'arma segreta del popolo delle montagne: costava pochissimo ed era favoloso per recuperare le forze. C'è un detto scherzoso tra i nepalesi su questa bomba energetica, che recita: *"Dal Bhat power, 24 hours no toilet no shower"*, forse è un po' esagerato ma direi che rende l'idea.

La prima sera dormimmo a Chomrong, a quota 2340 metri, completamente esausti. Non c'era il riscaldamento ma il rifugio aveva la doccia con l'acqua calda, particolare che in quei momenti equivale ad un lusso da grand hotel, peccato che un millepiedi gigante avesse deciso di usarla insieme a noi.

Superato lo shock, il programma era di stare svegli fino a tardi per guardare le stelle ma svenimmo nei sacchi a pelo poco prima delle 21.

Il secondo giorno la sveglia ci buttò giù dal letto alle sette, con dolori assurdi, manco fossimo due novantenni che avevano percorso una maratona. Acqua ghiacciata in faccia e colazione con uova, pancake e caffè (per mantenere un minimo di dignità mi ripromisi di non mangiare il Dal Bhat anche a colazione). Dopo un saluto alle meravigliose cime innevate eravamo pronti a ripartire. Il morale era decisamente alle stelle, anche perché pensavamo che il percorso fosse tutto in discesa, ma Deepak ci fece notare che, dopo aver attraversato il fiume, a valle avremmo dovuto risalire fino alla cima della montagna successiva!

Durante questi trekking è molto comune incrociare contadini con gruppi di asinelli o cavalli, l'unica cosa da fare, in quei casi, è spostarsi in fretta, possibilmente non dal lato del precipizio e attendere che passino; purtroppo quella mattina non fui abbastanza veloce e un piccolo ciuchino mi travolse mentre cercavo di girare un video per Federica (lei è quel tipo di persona che, se cadessi per sbaglio in una vasca di squali, mi chiederebbe di fare un video prima di uscire dall'acqua). Come spesso accade in questi casi, il primo pensiero fu proteggere la macchina fotografica piuttosto che la mia vita, ma fortunatamente riuscii a salvare entrambe!

Raggiunta la cima della seconda montagna, quando credevamo che il peggio fosse passato, la pioggia decise di movimentare ulteriormente la giornata. Deepak come per magia recuperò da una capanna dei teli di plastica per coprirci; io rifiutai stupidamente l'offerta, tanto "sono solo due gocce"... mezz'ora dopo c'era così tanta acqua che l'idea di costruire una barca a remi mi sfiorò la mente per un istante.

Federica si trasformò nella sua versione "maledetto il giorno che t'ho incontrato"; non avevo il coraggio di guardarla e speravo di raggiungere al più presto il luogo prescelto per pranzare, nella speranza di calmarla col cibo. Avevamo così tanto bisogno di stare all'asciutto che arrivammo perfino prima di Deepak e provammo a scaldarci con un the caldo.

Avevamo capito che, quando glielo chiedevamo, la nostra guida tendeva a diminuire la distanza che restava da percorrere, probabilmente per non scoraggiarci.

Io lo capivo ma Federica iniziò ad odiarlo.

In quel momento, fradici fino al midollo e con i denti che battevano per il freddo, Fede ebbe un piccolo crollo emotivo. L'abbracciai forte, quello dopotutto non era il suo mondo, ma il mio. Era venuta fin lassù per amore e se in quel momento avessi potuto esprimere un desiderio avrei chiesto di teletrasportarci in città piuttosto che vederla soffrire così. Ma lei non si sarebbe mai arresa e io l'amavo ancora di più per questo. Fortunatamente dopo pranzo la pioggia diminuì e ci rimettemmo in marcia.

La leggera foschia rese, se possibile, le foreste ancora più affascinanti, incantandone l'atmosfera.

Dopo un pomeriggio di cammino, la stanchezza e Deepak che da due ore ripeteva: "mancano solo 20 minuti", non migliorarono la situazione. Meno male che non poteva capire le maledizioni che Federica gli stava lanciando in italiano, e come se non bastasse, iniziò anche a nevicare, affrontammo l'ultimo estenuante tratto coperti di bianco. Erano le 7 di sera quando entrammo a *Himalayan*, un microspico villaggio a quota 2920 metri dove avremmo passato la notte. Eravamo così stremati che Federica non rivolgeva più la parola neppure a me.

C'erano due ragazzi francesi quella sera nel rifugio, si erano presi un anno di pausa per girare il mondo, quindi la sintonia tra noi nacque all'istante. Erano simpaticissimi e fumavano come turchi, mi chiedevo come facessero a tremila metri a fumare e sopravvivere alla fatica del trekking. I nostri letti erano due tavole di legno; per raggiungere il bagno dovevi attraversare il villaggio e affrontare la bufera di neve. Quella sera stabilimmo un nuovo record personale: a letto alle 20:30! Faceva così freddo quella notte che fummo costretti a dormire vestiti dentro i sacchi a pelo, giubbotti compresi.

Il terzo giorno sarebbe stato il più lungo. Avendo deciso di completare il trekking in soli sei giorni avremmo percorso i chilometri di due giorni in uno solo. Sveglia prima dell'alba per guadagnare tempo, le foreste dei primi giorni erano scomparse, ora si camminava sulla roccia ma il panorama non smetteva mai di stupirci. C'era il sole ma anche la neve del giorno prima. Seguimmo il corso del fiume a fondo valle con le enormi pareti delle montagne che si stringevano attorno a noi per poi riaprirsi, e farci attraversare gli sconfinati spazi: sembrava di essere nella *Terra di Mezzo* del Signore degli Anelli!

L'escursione termica che avvertivamo passando dai tratti di sentiero assolati a quelli all'ombra non ci dava tregua, era un continuo togli/rimetti strati di vestiti. Vestirsi a cipolla in queste situazioni è imprescindibile.

L'altitudine iniziò a farsi sentire, sul fiato e sulle gambe; le pause si facevano sempre più frequenti e necessarie. Pranzammo nel campo base del monte Machapucchare, detto "coda di pesce" per la forma della sua cima; è vietato scalarlo perché considerato sacro. Eravamo a 3700 metri di quota, a 400 dalla nostra meta e ormai sembrava fatta, quando il tempo tornò a darci filo da torcere: neve, nebbia e vento gelido, ma arrivati a quel punto, niente al mondo avrebbe potuto fermarci.

Ingurgitammo il nostro pranzo in fretta (ormai io e il Dal Bhat eravamo una cosa sola), e riprendemmo il cammino. Eravamo delle macchine ben rodate, sempre avanti rispetto a Deepak, che comunque non perdeva mai il contatto visivo con noi. Nonostante la fatica, guardando Federica, a pochi passi da me ed immersa nei suoi pensieri, provai un profondo senso di gratitudine per averla accanto in quell'avventura.

Il tempo continuava a peggiorare, nebbia e neve si fecero sempre più intense, ma restammo incredibilmente sereni. Le imprecazioni di Federica del primo giorno erano solo un lontano ricordo, e quasi senza rendercene conto vedemmo qualcosa apparire in lontananza, non poteva essere il rifugio, era troppo presto, ma urlando e a gesti lo chiedemmo a Deepak, ormai molto indietro. Da lontano sentimmo solo un "*yeeeees*" fortissimo accompagnato dalle sue dita a V in segno di vittoria.

Per il resto delle nostre vite non scorderemo mai quegli ultimi cinque minuti, l'adrenalina che annientava la stanchezza e noi che arrivavamo saltellando al traguardo tanto agognato: un enorme cartello che diceva "ANNAPURNA BASE CAMP – 4130 metri".

Era fatta. La felicità esplose come un vulcano, c'eravamo riusciti, tenendo duro e facendoci forza l'un l'altro fino alla fine. Ricordo gli abbracci, i baci, le risa e le urla di gioia.

Arrivò Deepak e festeggiammo insieme, senza accorgerci che il tempo fosse notevolmente peggiorato. Erano le 16.30, la nebbia era fittissima e corremmo al rifugio prima che fosse troppo tardi. Avremmo avuto tempo l'indomani per scattare le foto della vittoria!

Faceva un freddo cane ma eravamo troppo euforici per rendercene conto. Arrivarono anche i nostri amici francesi, stremati ma felici, e per rendere giustizia a quel momento comprammo una piccola bottiglia di rum. E così, infagottati come mummie e con una sola mano scoperta, alzammo i bicchieri per consegnare quell'istante alla storia! La nostra.

La mattina seguente la bufera era passata, c'era un cielo limpidissimo e ci alzammo prima del sorgere del sole per ammirare l'alba sull'Annapurna. Che momento meraviglioso! Dopo la colazione scattammo un milione di foto e ci godemmo quello spettacolo per ogni secondo a nostra disposizione. Richiusi gli zaini, iniziammo la discesa più fieri che mai. Federica era al settimo cielo, sapeva che le salite massacranti erano finite e il freddo gelido stava per terminare. Sarà stata l'adrenalina ma ci sentivamo come se fossimo nati tra quelle montagne, i nostri muscoli si erano abituati allo sforzo e la respirazione non era più un problema, ed ovviamente in discesa la nostra velocità quasi raddoppiò. In un solo giorno ne recuperammo due e al tramonto iniziammo ad intravvedere un primo accenno di verde, le foreste stavano lentamente prendendo il posto delle rocce. Impiegammo un'altra giornata per arrivare quasi al punto di partenza, ma per l'ultima notte Deepak aveva in serbo una sorpresa per noi: una sorgente termale d'acqua calda dove restammo a mollo per ore, fino al tramonto.

Chiudemmo in bellezza con una cena insieme alla coppia francese e l'ennesimo assordante brindisi. Non li abbiamo più rivisti: ma il viaggio è così, per qualche giorno ti dona un nuovo caro amico e poi, all'improvviso, se lo riprende, e tu non puoi far altro che fare tesoro delle emozioni condivise, conservandone per sempre il ricordo. Al termine di un lungo viaggio si finisce per avere migliori amici sparsi per il mondo, non è meraviglioso?

Mentre percorrevamo gli ultimi metri, dopo la fatica e il

freddo degli ultimi giorni, scoppiammo quasi a piangere. Era stata durissima, perfino pioggia e neve ci avevano messo alle strette, ma avevamo superato anche quella prova. La sensazione di essere invincibili e capaci di affrontare qualsiasi cosa non ha prezzo. Eravamo riusciti nell'impresa di completare un trekking di 9-10 giorni in soli 6, avevamo imparato a superare i nostri limiti, a ignorare la fatica, e ancora una volta, a capire che restando uniti avremmo superato qualsiasi tempesta.

Tornammo a Pokhara con un autobus che sembrava una discoteca su quattro ruote, con musica nepalese a volume altissimo e un autista che guidava ad un passo dal precipizio. Fu più pericolosa quella mezz'ora che tutto il trekking!

Dopo dodici ore di sonno in un letto vero tornammo come nuovi. Ci restavano gli ultimi venti giorni di visto. Dato il lungo periodo contrattammo una stanza con colazione in un piccolo albergo fuori dal centro. Per ottenere un ottimo prezzo giocammo sul fatto che metà fosse ancora in costruzione e avremmo dovuto attraversare un cantiere per andare a dormire. Funzionò.

Finalmente arrivò il momento di conoscere i quattordici figli di Khrishna, cui avremmo fatto da fratelli maggiori. Era da tanto che volevamo fare qualcosa per restituire tutto ciò che di incredibile avevamo vissuto in quei mesi di viaggio, eravamo talmente grati alla vita che ci sentivamo in dovere di contraccambiare. Ci piace pensare che niente accade per caso e che scegliemmo l'agenzia di Krishna perché dovevamo arrivare in qualche modo a quei bambini.

La Shangri-La Home era una casetta su due piani con un piccolo orto che tutti si impegnavano a curare. Al piano di sotto c'erano le camere dei ragazzi e la cucina dove i più grandi cucinavano per i fratellini, al piano di sopra vivevano Krishna, sua moglie e i tre bambini più piccoli.

I ragazzi, di un'età compresa fra i 3 e i 16 anni, erano tutti sorridenti ed estremamente educati. La prima cosa che saltò all'occhio furono proprio le loro buone maniere, Krishna aveva fatto un ottimo lavoro. Ci raccontò che all'inizio erano molto chiusi e scontrosi, si rubavano tra loro il cibo e le poche cose che possedevano, ma col tempo gli aveva insegnato i valori del rispetto e della condivisione.

Ogni volta che gli regalavamo qualcosa, non veniva toccata finché tutti i fratelli non erano presenti, veniva sempre divisa in parti uguali, e tutto questo senza la necessità dell'intervento di un adulto. Il più grande si prendeva cura del fratello minore e così via fino al più piccolo, nessuno doveva essere lasciato indietro. Ognuno aveva il suo compito per le faccende domestiche e tutti ascoltavano i genitori con una disciplina fuori dal comune.

Le nostre mansioni erano semplici: aiutarli con i compiti, organizzare dei giochi, portarli al parco, in riva al lago, dare una mano in casa, curare l'orto, ascoltarli e stimolarli in ogni modo possibile. Quei piccoli eroi non volevano altro che questo: qualcuno che passasse del tempo con loro, per rincorrere un pallone o per sedersi sul prato a chiacchierare. Penso che per loro questo fosse più importante di una montagna di giocattoli o di cioccolata.

La sera, prima di andare via, venivamo sommersi dagli abbracci. Per noi non c'era gioia più grande del vedere che ogni giorno si aprivano sempre un po' di più con noi. La loro curiosità iniziale si trasformò in fiducia, la fiducia diventò amore. Ci insegnarono più loro in quella manciata di giorni che una vita intera!

Siamo diventati una famiglia di cui faremo parte per sempre e che riabbracceremo ogni volta che torneremo in

Nepal. Non avremmo mai immaginato che la purezza e la semplicità di un bambino avrebbero potuto regalarci così tanta felicità.

9

Il tragitto in pullman dal Nepal all'India fu un vero viaggio della speranza, in confronto le sciagure dei film di Fantozzi sono una passeggiata di salute. Prima di partire ci dissero che sarebbero state 24 ore di viaggio, ma alla fine diventarono 36. Ce lo comunicarono a gesti quando credevamo mancasse solo un'ora alla meta, invece ne restavano tredici. In quel momento avremmo voluto spaccare qualcosa, urlare e prendere a pugni un muro. L'autobus cadeva a pezzi e puzzava terribilmente, trasportava di tutto, sicuramente animali vivi ma molto probabilmente anche morti. C'erano capitati i due posti in prima fila ma lo spazio era talmente ristretto che non potevamo stendere le gambe nemmeno di un centimetro. Dopo le prime dieci ore diventò una tortura insopportabile, di quelle che possono portarti ad un passo da una crisi isterica. L'attraversamento del confine avvenne, naturalmente, in piena notte ma in un modo che non dimenticheremo mai. Stavamo tutti dormendo, avevamo toccato ormai le venti ore di viaggio. L'autista si fermò in mezzo al nulla, ci svegliò e in qualche modo ci fece capire che dovevamo seguirlo, nell'oscurità più totale, solo noi due. Tentammo di chiedere spiegazioni ma nessuno parlava inglese. La situazione ci sembrò strana, non ci sentivamo sicuri nel seguire uno sconosciuto chissà dove e in piena notte. E poi, perché solo noi due?

Lo seguimmo a distanza di una decina di passi. Sembrava una zona industriale semi abbandonata; dopo pochi minuti scomparvero anche le luci dell'autobus. Tentammo ancora di chiedere spiegazioni mostrando all'autista la nostra preoccupazione e facendogli segno di tornare indietro, ma non ne volle sapere. Anzi, giusto per metterci un po' più d'ansia, prese il cellulare e fece una chiamata per avvisare qualcuno del nostro arrivo. A quel punto Federica si fece prendere dal panico, voleva tornare sul pullman e io alzai al massimo la mia soglia di attenzione; probabilmente ci stavamo preoccupando per niente e mi concessi un altro paio di minuti per capire cosa diavolo stesse succedendo prima di fare dietro front. Arrivammo alla porta di un piccolo edificio, chiunque ci fosse dentro stava sicuramente dormendo. Un'altra chiamata del nostro autista, che al contrario di noi era rilassato come un panda, e sentimmo il rumore dei passi dell'uomo misterioso dentro casa. Finalmente il momento della verità mentre Federica, bianca come il latte, era ormai ad un passo dall'infarto.

La porta si aprì e uscì un uomo sbadigliando, distrutto dal sonno. Il nostro volto si illuminò quando vedemmo la sua uniforme, era un agente della dogana! Recuperammo dieci anni di vita in un istante, finalmente il cuore riprese a battere. In pratica l'autista ci aveva portato fin lì per sistemare prima dell'apertura le pratiche d'immigrazione (procedimento assai più lungo per noi stranieri) e far risparmiare un sacco di tempo agli altri passeggeri, che nel frattempo stavano beatamente dormendo sul pullman. Se solo avesse provato a farcelo capire ci avrebbe risparmiato una mezz'ora di puro terrore. Dopo quel piccolo spavento e altre sedici ore di viaggio, arrivammo a Nuova Dehli e la nostra avventura indiana poté finalmente cominciare.

Si pensa che l'India sia l'esame finale di ogni viaggiatore e, dopo aver attraversato Asia, Oceania e Americhe, non possiamo far altro che confermarlo.

In India non ci sono regole, dimenticatevi buon senso e

giudizio per gestire anche le situazioni più semplici.

Ci vorrà tempo per orientarsi tra il traffico, i clacson, il caldo, i venditori ambulanti, i tuk tuk, le mucche sulla strada, i risciò, i cani randagi, lo smog, i rifiuti, l'umidità. Un miliardo e trecento milioni di abitanti non passano di certo inosservati; e nemmeno voi, dato che avrete sempre gli occhi puntati addosso. Appena arrivati, ancora frastornati da quel terremoto, non riuscirete a vedere altro. Il primo impatto sarà uno shock ma superata la paura, capirete che c'è ben altro dietro, ed una volta attutito il colpo, inizierà l'incanto. Il segreto è accettare il fatto di non poter gestire tutto, anzi assolutamente niente. Dimenticatevi tutto ciò che credete di sapere della vita: immaginatevi di essere nati nell'istante in cui avete messo piede sul territorio indiano, di dover imparare tutto da zero e che tutto ciò che vedrete sarà la vostra "nuova" normalità. Mano a mano che vi abbandonerete all'India, il suo spirito vecchio cinquemila anni vi mostrerà quello che prima non eravate in grado di vedere. Sarà un'esperienza mistica che coinvolgerà tutti i vostri sensi. Vivrete una libertà mai provata prima.

La suddivisione in caste è chiaramente visibile ma allo stesso tempo sembra che non importi troppo. Non conta come sei vestito, se sei ricco o senza un soldo, se hai una casa o vivi sul marciapiede: c'è sempre un aiuto per tutti, la parte più povera della popolazione sopravvive grazie alla carità e al sostegno di chi sta meglio. Vorrete scoprire come vivono e cosa pensano queste persone così lontane dal vostro mondo. I rumori assordanti e travolgenti diventeranno la voce di questo gigante che non dorme mai, che non vi lascerà soli nemmeno un momento, e che imparerete ad amare. Vedrete quanto può essere importante la fede per la vita di un uomo, come pregare venga prima di qualunque altra cosa, perfino il lavoro può essere interrotto in qualsiasi momento senza dare spiegazioni. Ci sono templi, altari, cerimonie e santoni ad ogni angolo, come se ci fosse bisogno di aggrapparsi a qualcosa di più grande per dare un senso ad una vita così dura, in cui la preoccupazione maggiore è racimolare gli spiccioli per il prossimo pasto.

A differenza nostra, che siamo ossessionati dal lavoro, gli indiani si prendono tutto il tempo per stare insieme. Non è raro vedere negozianti che una volta aperta la propria bottega, passano più tempo fuori a chiacchierare o bere *Chai* (té aromatizzato con spezie) col vicino piuttosto che a caccia di clienti. L'obiettivo non è accumulare ricchezze e vivere per lavorare, ma guadagnare quanto basta per poi dedicarsi agli aspetti più importanti della vita, come il contatto umano. C'è talmente tanta diversità tra le regioni del subcontinente indiano che nemmeno un anno basterebbe per visitarlo tutto. Grande quanto un terzo dell'Europa si estende dalla catena dell'Himalaya sino all'Oceano Indiano. Ogni giorno sarà una scoperta; è così incredibile questo Paese (*"Incredibile India"*, come amano dire gli stessi indiani) che ne resterete meravigliati fino all'ultimo secondo, nel bene e nel male.

Dopo le trentasei ore di autobus dal Nepal, arrivare a Nuova Delhi fu come essere travolti da un treno ad alta velocità. Dopo mille peripezie e aver ottenuto il visto per il Myanmar (che sarebbe dovuto essere il Paese successivo), partecipammo all'Holi Festival di Vrindavan (la città in cui secondo la tradizione nacque Krishna), una festa in cui ci si lancia reciprocamente della polvere colorata per omaggiare la vita. Un'esperienza affascinante ma anche un po' pericolosa per la calca di persone che si annidano in uno spazio molto ristretto. Nonostante sia una celebrazione religiosa, molti indiani ne approfittano per ubriacarsi e diventare molesti.

Eravamo gli unici bianchi e tutti volevano toccarci, con la scusa della confusione e della polvere colorata qualcuno provò anche ad allungare le mani su Federica. Dopo circa tre ore, eravamo distrutti. Arrivati al tempio principale della città, c'erano così tante persone che se fossimo inciampati saremmo morti schiacciati dalla folla. Proprio in quegli ultimi istanti, mentre tentavamo di attraversare quell'oceano di gente per dirigerci verso casa, ci rubarono il cellulare dalla tasca approfittando della situazione ai limiti della sopportazione umana. Non fu un bel momento, il nervosismo e il dispiacere per un paio di giorni presero il sopravvento, ma c'era poco da fare, arrabbiarsi non avrebbe risolto la situazione più velocemente. Prima avremmo accettato la cosa e prima saremmo riusciti ad andare avanti. Dalla sfortuna ricavammo una lezione: era solo un oggetto da cui non poteva dipendere la nostra felicità. Le cose importanti nella vita erano ben altre: eravamo innamorati e liberi.

La tappa successiva fu Kanpur, una città a 500 chilometri da Nuova Delhi fuori da qualunque tipo di circuito turistico. Non ci sarebbe motivo per andarci ma noi avevamo ricevuto una chiamata da un carissimo amico, Franz, il fidanzato della migliore amica di Federica, che si trovava lì per lavoro e ci aveva proposto di partecipare ad un bellissimo progetto.

Quando arrivammo in stazione sembrava che nessuno degli abitanti avesse mai visto dei bianchi, le vibrazioni non furono positive. Di tutti gli hotel in zona nessuno voleva darci una camera, qualcuno ci disse chiaramente che non voleva ospitare stranieri. Per la prima volta nella nostra vita provammo sulla nostra pelle il peso del razzismo. Eravamo noi quelli discriminati anche se non avevamo fatto del male a nessuno. Gli episodi di razzismo, che accadono ogni giorno nella nostra Italia, da quel momento acquistarono un significato ancora più forte. Quando dalla parte della minoranza ci sei tu e hai bisogno d'aiuto, il tuo modo di vedere le cose cambia completamente. Ad ogni modo per risolvere il problema non restò altro da fare che rivolgerci ad un hotel più costoso della norma che ovviamente ci accolse a braccia aperte.

Rivedere Franz fu come una boccata d'aria fresca, era il primo vecchio amico che incontravamo dalla nostra partenza. Ci propose di realizzare un video per un'associazione locale che aiutava la gente più povera della città, dandole un lavoro e proteggendo in particolar modo le donne e i loro diritti. Vedere da vicino una povertà così estrema fu sconvolgente, ma volevamo davvero dare una mano e se tornassimo indietro lo rifaremmo altre mille volte.

Dopo Kanpur ci spostammo a Varanasi, la città sacra sulle rive del fiume Ganga ("non Gange", come ci hanno sempre detto), la più spirituale tra tutte quelle visitate, e la più antica del mondo con i suoi 3500 anni di storia. Qui tutti gli indiani devono recarsi almeno una volta nella vita per immergersi nelle acque del fiume e interrompere il ciclo delle reincarnazioni.

Assistere alla vita quotidiana sui ghat (i gradoni in riva al fiume), perdersi nel labirinto dei vicoli della città vecchia, prendere parte alla cerimonia che ogni giorno si svolgeva all'alba e al tramonto per salutare la dea Ganga (la cosiddetta *Arti Ghat*), e vedere la devozione dei locali verso il fiume sacro, hanno reso Varanasi la nostra tappa indiana preferita.

Ad Agra arrivò finalmente il momento del Taj Mahal, il mausoleo indiano per eccellenza nonché una delle sette Meraviglie del mondo, che merita tutta la sua fama. Poche cose raggiungono una perfezione simile, lo sognavamo da tanto ed esserci arrivati dopo cinque mesi di viaggio fece esplodere l'emozione. Più passavano i giorni e più ci sentivamo indiani a tutti gli effetti, i blocchi mentali caddero uno dopo l'altro e finalmente iniziammo a goderci ogni istante. Attraversammo il Rajasthan, la terra dei Maharaja, la regione più turistica, quella che viene scelta da chi visita l'India per la prima volta. Con le sue città, tutte diverse tra loro, le antichissime fortezze, i deserti, i templi e i minareti, rappresenta l'itinerario perfetto per scoprire una cultura e una spiritualità uniche.

L'India è davvero enorme, per questo dedicammo 3/4 giorni ad ogni città. Visitammo Pushkar, la seconda città più sacra dell'India dopo Varanasi; Jaisalmer, la città d'oro che sembra uscita dalle "Mille e una notte"; e Jodhpur, la città blu, per poi iniziare un lungo viaggio verso l'India del sud. Su consiglio della proprietaria dell'ostello di Varanasi, avevamo comprato tutti i biglietti dei treni in anticipo nell'agenzia di un suo amico, che ci aveva aiutato a stilare un itinerario. Avremmo voluto decidere giorno per giorno, ma in India prenotare un posto sui treni è fondamentale se non si vuole restare a terra, anzi si rischia anche con il biglietto in mano. Incrociammo le dita e ci fidammo, non che avessimo altra scelta.

Spezzammo il viaggio a Pune, dopo 20 ore di treno, dove ci ospitò Christopher, che per due giorni ci considerò come fratelli, organizzando perfino una serata insieme ai suoi amici.

Il paesaggio lentamente cominciò a cambiare: finalmente tanto verde dopo l'aridità del nord, ne avevamo davvero bisogno. Impazienti, ci rimettemmo in viaggio con un bus notturno per arrivare ad Agonda, vicino Goa, e reclamare il nostro agognato premio: il primo mare del nostro giro del mondo! Avevamo veramente affrontato di tutto, ogni clima possibile; sentivamo ancora nella testa il freddo gelido sofferto in Russia, Cina, Mongolia, Giappone e Nepal, non desideravano altro che mare e sole. Fu la prima volta in cui decidemmo di fermarci solo per rilassarci e ricaricare le batterie. La spiaggia era bellissima, enorme e semi deserta. Dormivamo in un bungalow a venti metri dal mare e le nostre giornate trascorrevano tra bagni, passeggiate, palme e ottimo cibo. Avremmo dovuto restare solo cinque giorni ma alla fine diventarono dodici.

L'India del sud è molto differente da quella settentrionale: tantissima natura, spiagge, animali, meno povertà; gli abitanti hanno una mentalità più aperta, non ti fissano in continuazione! Approfittammo della situazione per goderci un po' di calma e tranquillità dopo mesi.

Ci spostammo quindi ancora più a sud, nella regione del Kerala, la terra delle noci di cocco, ingrediente onnipresente nella cucina locale, la cui coltivazione occupa circa il 40% della superficie del Paese. Sembrava di essere in un'altra India, fatta di spiagge paradisiache, imponenti scogliere e una vegetazione rigogliosissima. Il panorama era pazzesco.

Dopo tre indispensabili settimane di mare, di pace e di tramonti straordinari, giunse il momento di ripartire. Per tornare verso nord avremmo risalito la costa orientale, avevamo un appuntamento al confine col Myanmar. Due mesi prima, a Nuova Delhi, ci eravamo messi in contatto con una persona che ci avrebbe procurato i permessi per oltrepassare il confine via terra.

I treni indiani erano ormai la nostra seconda casa. Viaggiammo ovunque in terza classe a prezzi irrisori, i vagoni completamente aperti avevano scompartimenti da otto lettini, superando di ben due posti letto la mitica Transiberiana e i treni cinesi. Non partivano mai in orario, il ritardo poteva essere di tre ore come di ventiquattro. Una volta ci ritrovammo con un solo lettino in due in un viaggio di trenta ore, passammo la notte più terribile della nostra vita. Per disperazione ricordo che mi buttavo su ogni letto che si liberava mano a mano che superavamo le stazioni, per poi venire puntualmente svegliato dal legittimo proprietario.

Fu dopo quel viaggio infernale che arrivammo a Calcutta per visitare il luogo dove Madre Teresa trascorse la sua vita. È ancora oggi un luogo di pace e riflessione, e l'affetto per Madre Teresa è palpabile. Vedere la sua camera intatta, i suoi pochi averi e camminare dove ha camminato lei, una santa, è stata un'emozione incredibile. Le missionarie sono gentili e ospitali con chiunque e ci sono tantissimi volontari da ogni parte del mondo, se non avessimo avuto quell'appuntamento al confine avremmo dato la nostra disponibilità.

Dopo decine di imprevisti, treni soppressi o in ritardo, riuscimmo a mantenere la parola data e ad arrivare in tempo a Imphal, la capitale del Manipur a pochi chilometri dal Myanmar. Pensavamo che il peggio fosse passato ma in realtà doveva ancora arrivare: scoprimmo che Milan, il ragazzo che avrebbe dovuto procurarci la documentazione per attraversare il confine, non aveva ancora i nostri permessi, nonostante i due mesi di preavviso. Ci disse che sarebbero bastati solo un altro paio di giorni ma ne passarono dodici, durante i quali rispondeva sempre più raramente al telefono mettendo a dura prova i nostri nervi. Eravamo in un angolo sperduto dell'India e senza nessuna certezza. Non ci fu neanche modo di festeggiare il compleanno di Federica e scegliemmo così di rimandare a tempi migliori. Dopo l'ennesima telefonata, Milan ci invitò a trasferirci a casa sua, almeno non avremmo dovuto spendere altri soldi per l'alloggio durante quell'attesa infinita. Pensavamo fosse la luce in fondo al tunnel e invece passammo altri 14 giorni con il solito ritornello: «*solo un altro giorno, ragazzi*». Buttammo via così 26 giorni, il visto del

Myanmar era ormai praticamente scaduto e non aveva nemmeno più senso entrare. Dopo il razzismo di Kanpur, provammo sulla nostra pelle cosa significa essere prigionieri aggrappati ad una speranza. Passammo dall'essere le persone più libere del mondo a sentirci in trappola, in balia di uno sconosciuto. Eravamo a pezzi, non sapevamo cosa pensare e ci sentivamo presi in giro. Alla fine perdemmo la pazienza e alzammo la voce con quel fantomatico "amico", che messo alle strette confessò di aver fatto richiesta dei nostri permessi solo pochi giorni prima e, ancora peggio, aveva scoperto che le regole erano cambiate e non c'era nessuna speranza di ottenerli. Ci cadde il mondo addosso, eravamo increduli e delusi di fronte al comportamento inspiegabile di Milan che, fra l'altro, parlava solo con me, considerando l'opinione di Federica meno importante. La mia rabbia gli spezzava il cuore, ma le uniche parole che trovò il coraggio di dirmi furono: "*I'm really sorry*". Fu il momento più duro di quei primi sette mesi di viaggio, Milan fu la prima persona ad essersi preso completamente gioco di noi, la prima ad aver tradito la nostra fiducia. Non so come, ma riuscimmo a mantenere l'autocontrollo, forse proprio grazie al viaggio che ci aveva cambiato, perché probabilmente le persone che eravamo prima di partire avrebbero reagito nel modo più sbagliato possibile. Quel pensiero, nonostante tutto, ci rese fieri. Prendemmo l'unica decisione possibile: quella di prenotare un volo per la Thailandia (che sarebbe dovuta essere la tappa successiva al Myanmar) e proseguire il nostro giro del mondo senza rimpianti. Fu allora che avvenne un mezzo miracolo. Milan, preso dal rimorso, ci comprò i biglietti. Sarà stata la gioia, la sorpresa improvvisa o la nostra vecchia abitudine di fidarci insomma, pensammo che le sue scuse fossero sincere. Ma anche questa volta ci sbagliavamo.

Lo scoprimmo solo in aeroporto, al banco del check-in, quando la hostess ci fece notare che il giorno del volo era corretto, ma il mese era sbagliato, Milan aveva prenotato per quello successivo.

Non potevamo credere che stesse accadendo di nuovo. Purtroppo non potevamo sapere se lo avesse fatto volontariamente e comunque scoprirlo non avrebbe fatto nessuna differenza. Gli telefonammo, rispose (contro ogni previsione) e devo ammettere che sembrava sincero e fece il possibile per modificare la prenotazione, ma fu tutto inutile. Non c'era più tempo e noi volevamo solo andarcene da quell'inferno e voltare pagina. Pagammo di tasca nostra e ci imbarcammo. Ci bastò salire sull'aereo per ritrovare dopo tanto tempo il sorriso. Ci sentivamo rinati, eravamo di nuovo "noi", finalmente liberi e pronti a riprendere il nostro cammino.

Dulcis in fundo, diversi mesi dopo, Federica, la donna che Milan considerava meno importante di un uomo, riuscì a farsi rimborsare proprio da lui l'intero costo dei biglietti.

Il destino ha un discreto senso dell'umorismo, non crede?

10

Atterrare a Chiang Mai in Thailandia fu come rinascere, eravamo moralmente a pezzi e riprendere il viaggio fu la cura più efficace.

Tutto era completamente diverso da quello a cui ci eravamo abituati dopo tre mesi in India. Era la fine di maggio e sembrava che la vegetazione stesse per esplodere in tutta la sua bellezza. Sarebbe iniziata a breve la stagione delle piogge e il verde intenso che circondava la città stava per prendere il sopravvento. Dopo il caldo e l'aridità degli ultimi tempi ci sembrò di tornare a respirare: tutto era rigoglioso, vivace e colorato, dai sorrisi delle persone ai banchi di frutta fresca ad ogni angolo; nessuno ci fissava più come fossimo degli alieni e per la prima volta fu una gioia incrociare altri viaggiatori occidentali.

L'india era stata una tappa affascinante, misteriosa, unica, ma allo stesso tempo impegnativa, e dopo tre mesi ritrovarci in un Paese meno "faticoso" ci risollevò il morale. I prezzi erano leggermente più alti tuttavia accessibili, senza fatica trovammo una camera per meno di dieci euro con colazione e addirittura la piscina. Facemmo un primo giro di esplorazione nella città vecchia, senza meta, non era importante: eravamo così felici che qualunque cosa sarebbe andata bene, finalmente avevamo di nuovo le farfalle nello stomaco per la felicità! Incrociammo un negozietto che offriva due boccali di birra da un litro al prezzo di uno, non bevevamo mai ma quel momento meritava un brindisi, ci concedemmo quello sfizio dopo tantissimo tempo per celebrare il nostro giro del mondo e finalmente il compleanno di Federica mai festeggiato. Quella sera facemmo uno strappo alle regole anche per cena mangiando più del dovuto, non ci importava, era la nostra serata e sentivamo di meritarla. La birra ad ogni modo fece effetto e conclusi il pasto mangiando scorpioni grigliati. Non male come primo giorno!

Chiang Mai era davvero stupenda, piena di templi meravigliosi: ce ne sono tanti quasi quanto a Bangkok e visitarli tutti è praticamente impossibile. Ci innamorammo dei mercatini notturni, delle vere fiere del cibo: tutto era squisito, invitante (a parte ragni, vermi e cavallette) e costava pochissimo. Dopo tre mesi di cibo ultraspeziato i nostri palati ebbero finalmente una tregua, soprattutto quello di Federica che non era abituato alle pietanze piccanti.

Scoprimmo che nel Sud-Est Asiatico noleggiare un motorino era un affare e permetteva di esplorare la zona in completa libertà con pochi spiccioli. Per noi sarebbe diventata una fantastica abitudine, ne affittammo uno naturalmente contrattando sul prezzo.

Chiang Mai era bellissima ma anche quello che c'era fuori dai suoi confini non era da meno; guidare su e giù per le colline era un piacere per gli occhi e per il cuore. Ne approfittammo per una gita al *Wat Phra That Doi Kham*, il "Tempio della Montagna d'Oro", un santuario dorato sulla cima di un monte, dove si respirava un'atmosfera mistica e da cui si godeva una vista incantevole sulla città. Ci arrivammo mentre era in corso una cerimonia buddista, i monaci ci offrirono acqua fresca e un po' di cibo: del riso dolce avvolto in una foglia di banano. Si percepiva una energia contagiosa, che ci donò una forte sensazione di benessere. Tutti erano sereni e sembravano in pace col mondo: persone di differenti nazionalità che condividevano un momento di intensa armonia e che si capivano scambiandosi dei semplici sorrisi.

Poco prima di andare via ci sorprese un temporale tropicale e d'istinto il nostro primo pensiero fu di correre per cercare un riparo, ma gli unici a dargli peso sembrava fossimo noi. In fondo era solo acqua, elemento indispensabile in natura, così smettemmo di correre e ci godemmo la pioggia e l'aria fresca. Approfittammo di un altro giorno in motorino per spingerci sino alle cascate di Mae Sot, un luogo dove l'acqua scorre su dieci livelli creando delle piccole piscine naturali in cui godersi un bagno rilassante nel cuore della foresta, avendo come sottofondo solo il suono dell'acqua e il canto degli uccelli. Ogni giorno superava in bellezza quello precedente, inoltre avevamo avuto la fortuna di conoscere Vittoria, una ragazza italiana che vive a Chiang Mai, che non solo ci mostrò un lato della città invisibile ai turisti, ma ci presentò anche ai suoi amici per fare festa insieme. Fu lei a consigliarci un ristorante italiano al 100%, il primo in nove mesi! Ritrovare i sapori di casa a lungo sognati è stato un altro di quei momenti che ci fece capire quanto basti davvero poco per essere felici. La nostra cucina è insuperabile ma non lo avevamo mai capito prima di doverci rinunciare per mesi, anche fare la spesa una volta tornati a casa avrebbe avuto un altro significato, ne ero sicuro.

Prima di ripartire volevamo visitare il luogo in cui venivano accuditi tutti gli elefanti salvati dai maltrattamenti. Cercammo con molta attenzione e ne trovammo uno in cui passammo tutta la giornata sfamando, coccolando e facendo il bagno con questi enormi giganti. A differenza di altri fasulli centri di salvataggio, erano vietate le passeggiate sul dorso dei pachidermi, gli spettacolini ridicoli e ogni altro tipo di forzatura, tutto veniva, infatti, svolto secondo i loro tempi e soprattutto solo se ne avevano voglia. Fu un'esperienza indimenticabile, con la quale si concluse la nostra tappa a

Chiang Mai, una città ricca di meraviglie artistiche e culturali, ma allo stesso tempo circondata da montagne ricoperte di vegetazione, cascate, fiumi e foreste. Il nostro entusiasmo era tornato alle stelle: la serenità, i colori e i sorrisi thailandesi erano contagiosi, impossibile non essere di ottimo umore!

Prima di entrare in Laos, visitammo Chiang Rai. Ci arrivammo dopo solo qualche ora di pullman, non ci sembrò vero, abituati come eravamo agli interminabili viaggi indiani. Ci rendemmo conto che grazie a quei momenti durissimi eravamo diventati estremamente più forti. Con piacere scoprimmo che il nostro hotel era nel cuore del mercatino notturno domenicale, il più famoso della città. Lasciammo gli zaini per fiondarci tra le bancarelle, guardavamo tutto ma non compravamo mai niente perché il peso degli acquisti sarebbe finito nello zaino e quindi sulle nostre spalle. Non eravamo lì per lo shopping, ma per lo street food che si rivelò ancora una volta straordinario, meglio dei ristoranti, più vario e super economico, una manna dal cielo per noi viaggiatori. Dopo spiedini di carne, uova sode, pannocchie, omelette e mini pancake al cocco (tutto per meno di cinque euro) ci trascinammo felici e sazi fino al nostro letto per cadere tra le braccia di Morfeo.

La mattina seguente scoprimmo con nostra grande gioia che il proprietario dell'hotel era per metà giapponese. Con gentilezza e pazienza ci disegnò a mano una mappa per tutto: per cambiare i soldi, per un buon caffè, per i tuk tuk, per il free tour della città, per noleggiare un motorino. Era adorabile, la sua calma e la sua educazione non fecero altro che alimentare la voglia di tornare nel nostro amatissimo Giappone. Con una decina di mappe in mano iniziammo con il free tour: un giro su un piccolo tram elettrico lungo le vie del centro che ci permise di dare un primo sguardo a Chiang

Rai. La città non brillava e non scoppiava di vita e di verde come Chiang Mai, era più spoglia ma d'altra parte più tranquilla. Non ci mettemmo molto ad abituarci al suo ritmo lento. Noleggiammo un motorino ad un prezzo stracciato per vedere ciò che ci interessava realmente: il Tempio Bianco, situato ad una decina di chilometri dalla città e progettato dal pittore visionario Chalermchai Kositpipat, divenuto meta di milioni di turisti ogni anno. L'unica speranza per scattare qualche foto senza altre persone sullo sfondo è arrivare prestissimo e anche così bisogna attendere non poco prima che la visuale sia libera. È costruito completamente in gesso bianco e specchietti che riflettono il sole, creando incredibili giochi di luce. Un'opera a metà fra sacro e profano che accosta figure completamente diverse fra loro: Buddha assieme ai personaggi dei fumetti, Terminator con cartoni animati, e poi mostri, draghi, guerrieri e serpenti. Il sito più incredibile che avessimo mai visto, così allucinante che ci piacque moltissimo!

A mezzogiorno, purtroppo, dopo l'arrivo di decine di pullman di turisti coreani, la situazione ricordava un parco divertimenti a Ferragosto e scappammo a gambe levate.

Visitammo la Casa Nera, un museo a cielo aperto dove un eccentrico artista ha creato la sua casa ideale: un insieme di edifici di varie dimensioni e forme con uno stile piuttosto macabro, con ossa e pelli animali; anche questa un'opera pazzesca!

Ultimo ma altrettanto affascinante, il Tempio Blu, il nostro preferito: un'opera maestosa sconosciuta in genere ai turisti, di colore totalmente indaco ad esclusione di alcuni particolari dorati che creano un contrasto singolare; il blu rappresenta il Dharma, ovvero la legge cosmica. L'ingresso è "sorvegliato" da due enormi statue con volto umano e corpo di serpente; nel cortile c'è una fontana con al centro la statua di un monaco color bianco perla sulla cui testa aleggia un fiore di loto dischiuso. La scalinata d'ingresso è custodita da due Naga: draghi con il corpo di serpente. All'interno ci sono una statua di Buddha alta sei metri e decine di dipinti e decorazioni in uno stile semi-psichedelico.

Il paesaggio fuori dalla città era meraviglioso: le montagne verdissime sembravano chiamarci e per l'ennesima volta non ci facemmo pregare.

Dopo un'accurata ricerca trovammo un'agenzia locale e in breve tempo organizzammo un trekking per il giorno successivo, proprio tra quelle foreste che tanto avevamo ammirato da lontano.

Attraversammo campagne e risaie per poi addentrarci nella vegetazione e quindi risalire la montagna, mentre le nostre guide ci spiegavano tutto sulla fauna e sulla flora locali, facendoci assaggiare le piante commestibili e l'ananas thailandese appena raccolto, il più buono e dolce che abbia mai mangiato. Pranzammo in un piccolo e sperduto villaggio tra le montagne, con una famiglia del posto che ci preparò un pranzo a base di riso, uova, carne e le verdure raccolte durante il nostro cammino. Trovammo la pace dei sensi nel pomeriggio, grazie ad un bagno ai piedi di una cascata immersa nella natura. Tornammo in città più felici che mai.

Sfruttammo l'ultimo giorno di noleggio del motorino per visitare i giardini della Regina: curati in modo maniacale sembravano usciti dal Paese delle Meraviglie; e il Triangolo d'Oro, ovvero il punto di confine tra Thailandia, Laos e Myanmar. Questo luogo un tempo era famoso per il traffico di oppio ed eroina, oggi è una meta turistica. In sé non ha nulla da offrire ma trovarsi lì e immaginare ciò che rappresentava un tempo, trasmette una particolare sensazione in grado comunque di dare un significato alla visita. Anche se inizialmente eravamo un po' scettici, Chiang Rai alla fine ci conquistò, entrammo in sintonia con lo scorrere pigro della vita locale, apprezzandone ogni momento di pace. Ci sentivamo così bene e coccolati che ci saremmo rimasti per un mese, ma dopo il tempo perso in India dovevamo recuperare e ci toccò ripartire prima del previsto. Era il momento di entrare in Laos e decidemmo di farlo in un modo piuttosto fuori dal comune.

I nostri dubbi sul da farsi furono fugati da una semplice domanda: quando *ci ricapita?*

11

Per una volta decidemmo di prenderci una pausa dai soliti bus
sgangherati e alla strada preferimmo il Mekong, il fiume più
lungo del sud est asiatico che nasce nell'altopiano del Tibet e
attraversa Cina, Myanmar, Thailandia, Laos, Cambogia e
Vietnam. Ci sarebbero voluti due giorni per raggiungere
Luang Prabang.

Con il pullman delle sei del mattino da Chiang Rai
arrivammo al confine in un paio d'ore, così da avere il tempo
di sbrigare le solite pratiche nell'ufficio immigrazione, trovare
un taxi collettivo e arrivare al molo in perfetto orario. Non
eravamo gli unici ad avere avuto quest'idea, la barca era piena
di ragazzi europei, tutti viaggiatori zaino in spalla come noi,
una metà occupava le poltrone, l'altra i tappeti. A quanto pare
è una tratta molto comune tra i backpackers, costa poco e
solitamente sono gli unici a non avere problemi di tempo, i
più giovani si erano perfino portati una notevole scorta di
birra. La vegetazione era foltissima e impenetrabile, ma ogni
tanto si scorgevano i piccoli villaggi che si affacciavano sulla
riva, e capitava che qualche bambino rincorresse la barca
salutandoci finché non scomparivamo all'orizzonte. Le madri
ne approfittavano per vendere braccialetti fatti a mano, si
trattava di pochi spiccioli per noi ma per loro potevano essere
un aiuto enorme. Passammo la notte a Pakbeng, un piccolo
villaggio sul fiume pieno di ostelli in attesa dei turisti
occidentali con i prezzi decisamente sopra la media.
Scegliemmo quello più economico a soli duecento metri dal
molo, e che aveva una bellissima terrazza che si affacciava sul
Mekong. La proprietaria, forse non abituata a ricevere spesso

ospiti, ci chiese cosa volessimo per cena e per la colazione, in modo da poter comprare il necessario al mercato apposta per noi. Si offrì perfino di prepararci dei panini per il pranzo al sacco per l'indomani per guadagnare qualcosa in più. Era così tenera che non ce la sentimmo di rifiutare.

La mattina seguente proprio durante la colazione assistemmo ad una scena straordinaria: due elefanti, madre e figlio, stavano facendo il bagno nel fiume. Non potevamo credere ai nostri occhi, la loro bellezza e naturalezza erano sconvolgenti. Quante emozioni ci stava regalando quel viaggio? Quante cose ci saremmo persi se non avessimo avuto il coraggio di partire? Ci sentivamo grati.

Cambiammo barca, questa volta più piccola perché solo noi backpackers proseguivamo il viaggio. Ci godemmo quelle ultime ore cullati dall'acqua, tutti erano più silenziosi ma sereni. Sbarcammo a Luang Prabang a metà pomeriggio, ad accoglierci una tempesta. Come sempre dove ci sono turisti ci sono anche decine di autisti di tuk tuk pronti a scannarsi per accaparrarsi i clienti (il lato positivo dell'Asia). Dividemmo la corsa con un ragazzo inglese che nelle ultime 48 ore aveva bevuto più birra che acqua.

Luang Prabang è un gioiellino e Patrimonio dell'Unesco. L'antico dominio francese è ancora visibile grazie alle ville coloniali, ai nomi dei ristoranti, alle baguette farcite (il primo vero pane dopo mesi!) e alla forte presenza di turisti francesi. Forse l'unica pecca è proprio il turismo eccessivo: il centro è pieno di hotel e ristoranti costosi, è evidente che questa sia una tappa fissa per chiunque venga in Laos, ma resta piacevole passeggiare tra i suoi viali alla scoperta di templi nascosti, magari incrociando qualche monaco buddista con la sua inconfondibile tunica arancione. Riuscimmo ad entrare anche in un piccolo monastero: i monaci più giovani, con la testa rasata, sembravano ancora più curiosi di noi. Pochissime parole, qualche timido sorriso e poi scappavano via. Gli insegnanti ci fecero cenno di entrare e camminare liberamente nella loro casa, a patto di rispettare il silenzio. La pace di questi luoghi è difficile da descrivere per noi che siamo abituati a vivere a mille all'ora. La filosofia buddista mi affascina da sempre: l'idea di dare un valore positivo anche ad una situazione negativa, la ricerca della gioia spirituale, la legge del karma secondo la quale raccogliamo quello che seminiamo, sono tutte cose in cui credo fortemente e che mi fanno vivere più serenamente.

Un pomeriggio, mentre camminavamo sotto il sole di una Luang Pragang completamente deserta sentimmo un tonfo. Era come se qualcosa di molto pesante fosse caduto dall'alto, «forse un vaso è caduto da un balcone» dissi a Federica, ma fu proprio in quel momento che con la coda dell'occhio vedemmo un enorme serpente strisciare alle nostre spalle: era stato lui, cadendo da un albero, a fare quel fracasso. Credo che in quell'occasione stabilimmo un nuovo record mondiale di salto in lungo, avranno sentito le urla di Fede persino in Cina. Passammo la serata a ringraziare il nostro angelo custode per essere stati a pochi metri dall'albero e non sotto i suoi rami, se ci fosse caduto addosso almeno uno dei due sarebbe morto d'infarto.

Approfittammo di questa località tranquilla per ricaricare le energie per qualche giorno. Il caldo era quasi insopportabile, uscivamo la mattina presto per rientrare a pranzo e lavorare al pc, poi fuori nuovamente per il tramonto. Stavamo talmente bene che i giorni volarono, ritrovare qualche comodità dopo tanto tempo non fu poi così male.

I laotiani erano un popolo pacifico e con una calma disarmante, in alcuni casi anche più dei giapponesi.

Dovendo recuperare ancora qualche giorno sulla tabella di marcia, rinunciammo ad andare verso nord. Per non allontanarci troppo dalla rotta per il Vietnam scegliemmo Vang Vieng come seconda tappa, e ci arrivammo in tarda serata dopo sette ore di viaggio. È composta da due vie stracolme di ostelli e ristoranti per turisti, l'unico pregio era il panorama: da qualsiasi punto si potevano ammirare delle imponenti montagne carsiche che la dominavano. Quello era il vero motivo per cui ci trovavamo lì, per esplorare tutta la zona fuori dal paesello, che tra risaie, campagne, grotte, foreste, lagune, fiumi e montagne, era un piccolo paradiso naturale. Noleggiammo un motorino ma senza nessun programma, avevamo imparato a non programmare più di un'attività al giorno e a seguire solo il nostro istinto. Non avevamo più i minuti contati come nella "vecchia" vita, quando eravamo costretti a correre per vedere più cose possibili, finendo per tornare a casa più stressati di prima. La parte più bella del nostro viaggio era proprio quella: non dover decidere tutto subito, nemmeno i giorni in cui ci saremmo fermati in una città; se ci fosse piaciuta avremmo prolungato il soggiorno, in caso contrario saremmo potuti ripartire anche un'ora dopo. *Libertà totale*, questo era il nostro motto. A Vang Vieng prenotammo l'ostello solamente per tre notti ma alla fine diventarono dieci.

Come ultima tappa prima del Vietnam scegliemmo Phonsavan, approfittando della sua vicinanza con il confine. Per affrontare il viaggio comprammo per l'ultima volta le baguette di Vang Vieng, ovvero i più grandi panini farciti che mente umana abbia mai concepito. I banchetti di questi "paninari" erano ovunque in città, spesso accompagnati da un menu alto un metro e mezzo che conteneva almeno 25 versioni, con ingredienti a scelta tra carni, formaggi, uova, tonno, verdura e, per i più coraggiosi, un oceano di ketchup e maionese. Il tutto per una media di due euro a panino, in pratica il paradiso in terra per noi, che per risparmiare mangiavamo solo riso e verdure, riso e pollo, riso e uova.

Quella volta attraversare le montagne si rivelò molto più movimentato del previsto, con una media di una curva ogni tre secondi anticipata da una brusca frenata dell'autista che credeva di essere un pilota di Formula Uno. Lo supplicammo di rallentare e, probabilmente grazie ai nostri volti pallidi, lo convincemmo, ottenendo una guida più sopportabile per il resto del viaggio.

Arrivammo all'ora di pranzo, costretti ad uscire strisciando dal veicolo e a rimandare l'appuntamento con i nostri mostruosi panini. Phonsavan non brillava di luce propria (la vicinanza alla Cina era molto evidente) ma anche in questo caso la vera magia ci attendeva fuori dai suoi confini.

Motorino noleggiato in men che non si dica e mezz'ora dopo il nostro arrivo stavamo già sfrecciando sull'asfalto per dedicarci subito al pezzo forte della zona: la Piana delle Giàre. Antichi vasi di pietra risalenti a 1500 anni fa ritrovati per caso in tre siti differenti tra le campagne laotiane, la cui origine e funzione sono tutt'ora sconosciute.

La prima ipotesi dei ricercatori fu che fossero utilizzate per conservare il cibo ma oggi si crede che fossero delle urne funerarie. Come sia stato possibile realizzarle (la più grande è alta due metri e mezzo e pesa sei tonnellate) e trasportarle fin lì resta ancora un mistero. Purtroppo questa zona è tristemente famosa anche per un altro motivo: l'intera regione è stata bombardata dagli americani durante la Guerra per bloccare i rifornimenti dei soldati vietnamiti. Si stima che siano state sganciate più di due milioni di tonnellate di bombe (sono ancora visibili i crateri creati dalle esplosioni) che continuano a mietere vittime a causa degli ordigni inesplosi. Moltissime persone sono morte o hanno perso braccia e gambe a causa di esplosioni improvvise mentre lavoravano la terra, e purtroppo anche molti bambini che stavano solo giocando. Il MAG, il Centro Informazioni sulle Bombe Inesplose, si sta occupando di bonificare il territorio, ma il lavoro è ancora lunghissimo e soprattutto i fondi non sono sufficienti. Visitammo il centro per comprendere meglio il loro lavoro e lasciare una donazione. Pochi viaggiatori passano da Phonsavan perché lontana e fuori mano, ma noi fummo felici di esserci andati, sia per gli splendidi paesaggi, sia per il suo valore storico che ci aiutò a comprendere il passato di questo popolo.

Approfittammo delle due ruote per goderci fino all'ultimo l'immensa natura laotiana. Dopo aver perso per l'ennesima volta l'orientamento, scoprimmo le risaie più belle di tutta l'Asia: nemmeno un dipinto avrebbe potuto avvicinarsi ad una simile perfezione. Più di una volta mi fermai a riflettere su quello che avevamo affrontato per guadagnarci quel momento, e mi ritrovai a guardare il cielo pensando di non essermi mai sentito così libero.

12

Non avevamo idea di cosa ci aspettasse quando prenotammo il nostro primo sleeping bus che dal Laos ci avrebbe portato nella capitale del Vietnam, Hanoi. Quando ci comunicarono che sarebbero state ventiquattro ore di viaggio non ci preoccupammo, a quel tempo erano ormai ordinaria amministrazione. La partenza era prevista all'una del mattino, ma fummo avvertiti dal proprietario del nostro ostello (aveva il numero dell'autista) che il bus sarebbe arrivato in ritardo. Ci disse che ci avrebbe svegliato lui a tempo debito per darci un passaggio alla stazione: un marciapiede dove trovammo alcune persone che non avevano avuto la nostra fortuna ed erano in attesa da ore. Quando arrivò il pullman non notammo niente di strano, lo spettacolo iniziò una volta saliti: tre file di lettini, ciascuna da due piani, dieci posti sopra e dieci sotto, e fin qui avremmo anche potuto accettarlo, ma i corridoi, le scale, ogni centimetro disponibile era invaso da passeggeri extra, senza contare i bambini in braccio alle loro mamme; strano che a nessuno fosse venuto in mente di attaccare delle amache al soffitto! I nostri posti erano occupati da persone che parlavano solo cinese, ma per fortuna l'autista ebbe pietà di noi e facendosi strada tra la folla riuscì a farci accomodare. A bordo c'erano almeno un centinaio di persone e una volta conquistato il letto, neanche un terremoto avrebbe potuto spostarci da lì. Per salire ci obbligarono anche a lasciare le scarpe all'ingresso con il dubbio che non le avremmo mai più ritrovate. Superato questo delirio iniziale, erano già le tre del mattino quando finalmente la stanchezza prese il sopravvento e cademmo in un sonno profondo. Ci svegliarono al confine, era ancora mattina presto ma dovevamo metterci in fila davanti agli uffici dell'immigrazione per poter essere i primi, altri bus stavano arrivando. Eravamo talmente stanchi che imparammo a dormire in piedi. All'apertura degli uffici, l'agonia era appena cominciata: scarica e ricarica gli zaini, aspetta che i passeggeri cinesi abbiano spiegato all'ufficiale perché stanno trasportando galline vive e attendi l'autista, che nel frattempo ha organizzato un torneo di poker con i suoi amici. Dopo tre ore riuscimmo a riprendere il viaggio.

Le condizioni sarebbero state disumane per chiunque ma quei mesi di viaggio ci avevano forgiato, dopo i treni indiani persino quel bus non ci sembrava poi così male. L'unico vero problema era il caldo; sembrava di essere su un carro bestiame, a causa del sovraffollamento l'aria condizionata era praticamente inesistente, non si respirava, ma fortunatamente dal primo pomeriggio i passeggeri iniziarono a scendere. Alle 21.00 arrivammo a Hanoi. Eravamo a pezzi ma l'adrenalina era al massimo per la gioia di essere arrivati; spinti dall'euforia lasciammo gli zaini in ostello per tuffarci nella mischia.

Hanoi scoppiava di vita: gente in ogni dove, motorini, risciò, street food, giovanissimi che ballavano hip hop per strada, venditori ambulanti, monaci. Girammo per le sue strade per quattro giorni, dal quartiere vecchio al mausoleo di Ho Chi Minh; dalla prigione di Hoa Lo, triste testimone della crudeltà dei coloni francesi, al Tempio della Letteratura costruito quasi mille anni fa.

Ci perdemmo tra i suoi vicoli ammirando i tradizionali cappelli a punta, le botteghe, i ciclo-risciò; pranzammo su sedie di 30 centimetri nei "ristoranti" improvvisati sui marciapiedi, contrattando per qualsiasi cosa; chiacchierammo con i bambini a caccia di occidentali per praticare l'inglese; visitammo templi e pagode; assistemmo dal vivo al karaoke (se pensate di essere stonati non avete mai sentito un vietnamita cantare); affrontammo a piedi circa tre milioni di motorini e vivemmo un'infinità di altri piccoli momenti indimenticabili che resero straordinaria la nostra avventura nella Capitale, una metropoli sicuramente caotica ma con un gran carattere, di cui tutto si può dire tranne che non sia viva. Ritrovammo perfino il piacere di bere un ottimo caffè dopo nove mesi di acqua sporca! Quasi nessuno lo sa ma il Vietnam è il secondo esportatore mondiale di caffè, subito dopo il Brasile. Arrivato nel diciannovesimo secolo grazie ai francesi, il caffè non era più solo una bevanda, ma un elemento fondamentale della cultura locale.

Viene servito in una tazza coperta da un dischetto e un cilindro detto *phin*, ovvero un filtro metallico che serve a filtrare il caffè, che grazie ad un dito d'acqua calda in dieci minuti si riversa, una goccia alla volta, nella tazza; anche quell'attesa fa parte del piacere: un momento sacro per i vietnamiti che amano rilassarsi e godersi in santa pace la loro meritatissima tazza di caffè. Tra le linee ferroviarie più folli del pianeta c'è sicuramente quella che attraversa la parte vecchia della città, dove ogni giorno, più volte al giorno, un treno passa a pochissimi centimetri dalle case sfiorando portoni, tavolini, biciclette e stendibiancheria, ma mentre i turisti increduli corrono ai ripari, gli abitanti del luogo si comportano come se fosse la cosa più normale del mondo: la disinvoltura con cui fanno un passo indietro un attimo prima che passi il treno è sbalorditiva.

Aspettammo quel treno bevendo una birra in una lavanderia che faceva anche da bar (in Vietnam vendono le sigarette in farmacia!), mentre la proprietaria ci raccontava che la vita in quel quartiere era molto movimentata, per sopravvivere era fondamentale ricordarsi gli orari del treno!

123

Il visto turistico purtroppo ci concedeva solo trenta giorni, che ci sarebbero serviti per attraversare tutto il Paese da nord a sud. Acquistammo i biglietti dell'autobus per la tappa successiva, Cat Ba, a sole tre ore di viaggio. Una piccola isola di fronte alla Baia di Ha Long, la vera attrazione della zona, ma meno turistica. Trovammo una stanza a buon prezzo nella casa di una famiglia, che rese il soggiorno più autentico e ci lasciò usare il loro motorino gratuitamente. Avevamo una spiaggia semideserta a due passi da casa, che ci concesse qualche ora di assoluto silenzio lontano dalle caotiche città asiatiche. Rivedevamo il mare per la prima volta dopo tre mesi e ci tuffammo felici, ignari del fatto che l'acqua fosse bollente! Non tiepida, o "un po' troppo calda per i miei gusti", letteralmente bollente, sembrava di fare il bagno nel cratere di un vulcano. Era talmente calda che era perfino doloroso restarci a mollo.

Organizzammo l'escursione per la Ha Long Bay, Patrimonio dell'UNESCO. La Baia è composta da circa duemila isole calcaree che emergono dalle acque del Golfo del Tronchino, alcune piccole come scogli, altre grandi come una città. La leggenda narra che un drago, inabissandosi nell'acqua, abbia fatto emergere le isole a colpi di coda (halong significa esattamente "drago che si inabissa").

L'arcipelago sembrava non avere fine; le isole, visibili a perdita d'occhio, avevano forme uniche e rispecchiavano i nomi attribuitegli dalla tradizione popolare: cane, gatto, tartaruga, gallina, ecc.

Inoltre in questo paradiso esistevano anche degli incantevoli villaggi di pescatori, costruiti su piattaforme galleggianti; non si trattava solamente di abitazioni, ma di scuole, piccoli templi e mercati di frutta e verdura.

Dopo aver trascorso la mattinata in barca per ammirare

quello spettacolo, nel pomeriggio esplorammo in kayak ogni angolo per conto nostro.

Fu amore a prima vista: ci perdemmo tra acque verdi smeraldo, isolotti, lagune nascoste, caverne e lingue di sabbia bianca, senza nessun altro a parte noi; tornammo solo al tramonto, con il sole che specchiandosi nell'acqua tingeva di rosso il cielo. Ripartimmo in minivan (in Vietnam il sistema dei trasporti è efficientissimo) e in poche ore raggiungemmo Tam Coc. Pur essendo una meta turistica non c'erano molti viaggiatori e approfittammo di quei giorni per rallentare e goderci come sempre la natura. Il centro abitato era molto piccolo, il modo migliore per esplorare i dintorni era la bicicletta, un mezzo che adoravamo perché ci permetteva di muoverci lentamente assaporando ogni particolare: dalle risaie a perdita d'occhio alle enormi montagne carsiche che dominavano il paesaggio. Evitammo il giro in barca sul fiume che ci sembrò una trappola per turisti per concederci altre due esperienze che meritavano davvero: le grotte di Trang An, visitabili solo su barche a remi guidate esclusivamente da donne locali dove sembrava di essere sul set di Jurassic Park (non per niente qui hanno girato l'ultimo film su King Kong), e il Bai Dihn Temple, il sito buddista più grande del Vietnam: antichi templi, pagode, sculture e una torre di dodici piani. Un sito maestoso, talmente grande da perderci mezza giornata.

Ripartimmo sereni, pronti per il nostro primo bus notturno vietnamita. I letti erano divisi in tre file da due piani come quello che ci aveva portato ad Hanoi ma per fortuna i corridoi erano liberi, non c'erano passeggeri extra seduti sul pavimento. Naturalmente, non poteva essere tutto "normale": sul soffitto c'erano, infatti, più neon che in una discoteca, verdi, blu e rosa; e con la musica elettronica a palla, sembrava proprio di essere ad una festa. Per fortuna nel giro di un paio d'ore l'autista spense "la giostra" e ci godemmo una dormita epocale. Devo ammettere che i bus notturni vietnamiti sono i più efficienti che abbiamo trovato in giro per il mondo, si dorme benissimo, sono comodi e fanno risparmiare tempo e denaro. Non tutti, se ve lo state chiedendo, hanno neon accecanti e musica psichedelica.

Arrivammo a Hue per visitare l'antica Cittadella e le tombe imperiali. La Cittadella di Hué, che fu capitale del Vietnam dal 1802 al 1945 sotto il regno dei tredici imperatori della dinastia Nguyen, racchiude al proprio interno la Città Imperiale, ispirata alla Città Proibita di Pechino, e la Città Purpurea Proibita, riservata all'Imperatore, alle sue concubine e ai guardiani.

Durante i bombardamenti degli americani la città fu distrutta, e poi lasciata in stato di semi abbandono per una ventina d'anni. I restauri, ancora in corso, iniziarono solo dopo che l'UNESCO la dichiarò Patrimonio dell'Umanità nel 1992. Vi si accede dopo aver attraversato il Fiume dei Profumi e la maestosa Porta Ngo Mon alla cui sommità si trova il Belvedere delle Cinque Fenici, dove l'imperatore Nguyen nel 1945 abdicò a favore della Repubblica, convinto dal governo rivoluzionario di Ho Chi Minh. Da qui iniziammo la scoperta di palazzi, sale, collezioni, templi, pagode, corsi d'acqua e meravigliosi padiglioni in legno intagliato, con colonne laccate e mosaici di porcellana.

Il perimetro quadrato della cinta muraria è di circa 11 km, nonostante alcune parti siano andate distrutte quel luogo diffondeva tutto il fascino della cultura vietnamita. Le sette tombe imperiali della dinastia Nguyen sono maestosi complessi con padiglioni, laghi, giardini e qualsiasi cosa potesse incontrare il favore dei defunti Imperatori, che sceglievano il luogo della sepoltura mentre erano ancora in vita. La tomba doveva essere collocata fra una collina più alta per infrangere i venti maligni ed una più bassa, alle spalle, a chiusura del territorio imperiale. Non sono semplici tombe ma dei capolavori architettonici in perfetta armonia con la natura che li circonda.

Desiderosi di tornare in spiaggia decidemmo di fermarci a Da Nang, ma si rivelò una città particolarmente brutta: la versione cinese di Miami con un sacco di orribili cantieri in costruzione, scappammo a gambe levate senza rimpianti. A questo punto lanciammo una sfida a noi stessi: raggiungere Hoi An, la città delle lanterne, in autostop. Armati di sorrisi, pazienza e un cartellone enorme, portammo a termine l'impresa in poche ore. In quell'occasione i vietnamiti furono davvero fantastici: più di una persona che non poteva darci un passaggio ci offrì dei soldi per comprare il biglietto dell'autobus piuttosto che lasciarci per strada sotto il sole. Rifiutammo gentilmente, ma gesti come quelli ti restano impressi nel cuore per il resto della vita.

Hoi An è un piccolo gioiello nel cuore del Paese. La città vecchia sul fiume con le antiche case tradizionali, le botteghe, i caffè e le decine di lanterne che al calar del sole prendono vita, sono uno spettacolo unico.

Noleggiammo di nuovo le nostre amate biciclette per esplorare i dintorni ed uscire dal centro turistico. Una sera, dopo una cena nella nostra baracca di fiducia, che per due euro ci saziò come un pranzo di Natale, ci inoltrammo verso il centro per scattare qualche foto, ma fummo travolti da un temporale, il decimo della giornata. Quando trovammo una tettoia libera sotto cui ripararci, le viuzze erano talmente allagate che sembrava di essere in mare aperto.

Mentre eravamo indecisi se ridere o piangere, un suono

familiare catturò la nostra attenzione: un inconfondibile accento pugliese! Due ragazzi, Giuliano e Fabio, stavano chiacchierando accanto a noi, anche loro in fuga dalla bomba d'acqua. Ci vollero meno di cinque secondi per diventare buoni amici e decidere all'unanimità di bere una birra insieme, tutto il resto poteva aspettare.

I loro racconti ci riportarono nelle città in cui eravamo cresciuti, e per farci del male parlammo anche di panzerotti, focacce e burrate, ne sarebbe passato di tempo prima di poterli riassaporare! Ci salutarono impedendoci di pagare la birra. Non potemmo fare a meno di pensare che se non fosse stato per il temporale non li avremmo mai incontrati, e ci saremmo persi due nuovi amici. Tornando in ostello in piena notte trovammo la città deserta e scattammo foto meravigliose che di giorno non avremmo mai potuto realizzare! Con l'ennesimo bus notturno arrivammo a Da Lat, una piccola città tra le montagne, per fare una pausa dalle alte temperature e dall'umidità; ma non fummo molto fortunati, piovve ininterrottamente per due giorni. Ci avevano parlato di una piccola Parigi ma sinceramente non riuscimmo a trovare nemmeno una vaga somiglianza e comunque la città non era niente di che, a parte qualche vecchia casa coloniale; col senno di poi forse sarebbe stato meglio saltarla. Pronti per il gran finale, andammo a Ho Chi Min, la vecchia Saigon, che non ha nulla a che vedere coi tempi della guerra anzi è moderna molto più di Hanoi. Le nostre visite principali riguardarono il Museo della Guerra, dove scoprimmo le atrocità americane perpetrate ai danni dei civili, e i Tunnel di Ben Duoc: cunicoli scavati sotto terra grazie ai quali i vietnamiti vinsero il conflitto.

Si trattava solo di una piccola parte dei 250 chilometri di tunnel sotterranei che i soldati utilizzarono durante la battaglia. Quest'enorme ragnatela, scavata su tre livelli di profondità, comprendeva dormitori, armerie, magazzini, cucine e ospedali. Noi ne abbiamo percorso a carponi solo qualche tratto (i tunnel sono alti circa un metro e larghi cinquanta centimetri) e il senso di soffocamento che si prova è quasi insopportabile. Per sfuggire ai nemici, militari, civili, donne e bambini vivevano in abitazioni sotterranee senza luce che avevano delle prese d'aria mimetizzate tra la fitta vegetazione. Quell'esperienza ci fece capire quanto fosse forte la forza del popolo vietnamita, ma ancor più la sua disperata voglia di libertà. Il nostro visto stava per scadere ma prima di ripartire ci contattò un'agenzia locale, la *Vespa Adventures*, che ci propose un tour del Delta del Mekong in Vespa in cambio delle nostre foto. Accettammo. Si rivelò un'avventura pazzesca: comodamente seduti sulla mitica Vespa esplorammo risaie, campagne e mercati locali, mangiammo pesce freschissimo, visitammo un allevamento di gamberi e una distilleria locale. Tra gli incontri memorabili a Saigon ci fu quello con Karim. Stava seguendo il nostro viaggio e ci scrisse per invitarci a bere una birra insieme. Era un sognatore e viaggiatore come noi, tutti eravamo alla ricerca della nostra strada, uniti dall'amore per la vita e pronti a rischiare tutto per trovare la felicità. Ci abbracciammo: "Magari tra trent'anni non ci ricorderemo i nostri nomi, ma di sicuro non scorderemo quella serata sugli sgabelli della via più trafficata di Saigon!".

Come ultima tappa scegliemmo Can Tho, una cittadina vicina al confine che non si rivelò particolarmente interessante.

Eravamo ormai alla fine del nostro tredicesimo Paese. Era stata una grandiosa avventura, una traversata da nord a sud esplorando tutte le sue bellezze. L'ultima sera, dopo aver comprato i biglietti dell'autobus per la Cambogia e aver bevuto l'ultimo buonissimo caffè, stavamo rientrando in ostello quando, a due metri dall'ingresso, Federica appoggiò malamente il piede prendendo una storta tremenda. Il suo primo pensiero fu che alle quattro del mattino avremmo dovuto svegliarci per attraversare il confine con i nostri pesantissimi zaini e, anche volendo, non avremmo potuto rimandare perché era l'ultimo giorno del nostro visto turistico. Non riusciva a camminare e più passavano le ore più il piede si gonfiava. Io ero fermamente deciso a restare, poi avremmo pensato al visto scaduto, ma lei non ne volle sapere, avrebbe stretto i denti e una volta arrivati in Cambogia saremmo andati dritti in ospedale. Era diventata una vera guerriera ormai. Non avevamo la più pallida idea di come diavolo avremmo fatto, ma in un modo o nell'altro ci saremmo riusciti.

13

La sveglia suonò alle quattro in punto, entrambi eravamo già svegli. Era il momento della verità ma sapevamo che in così poco tempo nulla poteva essere cambiato, anzi forse la situazione poteva essere addirittura peggiorata. Dormire con un enorme sacco di ghiaccio sulla caviglia non fu sufficiente, al minimo contatto Federica urlava dal dolore. La supplicai ancora una volta di non partire ma fu tutto inutile, la decisione ormai era presa. Avrei pensato a tutto io, non riuscivo nemmeno ad immaginare cosa stesse provando e avrei fatto qualunque cosa per aiutarla.

Portai in strada i nostri quattro zaini e salimmo sul taxi diretti in stazione. Una volta arrivati, caricai tutto sull'autobus e per miracolo trovammo due posti liberi per Federica che poté sistemare la gamba in modo da non sentire dolore, sarebbe rimasta immobile fino al confine. Fa tremendamente male vedere la tua compagna sofferente senza poter fare nulla, ad ogni buca mi mancava il respiro per la paura che potesse sentire dolore. Grazie al cielo il viaggio durò solo qualche ora e l'ingresso in Cambogia fu uno dei più veloci di sempre, fu sufficiente pagare trenta dollari per il visto più altri cinque di "mancia" all'ufficiale di turno. Arrivati miracolosamente al nostro albergo di Phnom Penh (ancora oggi non so come abbia fatto Federica a resistere per 36 ore) andammo finalmente in ospedale! La nostra assicurazione medica ci indicò la clinica più vicina e ci fiondammo al pronto soccorso. I medici le fasciarono la caviglia, rassicurandoci sul fatto che nessun osso fosse rotto, ma riscontrarono una febbre a 39 (che noi ignoravamo del tutto) e fecero un esame del sangue. Dopo un'ora i medici tornarono dicendoci che per l'esito dell'esame avremmo dovuto aspettare un po', ma che sospettavano potesse trattarsi di sifilide! Federica, all'udire quella parola, mi fulminò con lo sguardo. Ero terrorizzato, ma allo stesso tempo sereno, certo della mia coscienza pulita. Contai impaziente i minuti che mi separavano dal verdetto finale, fino a quando il medico tornò da noi con il responso: salmonella, per la quale sarebbe stata sufficiente una degenza di due giorni.

Imprevisti come questi fanno parte del gioco quando si viaggia come noi, solo non ci aspettavamo che capitassero tutti insieme. Eravamo un po' spaventati, lo ammetto, ma avevamo imparato a non preoccuparci prima del dovuto e ci obbligammo a pensare che non fosse niente di grave. Salimmo in camera e scoprimmo il primo lato positivo di tutta la faccenda: era una stanza privata quattro volte più grande di quelle a cui eravamo abituati, con divano, cucina e bagno, praticamente per noi era un hotel a cinque stelle. Riflettendoci su, se la sarebbe passata meglio Federica lì che io in ostello!

I due giorni volarono, facevo avanti e indietro dall'ospedale, Federica fortunatamente si trovava nelle migliori mani in cui potessi sperare, addirittura per pranzo le servirono una carbonara! Per non affaticarla le diedero temporaneamente due stampelle che avrebbe dovuto restituire prima di essere dimessa. Feci di tutto per comprarle ma anche stavolta il suo *no* fu categorico, non voleva gravare sul nostro budget.

Quello di non comprare le stampelle era solo uno dei tanti sacrifici che facevamo ogni giorno. Per noi non era un problema perché viaggiare è ciò che amiamo di più al mondo, ma ci vuole tanto spirito d'adattamento che, mese dopo mese, continua a crescere se vissuto nel modo giusto.

Venne dimessa dopo due giorni come promesso, ci fecero

firmare un foglio con il riepilogo di tutti gli esami e le medicine assunte, per un totale di 1950 dollari! Una cifra decisamente fuori dal nostro budget, per questo Federica prima di firmare volle assicurarsi che la cifra sarebbe stata interamente coperta dalla nostra assicurazione medica, formulando la domanda per ben tre volte. Fu solo al terzo sì che si decise a firmare.

Uscimmo dall'ospedale, e anche se insistette nel dirmi che stava bene, la obbligai a passare un altro giorno a letto. Ogni volta che poggiava il piede per terra mi mancava il respiro. Il mattino seguente uscimmo per esplorare la città: non era quel che può definirsi "indimenticabile" ma il lungofiume era piacevole, o forse noi cercavamo solo un posto tranquillo per rilassarci un po'. Il Palazzo Reale probabilmente avrebbe meritato una visita, ma dopo mesi e mesi di templi non era niente di nuovo e, dietro consiglio di altri viaggiatori, decidemmo di non entrare, risparmiando il costo del biglietto decisamente troppo caro. Il secondo giorno lo dedicammo alla conoscenza di un periodo storico molto importante per questo Paese: dal 1975 al 1979 i Khmer Rossi di Pol Pot uccisero più di un milione di cambogiani, circa il 20% della popolazione. L'obiettivo era quello di trasformare la Cambogia in una cooperativa agraria di stampo maoista dominata dalla classe agricola. I cambogiani furono deportati nelle campagne e costretti a lavorare, pena la morte. I più istruiti vennero uccisi, anche portare gli occhiali era sufficiente per essere giustiziati (perché venivano associati a persone colte), ma i soldati ammazzavano per qualunque motivo, molto spesso inventandoselo. Visitammo la S-21, una scuola convertita in prigione in cui si praticavano le torture più atroci, e i "killing fields", i campi di sterminio in cui i civili vennero brutalmente assassinati e seppelliti in fosse comuni, per "fare spazio" nelle carceri in attesa di nuovi prigionieri. Entrambe le visite furono impressionanti, non aprimmo bocca per tutto il giorno. C'erano tanti turisti ma tutti in religioso silenzio, ciascuno forse alle prese con il proprio sconforto di fronte a tanta cattiveria. Dopo quella visita non puoi più guardare i cambogiani con gli stessi occhi sapendo quello che hanno passato. Agosto è un mese nel pieno della stagione delle piogge, e dunque l'acqua non ci abbandonava quasi mai, ma non eravamo disposti ad arrenderci. Volevamo passare qualche giorno in spiaggia a Koh Rong Sanloem, un'isola di cui tutti parlavano bene, per questo decidemmo di raggiungere la città più vicina sulla terraferma, Kampot. La caviglia di Federica sembrava miracolosamente guarita quasi al 100%, stava così bene che era tornata a rimproverarmi, giusto per non farmi avere dubbi sul fatto che si fosse ristabilita. Kampot era famosa tra i backpackers in cerca di un posto tranquillo per rilassarsi, lo si notava dai moltissimi ristoranti con cibo occidentale e i prezzi sopra la media. Non ci entusiasmò più di tanto ma devo ammettere che aver beccato la "stagione delle piogge" influì parecchio, perché non si tratta di brevi acquazzoni ma pioggia ininterrotta per giorni e giorni.

Per uscire dal nostro ostello dovevamo arrotolare i pantaloni e attraversare scalzi un lago di fango, poi passare dal bagno in comune per lavarci le gambe con una canna.

Noleggiammo un motorino per due giorni. Durante il primo visitammo una piantagione di pepe (Kampot è rinomata proprio per questo) dove ci spiegarono la produzione e ci fecero assaggiare diverse varietà; il secondo lo avremmo dedicato ad un'escursione che ci avrebbe portato sulla cima di una collina su cui sorgeva un villaggio fantasma. Peccato che la furia della natura avesse deciso di abbattersi su di noi: non abbiamo mai preso così tanta acqua come quel giorno, senza contare le strade ricoperte di fango e le ruote dello scooter che giravano a vuoto. Stringendo i denti, e scivolando un paio di volte, riuscimmo comunque ad arrivare in cima ma c'era più nebbia che in Pianura Padana. Non vedemmo niente di quello che avevamo programmato ma alla fine dei conti c'eravamo divertiti, stremati, e pure inzuppati.

Dopo quel giorno dovemmo annullare la tappa al mare, il maltempo non ci lasciò altra scelta. I costi per raggiungere e soggiornare sull'isola sarebbero stati troppo alti per rischiare di non potersi nemmeno godere la spiaggia.

Avendo così guadagnato un po' di tempo, e memori della magnifica esperienza nell'orfanotrofio in Nepal, decidemmo di donarne un po' a qualcuno che ne avesse bisogno. Trovammo online l'annuncio di due ragazzi inglesi che avevano aperto una casa rifugio per animali randagi a Siem Reap, la cittadina che sarebbe stata proprio la nostra ultima tappa cambogiana. Non potevamo chiedere di meglio, uno scambio di mail e il posto fu nostro.

Prima di Siem Reap andammo a Battambang, un paesino tranquillo tagliato a metà dal fiume Sangker, molto economico e perfetto per fermarsi qualche giorno. Contrattammo per una camera con aria condizionata e colazione all'americana per soli 8 euro a notte, ci era concesso persino di usare la piscina dell'hotel accanto, assolutamente fuori budget per noi.

Girando per la città scoprimmo la galleria di un fotografo spagnolo. Si chiamava Joseba e aveva percorso 37.000 chilometri in bicicletta attraversando 29 Paesi. Gli scatti del suo viaggio erano incredibili. Dopo averci offerto un bicchiere di vino, ci raccontò la storia di ogni foto. Aveva vissuto con ogni soggetto che aveva fotografato: uomo, donna o bambino, a volte per qualche giorno, altre per settimane, per provare

135

sulla propria pelle la loro condizione di vita, spesso di estrema povertà.

Ogni foto era in vendita, anche in formato cartolina, quindi perfetta per entrare nei nostri zaini. Joseba avrebbe destinato una parte dei guadagni all'educazione dei bambini locali che non potevano permettersi di studiare, un progetto sociale in cui era impegnato da quando si era trasferito in Cambogia. Il cuore, la passione e la gentilezza di quest'uomo erano disarmanti, persone di questo genere sono in grado di riaccendere la speranza per il futuro dell'umanità.

Noleggiammo come sempre un motorino per due spiccioli per esplorare i dintorni. Oltre alle rovine di antichi templi visitammo la famosa Bat Cave, che non è la caverna segreta di Batman ma una grotta dove ogni sera al tramonto prende vita uno spettacolo: milioni di pipistrelli escono in volo in cerca di cibo e si muovono allo stesso ritmo, pennellando il cielo con una striscia nera simile ad un grosso serpente, che ondeggia nell'aria per almeno 40 minuti.

Incantati da quella meraviglia perdemmo la cognizione del tempo. Era quasi buio quando raggiungemmo le Killing Caves, una grotta tristemente famosa per il trucidamento di molti innocenti. Senza una torcia per spingerci più all'interno, decidemmo di non rischiare e tornammo alla base. Eravamo indecisi su come raggiungere Siem Reap, se con il solito minivan sgangherato o in barca per un viaggio più panoramico. Purtroppo la seconda opzione si rivelò molto più costosa del previsto e, ancora soddisfatti della nostra esperienza sulle acque del Mekong tra Thailandia e Laos, scegliemmo le quattro ruote senza troppi rimpianti.

Avevamo appuntamento con Billy e Georgia, la coppia inglese che gestiva il rifugio dove avremmo fatto volontariato. Da giorni non rispondevano ai nostri messaggi e non eravamo più sicuri che la cosa sarebbe andata in porto, lo avremmo scoperto solo una volta arrivati.

In stazione, naturalmente, non c'era nessuno ad attenderci. Non ci disperammo per così poco, avevamo imparato a stare calmi e ad affrontare ogni situazione, ci saremmo adattati senza problemi, dopotutto chi ci correva dietro? La calma che avevamo raggiunto ormai stupiva anche me.

Telefonammo a Billy che incredibilmente rispose al primo tentativo (ecco perché non conviene mai agitarsi prima del dovuto), e dopo dieci minuti arrivò in moto per scortare il nostro tuk tuk sino al suo rifugio.

Si trattava di una vecchia casa su due piani in stato di semiabbandono. Era difficile immaginare che fosse in grado di ospitare animali feriti. Il cortile era un vero disastro, sembrava una discarica e c'erano escrementi ovunque. I ragazzi vivevano al piano di sopra e noi al piano terra. Nella nostra stanza c'era un vecchio materasso appoggiato al muro, quando lo tirammo giù dal lato posteriore spuntò un ragno grande quanto la mia testa intenzionato a farci capire che quella era casa sua. Fortunatamente le nostre urla furono abbastanza forti da farlo fuggire.

Niente lenzuola (e forse era un bene), ma avevamo i nostri sacchi a pelo. Il bagno era un'altra tragedia: usciva a malapena un filo d'acqua dai rubinetti. La voglia di scappare era tantissima ma non volevamo farlo, anche se sarebbe stata la scelta più semplice; volevamo superare anche quest'altra prova. Avremmo tenuto duro solo per i poveri animali che alla fine erano una quindicina tra cani e gatti.

Billy e Georgia ci raccontarono la loro storia: erano partiti da Londra per un viaggio nel sudest asiatico, durante il quale avevano curato, protetto e dato una casa a tutti gli animali trovati lungo la strada, tra cui una scimmia in Laos e tantissimi cani e gatti randagi. Si erano così resi conto che avrebbero potuto cambiare il destino di quelle povere creature, e avevano deciso di fermarsi e fondare la *House Of Strays:* un rifugio dove ospitare animali salvati dalla strada, curarli da zecche, vermi, encefalite, cancro e amputazioni. Inoltre, si impegnavano ad aiutare la comunità che li aveva accolti: pagavano le cure per chi possedeva animali domestici, rispondevano ad ogni chiamata di soccorso, insegnavano ai bambini nelle scuole ad avere rispetto per gli animali e si battevano contro il commercio della carne di cane in Cambogia. Si autofinanziavano e le donazioni erano poche, per questo avevano creato un sistema mensile grazie al quale si poteva adottare un cane o un gatto a distanza, pagando una piccola somma che avrebbe contribuito a coprire i costi di riparo, cibo ed assistenza.

Passammo la settimana a pulire il giardino da cima a fondo e iniziammo gli scavi per la costruzione di una recinzione interna. Eravamo in un poverissimo villaggio fuori città, c'era una sola baracca per mangiare e le condizioni igieniche erano pessime; andammo avanti a riso e biscotti cercando di restare concentrati sul perché ci trovavamo lì: i nostri dolcissimi amici a quattro zampe.

Quando tornammo in città il nostro ostello ci sembrò una reggia! Siem Reap è la città più conosciuta della Cambogia, perché è il punto di partenza per visitare l'imponente sito religioso di Angkor, definito l'ottava meraviglia del mondo.

Le sue vie sono colme di hotel e ristoranti per accogliere più di due milioni di visitatori all'anno, e la sera Pub Street si trasforma nel cuore della vita notturna con bar di ogni tipo. È molto turistica, inutile negarlo, ma è una tappa obbligatoria per chiunque voglia visitare il sito archeologico. Il momento migliore per godersela è proprio durante le ore diurne, quando tutti sono impegnati ad esplorare i templi nella giungla, e si può camminare in pace per scoprire la quotidianità della gente del posto, magari passeggiando tra le vie meno trafficate o entrando in una scuola a conoscere i teneri bambini cambogiani.

Una sera, trovammo nel nostro inbox, un invito a cena di Monica e Gianluca, che stavano seguendo il nostro giro del mondo. Accettammo più felici che mai, era bello per noi passare una parte del nostro tempo con chi voleva donarci il proprio e soprattutto fu un piacere sentirsi in famiglia per qualche ora, dopo un anno che viaggiavamo.

Prima di lasciare il Paese per raggiungere Bangkok, dove avremmo incontrato due carissimi amici arrivati dall'Italia, restava da visitare il complesso di Angkor Wat.

Con i loro stupendi intarsi e bassorilievi, questi templi Khmer immersi nella giungla rappresentavano lo splendore di un'antica civiltà. Decidemmo di noleggiare una bicicletta e partire da soli alle 3.30 del mattino. Avevamo dormito solo due ore; eravamo troppo eccitati per chiudere occhio, sapevamo che sarebbe stata una giornata grandiosa. Saltammo in sella alle nostre bici pronti a pedalare per otto chilometri. Siem Reap deserta in piena notte era surreale, non impiegammo molto tempo ad uscire dal centro abitato. Fortunatamente avevamo le torce frontali sul capo per illuminare la strada davanti a noi. Ci attendeva un luogo incredibile, volevamo assolutamente arrivare entro le cinque per non perderci l'alba. La vegetazione si fece sempre più fitta fino a quando la strada s'interruppe per un corso d'acqua: il nostro obiettivo era sull'altra sponda. Abbandonammo i nostri possenti mezzi di trasporto per attraversare un'enorme passerella galleggiante. Non eravamo soli: sentivamo i passi di altri viaggiatori che camminavano nell'oscurità, riuscivamo a vedere solo i fasci di luce delle loro torce. Tutto era avvolto in un silenzio quasi mistico. Superate le enormi porte d'accesso si presentò davanti a noi l'imponente sagoma di un antico edificio che dominava il paesaggio con i suoi altissimi pinnacoli che sembravano toccare il cielo e che si riflettevano nelle acque di due piccoli laghi. Facemmo appena in tempo a sederci sulla riva per assistere alla nascita di un nuovo giorno. La luce iniziò ad illuminare nuovi particolari e finalmente, in tutta la sua magnificenza, apparve il tempio di Angkor Wat.

Era in momenti come quello che la nostra felicità diventava così grande da costringerci a fermarci per un attimo, per respirare profondamente guardando l'altro con gratitudine, chiedendogli di darti un pizzicotto e dirti «sì, è tutto vero».

A fine giornata avevamo pedalato per almeno cinquanta chilometri sotto il sole con un'umidità del 90%, ancora una volta "distrutti ma felici".

14

Era arrivato il momento di lasciare la Cambogia e trovare un autobus per la Thailandia. Facemmo il giro di tutte le agenzie di Siem Reap per trovare il biglietto meno caro. Era un terno al lotto, i venditori erano capaci di dirti qualunque cosa: "Ha il Wi-Fi, c'è lo schermo gigante, può volare, torna indietro nel tempo!". Non potevamo far altro che buttarci e puntare tutto sulla faccia che ci ispirava più fiducia, con la speranza che il bus avesse almeno un motore.

Fummo fortunati, ne trovammo uno puntuale e che non ci sembrò sul punto di esplodere da un momento all'altro. Il viaggio andò a gonfie vele: nessun imbucato, fuggitivo, incantatore di serpenti o cartomante, non c'era nemmeno una gallina! Arrivammo a Bangkok in serata, eravamo al settimo cielo, avevamo appuntamento con Betta e Ale, due grandi amici che avevano deciso di passare lì le loro vacanze solo per vederci, e noi morivamo dalla voglia di abbracciarli! Staccare per un paio di settimane dal nostro giro del mondo e "andare in vacanza" con i nostri amici era proprio quello che ci voleva.

Durante l'attesa per il loro arrivo trovammo l'ostello più economico del centro. La nostra stanza era grande più o meno quanto un box doccia, si trovava proprio sopra un ristorante e accanto ad un bar che riproduceva ininterrottamente tutti i migliori successi degli anni ottanta. Per quel che ci riguardava avrebbe potuto anche organizzare un karaoke nella nostra camera, nulla in quel momento avrebbe potuto toglierci il sorriso!

Quando finalmente incontrammo Betta e Ale, bastò un abbraccio per infonderci una nuova carica di energia e coraggio. Ci avevano promesso che sarebbero venuti ancor prima della nostra partenza e avevano mantenuto la parola. Quando si sta tanto tempo lontano da casa ci vuole un attimo a perdere i contatti, tuttavia, è così che puoi capire per chi sei davvero importante, e loro ce lo stavano dimostrando nel modo più bello.

Decidemmo che avremmo visitato Bangkok solo alla fine del nostro breve viaggio insieme: eravamo tutti troppo impazienti di vedere il mare thailandese. Non volevamo recarci nelle isole più turistiche né allontanarci troppo dalla capitale. Dopo approfondite ricerche trovammo la soluzione perfetta, l'isola di Koh Samet che distava sole cinque ore di minivan e trenta minuti di barca. Solitamente è snobbata dai turisti ma molto conosciuta dai thailandesi che ci passano i loro weekend. Immersa in una tranquillità assoluta, con un'estensione che non raggiunge neanche i 10 km, l'isola offriva una serie di spiagge una più bella dell'altra. La bellezza stava proprio nell'attraversarla tutta a piedi, fermarsi per un bagno e poi ripartire fino alla caletta successiva. Avevamo due bungalow uno accanto all'altro a due passi dal mare. Betta e Ale avevano in serbo per noi la migliore delle sorprese: grana, pecorino, taralli e soppressata. Dopo mesi di riso bianco fu come trovare un'oasi in pieno deserto. Amiamo provare tutte le cucine del mondo ma quella italiana non si batte, soprattutto dopo undici mesi di astinenza!

Quattro amici veri, una cena squisita, qualche birra e tantissime risate, fu una delle serate più belle della nostra vita, e Dio solo sa quanto ne avevamo bisogno.

Quella serata ci regalò una nuova consapevolezza: amavamo l'Italia, era casa nostra e ne andavamo fieri. Per la prima volta iniziammo a pensare a quanto sarebbe stato meraviglioso rientrare, ma avendo ormai occhi diversi.

Quei giorni volarono, le spiagge erano così belle che li impiegammo tutti per vederle, una per una. I nostri amici, a cui saremo per sempre grati, vollero offrirci a tutti i costi una cena in riva al mare a base di pesce fresco, per non intaccare il nostro budget. Ogni occasione era un pretesto per aiutarci e coccolarci prima di lasciarci di nuovo soli, piccoli gesti che ci hanno scaldato il cuore. Fu durissima lasciare Koh Samet, il nostro piccolo paradiso, la nostra ricarica energetica prima di farci travolgere dal delirio di Bangkok.

Il minivan del viaggio di ritorno ci lasciò proprio a Khao San Road. Venditori ambulanti, bancarelle di ogni tipo, padelle fumanti di pad thai (il piatto simbolo dello street food thailandese, ovvero noodles saltati con gamberi, carne, tofu e verdure), insetti fritti, shot di superalcolici, musica a tutto volume, insegne luminose, tuk tuk e centri massaggi.

Ma Bangkok non è solo questo, è molto molto di più! Ci sono meraviglie sparse ovunque: il Palazzo Reale, il Buddha sdraiato, il Buddha di Smeraldo, il Tempio dell'Alba, il Monte d'Oro, in ogni angolo si può trovare un luogo sacro.

Per tutta la giornata macinammo chilometri a piedi sotto il sole cocente pur di non perderci nulla, ma per sopravvivere mettemmo a punto due tecniche: brevi soste ai 7-Eleven con l'aria condizionata che riproduce l'ecosistema del Polo Nord; e il refrigerio dato dai bicchieroni di frutta fresca, acquistabili per pochi spiccioli. La seconda è preferibile se si vuole arrivare a fine giornata sani e salvi. Al tramonto tornammo a Khao San Road, che offriva sempre uno spettacolo per cui non si pagava il biglietto, dove le ragazze si concessero un massaggio ai piedi (un altro regalo di Betta per Federica, che lo sognava da tempo) e Federica poté finalmente mettere in atto il suo piano e svelare la sua sorpresa per Betta. Purtroppo quando si viaggia per molto tempo inevitabilmente si perdono molte occasioni importanti: compleanni, matrimoni, feste comandate. Federica si era persa i trent'anni della sua cara amica e voleva assolutamente recuperare.

La portò in un bar il cui tema principale erano gli unicorni, dove tutto era colorato e sembrava uscito da una fiaba (costume da unicorno compreso). Non si fecero mancare nulla, dal vestito a tema fino al gelato e waffle all'unicorno con cioccolata in polvere alata. Io e Ale approfittammo di quel momento di follia tra donne per una birra; era la prima volta in undici mesi che mi separavo da Federica. Il nostro ultimo giorno insieme visitammo Ayutthaya, l'antica capitale del Regno del Siam (che poi divenne Thailandia nel 1939). Le escursioni organizzate costavano uno sproposito e decidemmo di fare tutto da soli, passando dagli ottanta euro per un tour a poco più di otto euro con la nostra versione "fai da te". Il viaggio in treno fu già di per sé un'esperienza magnifica, a stretto contatto con la gente locale. Erano solo 85 km ma a Bangkok non tutti i passaggi a livello hanno le sbarre, e il treno resta molto spesso bloccato dalle auto in coda. Una volta arrivati avremmo potuto affittare un tuk tuk con autista per tutto il giorno, ma non sarebbe stato divertente per questo noleggiammo quattro biciclette: era il nostro ultimo giorno insieme e volevamo godercelo fino all'ultimo!

Le antiche rovine del palazzo reale, i templi buddisti e le statue sono Patrimonio UNESCO dal 1976, visitarle è come tornare indietro nel tempo e si può solo lontanamente immaginare quanto fosse imponente questa città durante i suoi anni d'oro.

Fu una giornata indimenticabile e per miracolo riuscimmo a riconsegnare le bici un secondo prima che l'agenzia chiudesse (probabilmente passare mezz'ora ad ammirare un varano di due metri non fu una buona idea).

Il momento dei saluti fu pesante come un macigno. Federica piangeva ininterrottamente, sembrava di rivivere una seconda volta i tremendi saluti prima della nostra partenza. Cercai di ricordarle quant'erano stati belli quei momenti passati insieme e quanto non averli vissuti sarebbe stato molto ma molto peggio. Una volta tornati a casa, i nostri amici sarebbero stati lì, pronti ad accoglierci a braccia aperte, e finalmente avremmo potuto sdebitarci (o almeno tentare di farlo) per tutta la felicità che ci avevano donato. Dovevamo riprendere il viaggio, la strada ci aspettava, ma non prima di aver visitato il famoso mercato di Maeklong, che sorge proprio sui binari di una ferrovia. Un minuto prima che passi il treno, i venditori sbaraccano la merce e tutti corrono lungo i binari con i vagoni che praticamente sfiorano il naso. I thailandesi vivevano la situazione come fosse la cosa più normale del mondo, rischiavano ogni giorno la vita con la stessa tranquillità con cui noi beviamo il caffè con un amico.

Proseguimmo verso sud, per visitare le isole di Ko Samui, Ko Phangan e Ko Tao, scordando però la regola d'oro, secondo la quale più tenti di fare progetti e più le cose andranno diversamente. Se il tempo ci aveva sempre graziato quando eravamo con Betta e Ale, ora sembrava avesse cambiato idea. A darci il benvenuto a Ko Samui trovammo nuvole, pioggia e cielo grigio, e scoprimmo con dispiacere che il turismo di massa aveva colpito ancora, i prezzi erano molto più alti. La stanza meno costosa si trovava nell'hotel di un austriaco sposato con una thailandese. Il suo ristorante europeo era decisamente troppo caro per noi, ma non eravamo per nulla preoccupati, avremmo sicuramente trovato la solita baracca in cui diventare clienti fissi. Noleggiammo il nostro ormai inseparabile motorino per partire in esplorazione, ma nonostante un breve spiraglio di sole la pioggia tornò ad abbattersi su di noi. Non riuscimmo a vedere nulla delle famose spiagge e a parte una passeggiata serale nella via principale, ovvero un insieme di negozi e ristoranti per turisti, passammo due giorni in stanza a lavorare a causa del maltempo. Non aveva senso fermarsi e decidemmo di tentare la sorte spostandoci prima del previsto a Ko Phangan. Una volta sbarcati scattarono anche qui le trappole per turisti, dovetti faticare parecchio per interrompere una lite tra Federica e un tassista disonesto (naturalmente per salvare la vita al tassista). Fortunatamente, una volta arrivati al nostro piccolissimo bungalow a due passi dalla spiaggia, un pallido raggio di sole ci concesse una tregua dalla pioggia e riuscimmo a goderci finalmente le tanto sognate acque cristalline da cartolina che spesso si associano alla Thailandia.

«Dai che forse ce l'abbiamo fatta, questa volta andrà bene», e in effetti andò tutto bene, per circa un'ora, dopodiché la nuvola tornò a perseguitarci. Dopo giorni di maltempo, il nostro morale era a terra, ci concedemmo ventiquattr'ore per decidere cosa fare. Il costo della vita e dell'alloggio erano alti, eravamo in un luogo super turistico, e non aveva senso restare se non potevamo neanche goderci il mare o una semplice passeggiata in mezzo alla natura. Purtroppo non c'erano alternative, il tempo non migliorò e le previsioni erano deprimenti. Eravamo amareggiati, aspettavamo quelle isole da una vita, ma in casi come questo bisogna pensare che non si può prevedere tutto e resta sempre la possibilità di poterci ritornare un giorno. Con questo spirito rinunciammo all'isola di Ko Tao per tornare subito sulla terraferma, sentivamo che era arrivato il momento di lasciare la Thailandia, eravamo completamente soddisfatti e avevamo voglia di scoprire la Malesia.

La libertà di decidere quando fermarti e quando

proseguire, di tirare fuori la cartina e sapere che se volessi potresti chiudere gli occhi e puntare il dito a caso per scegliere la prossima meta, era la sensazione più bella del mondo. Immaginata per anni, ora era mia.

15

La nostra prima tappa nella terra di Sandokan fu Georgetown, Patrimonio Mondiale UNESCO, una piccola città sull'isola di Penang poco dopo il confine con la Thailandia. Scegliemmo il quartiere indiano per risparmiare sull'alloggio e sul cibo, come sempre. Erano passati cinque mesi dalla nostra avventura nella "Incredibile India" e ritrovare quei colori, quelle musiche e quei profumi, risvegliò in noi una piacevole sensazione. Dopotutto, nonostante i problemi al confine col Myanmar, ci avevamo vissuto per ben tre mesi.

Il nostro ostello era un'antica casa in legno leggermente ristrutturata, forse il termine "ristrutturata" è un tantino esagerato, diciamo che il tetto non ci sarebbe crollato in testa. Georgetown ci piaceva, era piccola e tranquilla, si poteva esplorare completamente a piedi (cosa che amavamo) e il nostro primo pensiero fu di fermarci per un po'. Come da prassi trovammo subito le nostre baracche di fiducia: due euro per colazione, uno per pranzo e uno per cena. Dio benedica gli economici piatti indiani!

La cosa più affascinante fu osservare il mix di razze e religioni che convivevano nella più totale serenità: musulmani, cristiani, induisti, tutti sotto lo stesso cielo nel pieno rispetto reciproco. In un momento storico in cui in occidente l'intolleranza e il razzismo avanzano ogni giorno, fu bello vedere quanto poco basterebbe per andare tutti d'accordo.

A rendere famosa Georgetown è la Street Art che si può ammirare praticamente ovunque. Nel 2012 il governo commissionò all'artista lituano Ernest Zacharevic una serie di opere d'arte da realizzare in pieno centro sfruttando elementi come le finestre degli edifici, le imperfezioni dei muri, moto, biciclette, pali stradali e piante. Il risultato è un susseguirsi di murales spettacolari disseminati ovunque! Oltre ai più famosi nelle vie principali, per i quali sono state create delle mappe per i turisti, è possibile scovarne dietro ogni angolo. Ogni giorno, passeggiando senza meta, scoprivamo qualche nuovo capolavoro. Quest'enorme successo ha ispirato altri artisti che hanno continuato a decorare la città con altrettante opere d'arte fino a renderla il gioiellino che è oggi.

La seconda caratteristica che rende Georgetown così affascinante è il suo passato coloniale inglese, grazie al quale il centro storico oggi contiene una moltitudine di bellissimi edifici color pastello, adibiti a musei, negozi o abitazioni private, che contribuiscono a rendere tutto molto piacevole.

I giorni volarono così veloci che ci ritrovammo, di giorno in giorno, a prolungare il nostro soggiorno in ostello: non riuscivamo a staccarci da questo luogo.

Un pomeriggio il destino ci concesse la fortuna di incontrare Angela e Paolo: anche loro avevano rinunciato ad una vita tradizionale per partire a tempo indeterminato alla ricerca della vera felicità. Due persone straordinarie con cui nacque una grandissima amicizia in grado di farci sentire come con Betta e Ale.

Approfittammo di quel periodo di tranquillità per prenotare i voli. Nel 99% dei casi ci spostavamo via terra da un Paese all'altro, ma per alcune tratte l'aereo era necessario e incredibilmente più economico dei lunghi viaggi via mare.

Appena accendemmo il computer scattò in noi una molla, come quella che da Hong Kong ci aveva portato in Giappone, totalmente fuori programma.

«E se andassimo in Borneo? Siamo veramente vicini, chissà quando ci ricapiterà». Dieci minuti dopo avevamo già in mano i biglietti per partire da Singapore, quelli dal Borneo all'Indonesia e infine quelli per l'Australia, dove saremmo dovuti arrivare entro la fine di novembre.

Ripartimmo per Kuala Lumpur. La capitale malesiana era in parte molto più moderna e all'avanguardia di quanto ci aspettassimo. In centro, stracolmo di grattacieli, le spettacolari Torri Petronas dominavano sulla metropoli. La città era viva, multiculturale, le diverse religioni erano ben presenti anche qui; non mancavano come al solito Chinatown e il quartiere indiano, ancora una volta la nostra prima scelta. Ciò che saltava subito all'occhio erano le bancarelle improvvisate di cibo dei mercati popolari da una parte, e le macchine costose, le ville e negozi di lusso dall'altra. Il boom economico degli anni ottanta e novanta era pienamente evidente e aveva creato una Capitale tecnologicamente avanzata e proiettata al futuro, ma fu un piacere riscontrare che le popolazioni, malese, cinese e indiana, avevano conservato orgogliosamente le proprie tradizioni culturali. Il destino ci servì su un piatto d'argento un'altra inaspettata grandissima sorpresa, di quelle che potresti provare ad organizzare per mesi senza mai riuscire nell'intento. Per un solo giorno saremmo stati in città noi, Angela, Paolo e Alessandro, un altro viaggiatore che stava realizzando il sogno del giro del mondo senza prendere aerei. Eravamo tutti in viaggio da tantissimo tempo, con zero comodità e sempre alla ricerca della soluzione più economica per mangiare, dormire e spostarci. Ci sentivamo uniti dalle stesse gioie, speranze, sogni e difficoltà. E quando finalmente ci incontrammo fu come incontrare dei vecchi amici di cui conosci la storia. Passammo la giornata senza una meta, né un itinerario; per quel giorno niente chiese, piazze e musei: solo la voglia di stare insieme con la stessa smisurata passione per la vita. Era notte fonda quando trovammo la forza di separarci, nessuno di noi avrebbe mai dimenticato quella splendida giornata di cui tutti avevamo un estremo bisogno. Eravamo pronti a riprendere il viaggio, custodendo nel nostro cuore la certezza che un giorno ci saremmo rincontrati e chissà quante nuove avventure avremmo avuto da raccontarci!

A Kuala Lumpur il 7 ottobre 2018 festeggiammo il nostro primo anno di viaggio. Avevamo attraversato la Russia con la Transiberiana; scalato le dune nel deserto del Gobi in Mongolia; dormito in una Gher; passeggiato sulla Grande Muraglia Cinese; visto i panda; assaggiato lo street food di Hong Kong; c'eravamo innamorati del Giappone, della sua cultura millenaria e delle mille luci di Tokyo; avevamo fatto trekking sull'Himalaya e vissuto per un mese in un orfanotrofio in Nepal; eravamo stati travolti dall'India che ci aveva cambiato per sempre; c'eravamo persi tra le risaie, i fiumi e le grotte del Laos; avevamo attraversato tutto il Vietnam e scoperto un caffè buono quanto il nostro; esplorato le rovine di Angkor Wat in Cambogia; preso il sole sulle paradisiache spiagge thailandesi per poi ritrovarci lì, in Malesia. Era assolutamente incredibile che tutto questo fosse accaduto in un solo anno. Sentivo che non stavo più sprecando tempo prezioso facendo qualcosa che non amavo, ero finalmente sulla strada giusta e avrei fatto di tutto per rendere la nostra vita un capolavoro. Eravamo grati per quel viaggio meraviglioso, grati per esserci trovati, grati per la vita che avevamo avuto il coraggio di vivere.

Prima di raggiungere Singapore passammo una notte a Malacca, la città che alla fine del XV secolo fu il più grande porto strategico del sud-est asiatico con un mix di diverse culture: cinese, islamica, indiana ed europea. Il nostro piano era di camminare tutto il giorno ma un violento nubifragio ci concesse solo qualche ora. Il centro storico aveva molti edifici lasciati in eredità dai coloni europei o dai commercianti cinesi, templi, chiese, moschee e un fiume. Un giorno fu più che sufficiente per ammirare tutto così risalimmo su un autobus che ci avrebbe portato finalmente a Singapore. Il viaggio non riservò particolari sorprese, l'attraversamento del confine stava per concludersi senza problemi fino a quando gli agenti della dogana non decisero di fermarci per un controllo, che a quanto pare era una cosa che succedeva spesso ai viaggiatori occidentali, tanto che nel regolamento delle compagnie degli autobus c'era scritto che l'attesa massima che l'autista del bus avrebbe concesso era di 20 minuti. Terminati i controlli scoprimmo che il nostro bus era ripartito! Federica si lanciò furibonda alla volta degli ufficiali e se non fosse stato per le urla (di terrore?) del loro comandante, che mi fecero capire che era il caso di intervenire, probabilmente il nostro giro del mondo sarebbe terminato prima del previsto. Per fortuna gli zaini erano con noi e non sull'autobus, altrimenti credo che in quel caso nemmeno io avrei saputo mantenere il controllo. Arrivammo in città solo grazie ad un'altra navetta per la bellezza di quattordici dollari, che incredibilmente riuscimmo a farci rimborsare dalla compagnia che ci aveva abbandonato un'ora prima. Sarà stata la nostra grinta a convincerli o forse non si aspettavano che saremmo davvero andati a reclamare, ma non avremmo mai potuto lasciare perdere, per noi si trattava di una montagna di soldi!

Per mancanza di tempo di solito si rinuncia a farsi valere, ma se c'era una cosa che io e Federica avevamo in abbondanza era proprio il tempo: il tempo di far sentire la nostra voce e spiegare che noi viaggiatori non siamo bancomat ambulanti ma i primi a rispettare le regole e sempre pronti ad entrare in punta di piedi in un nuovo Paese. Per fortuna questi sono casi rari, il numero delle persone oneste supera di gran lunga quello dei furbetti, ma viaggiare significa essere pronti anche a questo.

La differenza tra Malesia e Singapore era enorme. Quest'ultima era ricca, futurista, pulitissima e, purtroppo, una delle città più costose del mondo. Restammo infatti solo pochi giorni, giusto il tempo per visitarla, così vicini non avremmo mai potuto rinunciarci.

Il prezzo di un letto in una camerata costava quanto tre notti in una camera matrimoniale nel resto dell'Asia, ma il nostro ostello offriva pane, nutella e burro d'arachidi ventiquattr'ore al giorno e per noi fu come avere a disposizione un banchetto nuziale. Se c'era una cosa che non ci abbandonava mai in viaggio era la fame!

Tra tutte le attrazioni più belle c'erano i *Gardens by the Bay*, un'opera avveniristica incredibile che comprendeva un grande parco con i *Supertrees*: alberi altissimi con un'illuminazione fantascientifica accompagnati da uno show di luci e musica, e due enormi serre che riproducevano gli ecosistemi di diverse parti del mondo.

Prima di ripartire però, un'altra sorpresa: anche Ale era in città! Nonostante fossero passati pochi giorni dal nostro incontro a Kuala Lumpur sembrava trascorsa una vita e ci godemmo quell'unica mezza giornata insieme esplorando la città. La mattina del volo per il misterioso Borneo malese eravamo felici. Non avevamo molti giorni a disposizione ma ce li saremmo fatti bastare, era già un sogno poterci andare.

Prima tappa Kuching per vedere finalmente gli oranghi che vivevano protetti dai rangers nella riserva naturale di Semenggoh. Dal 1975 la riserva ha l'obiettivo di prendersi cura degli esemplari feriti, orfani o tenuti in cattività illegalmente, e di educare i visitatori circa l'importanza di salvaguardare le specie animali, tra cui proprio l'orango del

Borneo che purtroppo rischia di scomparire a causa della deforestazione e della crescita esponenziale di piantagioni di palme da olio. Questi splendidi animali, considerati tra i più intelligenti del pianeta, sono i primati più simili all'uomo, con cui condividono circa il 97% del DNA. Per due volte al giorno gli viene offerto del cibo su una passerella e bisogna sperare che qualche esemplare si presenti, perché vivono liberi nella foresta. Fummo molto fortunati: potemmo assistere al pasto e alle capriole di tre oranghi. Fu incredibile osservare degli animali così simili a noi nel modo di muoversi e di interagire. La nostra felicità era alle stelle! Erano quelli i momenti per cui avevamo deciso di lasciare tutto e partire. Poco prima che ce ne andassimo, l'esemplare più grande e più vecchio della riserva, *Big Joe,* comparì all'improvviso dondolandosi tra gli alberi, era gigantesco! Così tanto da far sembrare gli altri oranghi dei cuccioli, ricordava Re Luigi del Libro della Giungla!

Essendoci un altro maschio adulto presente, i rangers, che hanno come primo compito quello di salvaguardare la sicurezza dei visitatori, ci chiesero di allontanarci lentamente per precauzione e di uscire dalla foresta. Fortunatamente tutto filò liscio, e dopo aver recuperato la propria razione di frutta ogni orango scomparve, appeso alle liane nella giungla. Volevamo restare in contatto con quella natura che ci aveva fatto un regalo meraviglioso. Scegliemmo, quindi, di visitare il Bako National Park, un'area protetta raggiungibile solo in barca e di passarci la notte. Le barchette non possono raggiungere la riva e si deve camminare nell'acqua per un bel pezzo, il che ci fece sentire dei piccoli Indiana Jones.

Il parco offriva dei bellissimi trekking di durata differente, ce n'erano di adatti ad ogni età e preparazione fisica. Ne affrontammo due il primo giorno (più un'uscita notturna con i rangers) e uno più lungo il secondo. L'umidità era altissima e i vestiti fradici ci si incollavano addosso, ma il paesaggio era da perdere la testa, raggiungemmo spiagge deserte e incontaminate dove sembrava di essere fuori dal mondo. Avvistammo scimmie nasiche, maiali barbuti, uccelli, insetti, tarantole e persino un coccodrillo (fare il bagno era sconsigliato dal regolamento ma non vietato).

Proseguimmo verso il Gunung Mulu National Park. L'unico modo per raggiungerlo era l'aereo, ma non uno di quelli a cui siamo abituati: si trattava di un modello ad elica da una cinquantina di posti che sobbalzava al minimo soffio di vento, ed essendo una zona molto soggetta a pioggia la probabilità di "ballare" era molto alta. Infatti andò proprio così! Il Gunung Mulu è una foresta pluviale allo stato primordiale, non avevamo mai visto niente del genere, in nessuna parte del mondo. La vegetazione era la padrona incontrastata, tra alberi immensi, liane, fiumi, montagne e caverne. C'erano poche strutture ricettive fuori dal parco (quelle all'interno erano troppo costose per noi), tutte nel raggio di un paio di chilometri dall'aeroporto (se così si può chiamare un edificio grande quanto un piccolo supermercato di paese). La nostra guesthouse era la più economica e quindi anche la più lontana, c'era corrente elettrica solo dalle 18 alle 24 e nessun tipo di tecnologia tantomeno il wi-fi. I trekking nel parco erano gratuiti, e tutti molto semplici a parte uno che richiedeva diversi giorni di cammino. Si poteva inoltre partecipare a stupende visite guidate in grotte immense, tra cui la *Deer Cave,* alta più di 90 metri e lunga oltre 2 chilometri, che potrebbe tranquillamente contenere un aereo di linea! Più che una caverna sembrava di visitare un'antichissima cattedrale di pietra, capace di farti sentire una formica. Il silenzio spettrale veniva interrotto solo dal verso stridente dei tre milioni di pipistrelli che abitavano negli angoli più oscuri e che ogni sera al tramonto uscivano tutti insieme in cerca di cibo.

Approfittammo di quei giorni per staccare completamente dal mondo, da internet e dai cellulari. Eravamo solo noi, a chilometri e chilometri dalla civiltà, e assaporammo ogni passo, ogni momento, ogni tramonto. Se al Bako c'eravamo sentiti fuori dal mondo, qui ci sentivamo addirittura in un altro universo; in una zona così remota e difficile da raggiungere la sensazione di libertà che si prova è indescrivibile.

L'ultimo giorno, un'ora prima di risalire sull'aereo, una violenta tempesta si abbatté su di noi. Non è di certo quello che uno spera di vedere prima di prendere posto su un aereo scassato in mezzo ad una foresta. «Se non diminuisce, col cavolo che saliamo, piuttosto restiamo qui un'altra settimana», queste furono le nostre parole mentre entravamo nell'aeroporto più piccolo della storia. Lo staff però sembrava tranquillo e di solito è un buon segno, oppure quella era la normalità per loro e sapevano bene che non avevamo scelta. Tutti i dubbi scomparvero quando l'acquazzone si placò, giusto in tempo per partire quasi in orario. «Quante probabilità ci sono che sia un pessimo volo come all'andata? Due su due è impossibile», un ultimo pensiero positivo prima di salire a bordo. E in effetti andò bene, non fu di certo il volo migliore della nostra vita ma le nuvole ci graziarono!

Atterrammo a Kota Kinabalu, la nostra ultima tappa prima del volo per Bali. Eravamo agli sgoccioli, l'idea di trascorrere quegli ultimi giorni in spiaggia andò a farsi benedire quando scoprimmo che il maltempo ci avrebbe accompagnato fino alla partenza. Ne approfittammo per toglierci un altro sfizio, vedere la Rafflesia, il fiore più grande del mondo che cresce solo nel Borneo. Può raggiungere un metro di diametro e superare gli undici chili di peso, non ha radici né foglie, e vive da parassita. Per il suo odore molto forte, che serve ad attirare gli insetti, è stata soprannominata "fiore cadavere". La Rafflesia impiega diversi mesi per giungere a maturazione ma il suo periodo di fioritura è molto corto, solo una settimana, e bisogna sperare di essere nei paraggi durante almeno uno di quei sette giorni, e noi c'eravamo! Il fiore era mostruoso, quasi inquietante al primo impatto, sembrava la creatura aliena di un film di fantascienza; ma superato il disagio iniziale ci rendemmo conto di trovarci di fronte ad un altro inspiegabile spettacolo. L'avventura nel Borneo Malese fu come si suol dire: breve ma intensa.

16

Dal finestrino del nostro aereo Bali sembrava un paradiso: l'azzurro del mare e il verde smeraldo delle risaie ci ricordarono ancora una volta perché amavamo così tanto l'Asia. Era il sedicesimo Paese del nostro giro del mondo.

Per le prime tre notti prendemmo una stanza a Seminyak, una delle zone più turistiche, perché avevo appuntamento con un mio grandissimo amico, Michael, che viveva su un'isola più a nord e avrebbe trascorso il weekend a Bali. Era riuscito a cambiare vita molto prima di me e da anni si prodigava per aiutarmi a trovare il coraggio di vivere la vita che sognavo. L'ultima volta ci eravamo incontrati a Milano, una delle tante occasioni in cui aveva provato a convincermi a non aspettare oltre; gli dissi che prima o poi avrei trovato il coraggio e che un giorno ci saremmo rivisti su una spiaggia a casa sua, in Indonesia. Quel giorno era finalmente arrivato! Dopo un anno di viaggio erano successe così tante cose che sembrava ne fossero passati dieci.

Per quei tre giorni non pensammo a niente, esistevano solo il mare, i templi, la natura e la pizza (ebbene sì, la vera pizza italiana). L'ultima sera facemmo i bagordi, con il risultato di dover restare a letto per i due giorni successivi a causa di una febbre da cavallo. Vedevo Federica mangiare hamburger e patatine mentre io non riuscivo nemmeno ad ingoiare un chicco di riso. Probabilmente avevo depurato così tanto il mio corpo nell'ultimo anno che bastò una notte di baldoria per mettermi fuori gioco. Mi chiedevo come nella mia vecchia vita fossi riuscito a farlo ogni weekend!

Ben presto un episodio, non proprio gradevole, ci diede il

segnale che era arrivato il momento di lasciare il quartiere più turistico di Bali. Ogni volta che entravamo in un nuovo Paese cambiavamo le vecchie banconote con la moneta locale; avevamo l'abitudine di ricontare sempre le banconote dopo che il commesso ce le aveva consegnate. Quella mattina facemmo lo stesso. Prima le contò il ragazzo al bancone: erano tre milioni di rupie, cambio corretto (non fatevi spaventare dai "milioni", si trattava di meno di duecento euro). Poi le contammo noi: risultavano solo due milioni. Il commesso le riprese e le contò di nuovo mentre noi fissavamo le sue mani a dieci centimetri di distanza: tre milioni (questa volta avevamo contato mentalmente anche noi). Uscimmo convinti che fosse tutto a posto, avevamo semplicemente sbagliato a contare; ma – non so ancora il perché - avevo la sensazione che ci fosse qualcosa di strano, il mio istinto mi diceva di controllare ancora il portafoglio e mi accorsi di avere in tasca solo due milioni di rupie. Eppure il commesso aveva contato le banconote davanti a noi, dove diavolo erano finite? Tornammo nel negozio decisi a capirci qualcosa, Federica era già su tutte le furie. Il ragazzo era ancora lì, pensavo che ci avrebbe mandato a quel paese ma non appena spiegammo l'accaduto si ammutolì e diventò docile come un agnellino. Incredibilmente ci restituì le rupie che mancavano senza battere ciglio. Eravamo talmente allibiti che non riuscimmo nemmeno ad alzare la voce, scoprimmo solo più tardi che si trattava di una truffa piuttosto frequente e che le pene erano severissime: ecco perché il mascalzone ci aveva dato i soldi senza fiatare. Per fortuna si risolse tutto nel migliore dei modi ma ogni volta che ci ripensiamo non possiamo fare a meno di chiederci come abbia fatto a fregarci dato che non abbiamo mai staccato gli occhi dalle sue mani. Non ho mai visto una velocità simile, era più bravo di un prestigiatore!

Dopo esserci ripresi dallo shock, ci trasferimmo a Ubud, una località di cui avevamo tanto sentito parlare. È una zona totalmente diversa dal centro di Bali: non è sul mare e non ci sono locali modaioli, anzi è famosa per le risaie verde smeraldo, lo yoga e i massaggi.

Prendemmo una barca per Nusa Lembongan, un'isoletta a sud-ovest di Bali, approfittando di un lavoretto commissionatoci da un hotel: la realizzazione di alcune foto in cambio del soggiorno. Cascava a pennello con il mio compleanno che festeggiammo coccolati in questo piccolo resort che, se non fosse stato per lavoro, non avremmo mai potuto permetterci. La nostra camera si affacciava sul mare e al tramonto eravamo in prima fila a salutare il sole.

Noleggiammo un motorino (anche in Indonesia i prezzi sono stracciati) per raggiungere i diversi punti panoramici, fino a sconfinare nell'isoletta di fronte, Nusa Ceningan, collegata alla nostra isola grazie ad un ponte giallo della larghezza sufficiente solo per il passaggio delle moto. Percorrendo la costa e godendosi lo splendore delle bassissime acque turchesi si può attraversare in dieci minuti tutta l'isola che si estende per 8 chilometri quadrati, e raggiungere l'incredibile Laguna Blu (non quella del film, che si trova alle Fiji). Dalla scogliera, a circa dieci metri d'altezza, ci ritrovammo davanti ad un'immensa distesa d'acqua azzurra: soli, seduti, silenziosi e ipnotizzati dai colori, dalle onde, dal cielo e dai gabbiani. Un dipinto perfetto.

A due passi c'era Mahana Point, una scogliera da dove poter ammirare i surfisti al tramonto oltre ai pazzi che si tuffavano dalle rocce. L'Indonesia è un paradiso per i surfisti di tutto il mondo, tutti gli amanti di questo sport si ritrovano sull'isola ogni anno, attratti dalle onde e dalle bellissime spiagge di Bali.

Le bellezze naturali dell'isola e la gentilezza del popolo

indonesiano acuirono il nostro desiderio di esplorazione. Prendemmo una seconda barca e proseguimmo per Nusa Penida, un'isola, più grande e più turistica, che però nascondeva degli scorci davvero spettacolari. C'era di tutto: caverne, cascate, scogliere, la possibilità di praticare lo snorkeling (a Manta Bay è perfino possibile nuotare con le mante nella stagione giusta); l'unica pecca era la strada disastrata, punteggiata da crateri che mettevano a dura prova le capacità di guida. Non era raro infatti vedere alcuni turisti con fasciature alle gambe per una caduta dal motorino, mezzo indispensabile per esplorare l'isola. Dopo aver girato in lungo e in largo tutte le zone più turistiche ci venne voglia di trovare un posto in riva al mare dove poter assaporare lo stile di vita lento tipicamente indonesiano. Grazie a Michael, scoprimmo Amed, un piccolo villaggio a nord-est di Bali che possedeva tutto quello che stavamo cercando. Trovammo una stanza ad un ottimo prezzo a trenta secondi dall'oceano, la famiglia che la gestiva era adorabile e ogni mattina ci faceva trovare una gustosissima colazione fatta in casa, servita in giardino tra palme, fiori e il suono delle onde.

Amed è una meta famosa per le immersioni, ma a novembre era semideserta e ci sembrò di averla tutta per noi. Sorge alle pendici di un vulcano e proprio qui fummo spettatori di un tramonto incantato: il cielo pennellato di viola, rosso e arancio, sovrastava il mare e il vulcano creando un effetto quasi irreale.

Approfittammo della sosta per visitare il tempio di Lempuyang, uno dei più sacri e antichi di Bali (ce ne sono più di diecimila sull'isola) detto anche "La Porta del Paradiso", situato a circa 1200 metri d'altezza; se la giornata è limpida si può vedere l'enorme vulcano Agung alle sue spalle e la foresta a perdita d'occhio. Guardando la mappa ci accorgemmo di essere vicini alle isole Gili e le barche per raggiungerle partivano proprio da Amed.

Evitammo Gili Trawangan, una *party island* che sembrava la brutta copia di Ibiza, e scegliemmo Gili Air come base per quattro notti. Purtroppo gli effetti del terremoto che pochi mesi prima aveva piegato il Paese erano ancora ben visibili, c'erano macerie ad ogni angolo. Ma i balinesi stavano già ricostruendo sempre col sorriso sulla faccia, quelli più abbattuti eravamo noi. Eravamo felici di aver scelto questa meta, perché non c'erano più turisti e l'isola aveva un disperato bisogno di ripartire economicamente. Era quasi tutto deserto ma per noi non era affatto un problema, adoravamo la tranquillità locale; le automobili a Gili Air sono vietate e nulla può disturbare la quiete. Ovviamente non potevamo lasciarci scappare un tour di snorkeling! In barca ci portarono a nuotare con le tartarughe e una miriade di pesci colorati; ammirammo perfino delle statue sommerse nei pressi di Gili Meno, un isolotto ancora più piccolo del nostro. Ci godemmo quelle lunghe e meravigliose giornate, tra bagni, ottimo cibo nelle nostre amate baracche e splendidi tramonti.

Eravamo agli sgoccioli della nostra avventura in Asia: la prima parte del giro del mondo stava per concludersi e quel paradiso ci sembrava un premio per tutta la strada che avevamo percorso. Non sempre era stato facile, avevamo vissuto momenti durissimi, di fatica estrema; eravamo passati dal gelo intenso al caldo più estenuante, affrontando viaggi interminabili su autobus e treni che cadevano a pezzi, mangiando le stesse cose per mesi, e tante volte siamo stati sul punto di impazzire per la stanchezza anche se poi siamo riusciti a tenere duro.

Restare uniti è stata la nostra forza.

17

Australia, già solo pronunciarne il nome ci faceva sentire lontanissimo da casa; eravamo fisicamente dall'altra parte del mondo in una terra che avevo sempre sognato, e dopo tanta Asia avevamo voglia di vedere qualcosa di diverso. Federica c'era già stata quando aveva vent'anni, aveva vissuto a Sidney per un anno per fare un'esperienza diversa e imparare l'inglese. Iniziammo la nostra avventura da Surfers Paradise, una città nel Queensland, sulla costa est. Avevamo due grandi amici ad aspettarci, Dorian e Lara con il piccolo Alexander, una famiglia italiana meravigliosa che da qualche anno viveva nella terra dei canguri. Ci aiutarono moltissimo, l'Australia è talmente grande che avere una piccola base di partenza ci tolse gran parte della preoccupazione. Ci procurarono una stanza in una bellissima casa in condivisione con altri ragazzi, e un lavoro: avremmo venduto giocattoli per tutto il periodo di Natale, che in questo Paese cade in piena estate e si trascorre in costume. Avevamo un gran bisogno di fermarci dopo aver attraversato diciassette Stati in meno di quattordici mesi. Volevamo una casa, un letto vero, cibo occidentale, eravamo stanchi di doverci spostare ogni tre-quattro giorni, fra l'altro in questo modo avremmo potuto mettere da parte altri soldi da destinare al nostro viaggio.

Avevamo perfino un cane, si chiamava Super. Dorian lo aveva trovato mentre lavorava come bracciante in una fattoria (un'attività obbligatoria per chi vuole estendere il visto). Non avrebbe potuto trovargli un nome migliore: non ho mai visto un cane così forte e intelligente, era una vera forza della natura, un super-cane.

Dopo il caos dell'Asia tutto ci sembrava tranquillo e pulito. Non eravamo più abituati a quella civiltà, e ritrovarla dopo tanto tempo fu piacevole. Durante la prima spesa in un vero supermercato quasi piangemmo dall'emozione. Ritrovammo tutto: carne, verdura, frutta, yogurt, mozzarella, gelato, cioccolata, finalmente avremmo potuto dare una tregua al nostro stomaco e mangiare tutto ciò che desideravamo.

Per lavorare guidavo un piccolo minivan, aveva già percorso così tanti chilometri che era un miracolo che funzionasse ancora, eppure era resistente come un carro armato. La batteria era in fin di vita e non reggeva il minimo, ad ogni stop dovevo giocare con acceleratore e frizione per non far spegnere il motore (cosa che mi faceva sudare freddo quando ero in coda circondato da automobilisti in ritardo che non parlavano la mia lingua). Se non eri abbastanza rapido e facevi spegnere il motore, l'unico modo per riavviarlo era chiedere a qualcuno di spingere il veicolo o sperare di essere su una strada in discesa e fare tutto da solo. Una volta si spense allo stop sulla rampa d'uscita dell'autostrada, in salita: in quell'occasione imparai a riaccenderlo in retromarcia mentre ringraziavo Dio che dietro di me non ci fosse nessuno. E per aumentare ancora un po' la tensione, vi ricordo che in Australia il volante è a destra e si guida sulla corsia sinistra, cosa che non avevo mai provato. Non era un semplice minivan, era una scuola di vita. I soldi mi servivano, non c'era tempo per aver paura o dubitare di se stessi. Dorian doveva mandare avanti la sua impresa e non poteva aspettare che mi sentissi pronto o prendessi dimestichezza con l'inglese, mi aveva già dato un aiuto enorme e non volevo deluderlo. Tra l'altro mi spronava a darmi da fare e riusciva a tirar fuori il meglio di me. Il primo giorno mi mise in mano le chiavi del minivan e mi disse di andare a Brisbane, una città enorme,

165

raggiungere l'aeroporto e spedire un pacco importante. Leggendo nei miei occhi il terrore di chi non aveva mai guidato a sinistra e che sapeva a malapena dove si trovasse il posto indicato, mi disse «non preoccuparti, ce la farai». E ce la feci: col navigatore alla mano che si spegneva nelle gallerie e mi costringeva a memorizzare in anticipo le uscite di quel labirinto di rampe. Riuscii a portare a termine la missione imparando in quattro e quattr'otto a guidare sulla corsia opposta in un traffico folle, a non far spegnere mai il motore, a orientarmi in una metropoli dove non avevo mai messo piede e a farmi capire in inglese. Ero fiero di me, percorsi il viaggio di ritorno con un sorriso a 32 denti prendendomi in giro da solo per tutta l'ansia che avevo provato inutilmente. Avevo ricevuto un'altra lezione importante: se non conoscevo qualcosa non dovevo averne paura, dovevo affrontarla e avere fiducia nelle mie capacità.

Imparammo a vendere giocattoli, i trucchi del mestiere, a catturare l'attenzione dei clienti, a far divertire i bambini; anche l'imbarazzo di parlare inglese con dei madrelingua scomparve in pochissimo tempo. Devo ammetterlo, Federica era una venditrice nata, molto più brava di me, la settimana di Natale fece dei numeri impressionanti. Io passavo metà del tempo allo stand e l'altra metà in giro col mio amato minivan che ormai era diventato come un figlio. Dopo le prime settimane cambiammo addirittura la batteria e anche il brivido di restare a piedi in mezzo al nulla sparì per sempre, ma era stato utile per mettere alla prova il mio spirito d'adattamento.

Gli australiani ci piacquero dal primo istante, sembravano in pace sulla loro isola fuori dal mondo, a tratti anche un po' pazzi ma sicuramente adorabili. L'unico lato negativo era il costo della vita, i prezzi erano maledettamente alti ma lavorando potevamo permetterci di reggere le spese. Non sentivamo nemmeno il bisogno di spendere per divertirci, amavamo goderci la casa, fare la spesa e cucinare, riuscendo a mettere da parte quasi tutto quello che guadagnavamo. Stavamo bene e comunque lo stavamo facendo per affrontare al meglio la seconda parte del giro del mondo, eravamo motivati come non mai.

Tra un turno e l'altro cercavamo di vedere il più possibile; uscimmo la prima volta con un unico obiettivo: avvistare un canguro. Ne trovammo a decine nel parco di una cittadina accanto alla nostra, liberi come fossero dei cani in un giardino qualunque. Erano enormi e muscolosi quanto un body builder, ma tranquilli e pacifici sdraiati al sole. Sembravano abituati alla presenza dell'uomo; naturalmente non ci avvicinammo, sono sempre dei bestioni che non vanno infastiditi, ma ci sedemmo a pochi metri da loro per osservarli e goderci quel momento, saranno stati una cinquantina. In quell'istante avevo un solo pensiero: "wow, siamo veramente in Australia e davanti a noi ci sono dei canguri!".

Riprendemmo ad allenarci seriamente e a mangiare sano. Sia io che Federica abbiamo sempre amato tenerci in forma, ma in un lungo viaggio zaino in spalla e dormendo per ostelli non è per niente facile essere costanti, anzi molto spesso non si hanno nemmeno le forze per fare esercizi. Gli australiani prendono il fitness molto seriamente: i parchi e le spiagge sono sempre pieni di gente che fa jogging o ginnastica, ci sono ristoranti salutari ad ogni angolo, se si ha un minimo di passione per lo sport è impossibile non lasciarsi trasportare. Andavo a correre ogni mattina prima di andare a lavorare con le mie canzoni preferite nell'iPod, adoravo quel momento. Il nostro quartiere sembrava uscito da una serie tv, con villette e giardini perfetti dove tutti si conoscevano, mancava solo il ragazzo che lanciava i giornali dalla bicicletta. A casa mi allenavo con Federica con esercizi a corpo libero e riscoprimmo i benefici mentali di trattare il proprio corpo come un tempio e la meravigliosa sensazione di prendersi cura di sé stessi. Quel viaggio così faticoso ci aveva insegnato l'importanza di avere un fisico forte, resistente, pronto a sostenerti in ogni momento. Quel primo mese passò in fretta, lavoravamo tanto ma eravamo felici. Si era creata una bella squadra, eravamo tutti ragazzi di 20-30 anni che amavano la vita e ci mettevano l'anima; non era solo un lavoro, volevamo raggiungere il miglior risultato possibile. Sempre in contatto tra di noi, divisi nei vari centri commerciali, ci si aiutava e ci si spronava in ogni momento. Vendere è un'arte e lo puoi capire solo quando ti trovi dall'altra parte del bancone. Mi aiutò parecchio a lasciarmi andare ed era molto divertente. Con Dorian partecipai anche ad alcune fiere di paese, che erano praticamente dei luna park per cui gli australiani andavano matti. Partivamo la mattina per percorrere centinaia di chilometri (in Australia le distanze sono enormi) col nostro minivan pieno all'inverosimile, e tornavamo a notte fonda, quando la fiera chiudeva con i fuochi d'artificio di rito, distrutti ma fieri. Ricordo le risate, la serenità, e il sentirsi parte di qualcosa. In Australia se hai una buona idea puoi metterla in pratica senza una noiosissima burocrazia, e può capitarti di conoscere un direttore di banca con le braccia tatuate o una nonnina con i capelli verdi, nessuno giudica nessuno.

Lavorammo fino alla sera del 24 dicembre, la vigilia di Natale. Avremmo ripreso solo dopo l'Epifania, quindi avevamo due settimane libere per viaggiare. Prendemmo un aereo per Sydney la mattina del 25 dicembre e, se credete nei miracoli di Natale, vi dico che ne ricevemmo uno. Avevamo passato notti intere al computer per trovare una sistemazione a Sydney, una delle città più costose del mondo, senza trovare niente. Il pernottamento in una camerata d'ostello ci sarebbe costato come sei giorni d'hotel in Asia, e considerando che saremmo rimasti per una settimana avremmo dovuto spendere un sacco di soldi solo per dormire. C'eravamo quasi rassegnati, le avevamo davvero provate tutte, quando ci scrissero Simona e Claudio, che vivevano proprio a Sydney. Avevano seguito il nostro viaggio e ci offrirono un aiuto talmente grande che ancora oggi stentiamo a crederci: ci prestarono la loro casa. Avevano programmato un viaggio esattamente a cavallo tra Natale e Capodanno durante il quale il loro appartamento sarebbe rimasto vuoto, e ci permisero di viverci per tutta la settimana. Senza averci mai visto di persona (perché il giorno del nostro arrivo coincise con la loro partenza) lasciarono le chiavi per noi da un'amica. Quante persone conoscete che l'avrebbero fatto? In quanti avrebbero aiutato degli sconosciuti offrendo quanto di più intimo e prezioso si possa possedere? Due ragazzi che avrebbero potuto tranquillamente guardare dall'altra parte e che invece ci salvarono la vita in cambio di niente. Una delle domande che ci fanno più spesso è: *Avete mai incontrato un malintenzionato?*, in realtà la domanda dovrebbe essere *Quante persone buone avete conosciuto?*, perché ne abbiamo incontrate veramente tante e senza di loro non avremmo mai potuto arrivare alla fine del nostro viaggio. La scoperta più bella è stata proprio questa: che nonostante tutte le pessime notizie che sentiamo ai telegiornali, la natura della maggior parte degli uomini è di aiutare il prossimo. Infondo viviamo in un mondo buono.

Ero elettrizzato al pensiero che finalmente avrei visto questa città che sognavo da tanto. Ad attenderci c'erano Franz (ricordate il nostro caro amico incontrato a Kanpur, in India?) e Silvia, la migliore amica di Federica che ovviamente non stava più nella pelle. Le ragazze si saltarono addosso in lacrime quando ci incontrammo quel pomeriggio in un parco per festeggiare in puro stile australiano il Natale con una grigliata. C'erano ragazzi di ogni parte del mondo, lontani dai propri cari in un giorno così importante, che avevano organizzato una giornata da trascorrere insieme come una grande famiglia. Essere in pantaloncini e maglietta sotto il sole a dicembre non aveva prezzo, era strano associare Babbo Natale a costume e infradito ma era divertente e particolarmente piacevole. Per tutta la settimana facemmo i turisti e ci godemmo Sydney che superò ogni mia aspettativa. Federica conosceva già la sua bellezza ma io la vedevo per la prima volta e me ne innamorai. Ogni quartiere era così diverso e affascinante nella sua unicità, adoravamo camminare tutto il giorno godendoci ogni piccolo particolare. Partecipammo a diversi Free Walking Tour, visitammo parchi, monumenti, strade storiche, opere d'arte. Era una città stimolante che emanava una grande energia e se non fosse stato per il giro del mondo, avrei pensato seriamente ad un'esperienza a lungo termine; Federica dovette faticare non poco per riportarmi alla realtà e farmi mettere da parte la tentazione.

Per la notte di Capodanno la fortuna bussò nuovamente alla nostra porta: rivedemmo Yusei e Diana, i due ragazzi italiani conosciuti per caso all'incrocio più trafficato di Tokyo. Erano arrivati in Australia per un anno di lavoro. C'eravamo visti pochissimo in Giappone ma non avevamo mai smesso di tenerci in contatto; anche stavolta avremmo avuto solo poche ore per stare insieme ma tra viaggiatori è la normalità e bisogna fare tesoro di ogni momento prima di rimettersi in viaggio. Organizzammo una cena a casa loro insieme ai loro coinquilini provenienti da mezzo mondo, il risultato fu un mix incredibile di follia e voglia di divertirsi. Per il conto alla rovescia della mezzanotte riuscimmo a trovare all'ultimo minuto un angolo non a pagamento per vedere i fuochi d'artificio, che sono tra i più famosi del mondo. Mentre i fuochi brillavano nel cielo presi qualche secondo per me: guardavo le splendide persone che avevo intorno, Federica, Silvia, Franz, Diana, Yusei e il resto della banda, tutti uniti, ciascuno con una storia incredibile da raccontare. Ognuno di loro aveva trovato il coraggio di partire per realizzare un sogno e io non potevo far altro che amarli per questo! Provai una gratitudine immensa per la mia nuova vita che mi aveva fatto incontrare persone straordinarie, e una felicità sconvolgente per aver ritrovato la mia libertà.

La nostra settimana a Sidney era giunta al termine. Passammo l'ultima notte sul divano di Silvia e Franz, sapevamo che sarebbe trascorso molto tempo prima di rivederli, e salutarli fu durissimo.

Avremmo dedicato gli ultimi giorni a Melbourne e dintorni. Per raggiungere la città ci ingegnammo a scovare il modo più economico possibile e così scoprimmo il servizio di *car relocation*. Era molto comune e consisteva nel riportare auto o camper a noleggio alle agenzie da cui provenivano, ma purtroppo non c'erano richieste per la tratta Sydney-Melbourne. Trovammo, invece, un'ottima occasione con il *car-sharing*, dividendo le spese con Irina, una ragazza russa che doveva raggiungere Melbourne il 2 gennaio per iniziare un nuovo lavoro. La sua macchina aveva l'aspetto di averne passate tante, il bagagliaio si chiudeva a malapena e fu un sollievo piazzare metà dei nostri zaini sui sedili posteriori. Avremmo avuto meno spazio ma almeno una parte delle nostre cose sarebbe arrivata intatta. Guidai io per tre quarti di strada, era la mia prima volta col cambio automatico e mi sembrò un super lusso ripensando alle mirabolanti avventure con il mitico ma indistruttibile minivan.

Sarà stato il nostro atteggiamento positivo, che caratterizzò particolarmente quel periodo australiano, ma anche a Melbourne ricevemmo un regalo. Ci contattò Shamil, un ragazzo di Milano (avevamo perfino degli amici in comune) che aveva scoperto online il nostro viaggio e voleva a tutti i costi darci una mano offrendoci ospitalità. Credo che la definizione di "gigante buono" gli calzi a pennello. Ci accolse a braccia aperte in tarda serata (eravamo distrutti dai novecento chilometri in macchina), e preparò perfino una cena squisita solo per noi: era un cuoco straordinario! Non sapevamo nemmeno come ringraziarlo per tutto l'aiuto che ci stava dando, facevamo il possibile per non disturbare ma lui si fece in quattro per assicurarsi che non ci mancasse niente. Avremmo tranquillamente dormito sul divano ma ci offrì una stanza con un letto enorme, anche lui aveva viaggiato tanto e sapeva cosa significava non avere comodità. La sua gentilezza ci ricordò nuovamente quanto dovevamo essere grati a queste persone dal cuore immenso e rinnovò il nostro proposito: giurammo a noi stessi che a Milano avremmo dato una mano a qualsiasi viaggiatore in difficoltà, anche solo per una semplice indicazione stradale, cosa che a volte per la fretta non si è disposti a fare. Non ci fermiamo mai a pensare che con due minuti del nostro tempo potremmo cambiare la giornata a chi mette piede per la prima volta in Italia: spesso non lo facciamo perché dobbiamo scappare o perché *"tanto lo farà qualcun altro"*. Ho perso il conto delle persone che con quei famosi due minuti ci hanno salvato quando avevamo perso completamente il senso dell'orientamento. Bisogna aiutare gli altri, sempre, anche in cose che a noi possono sembrare insignificanti. Melbourne era vivace e colorata, un po' hipster e la street art era incredibile. Non avendo molto tempo giocammo la carta del Free Walking Tour che si rivelò vincente come al solito; se non fosse stato per Lorenzo che ce ne parlò per la prima volta in Giappone non lo avremmo mai scoperto.

Attraversammo strade, piazze e parchi, immaginando come sarebbe stato vivere lì.

Melbourne sembrava un po' più randagia di Sydney: c'erano ragazzi accampati per strada e qualche ubriaco di troppo, ma ovviamente era solo un dettaglio rispetto ai tanti aspetti affascinanti che aveva da offrire.

Per gli ultimi due giorni affittammo un'auto, volevamo goderci un paio di gite fuori porta in totale libertà. Eravamo stati così bravi a risparmiare da meritarci questo piccolo regalo. Dopo più di un anno di autobus, treni, barche e biciclette, era la prima volta che io e Fede avevamo una macchina tutta per noi. Finalmente non avevamo orari da rispettare, fermate da raggiungere, stazioni in cui attendere: potevamo partire e fermarci a nostro piacimento, ascoltare la radio, cantare e chiacchierare. Era la macchina più economica disponibile, troppo piccola anche per caricare tutti i nostri zaini, ma per noi era grande e comoda quanto una limousine. Un viaggio in Australia non può considerarsi completo se non si visitano i 12 Apostoli, anche se il giorno della nostra visita a gennaio 2019, ne erano rimasti solo otto. Sono pilastri di roccia calcarea che emergono dall'oceano fino a raggiungere anche i cinquanta metri d'altezza! Formatisi 20 milioni di anni fa a causa dell'erosione che ha separato questi pinnacoli dalla costa. Sono costantemente sotto l'effetto degli agenti atmosferici che ne mutano continuamente la forma, sino a farli crollare. Si trovano solo a 5 ore da Melbourne, e si raggiungono percorrendo la *Great Ocean Road*, una strada panoramica che costeggia l'oceano. La bellezza di un *road trip* è la possibilità di viaggiare in auto attraversando paesaggi sconfinati, fermarsi in mezzo al nulla e ripartire, mangiare dove capita e godersi uno spettacolo sempre diverso dal finestrino con la tua musica preferita a tutto volume. Era uno stile alternativo di viaggio che nessuno di noi due aveva mai provato.

Il giorno successivo visitammo il Grampians National Park. Avevo voglia di trekking, era passato troppo tempo dall'ultima volta e sapevo che era quello che ci voleva per rigenerare lo spirito prima di riprendere a lavorare.

Trascorremmo la giornata a scoprire i diversi punti panoramici del parco, immersi nella pace che tanto sognavo, tra montagne, ruscelli e scorci meravigliosi.

Sulla via del ritorno, l'Australia ci regalò un tramonto rosso fuoco accompagnato da un arcobaleno che ai nostri occhi suonava proprio come un "arrivederci ragazzi, alla prossima avventura!". Chiudemmo in bellezza quella giornata al porto di St. Kilda a Melbourne, aspettando i pinguini che ogni sera rientravano sulla terraferma. Sì, avete letto bene, i pinguini!

Tornammo a Surfers Paradise per l'ultimo mese di lavoro, Dorian ci lasciò in gestione due stand in due centri commerciali nei dintorni di Brisbane. Avremmo fatto tutto da soli stavolta e quindi ci trasferimmo in un alloggio vicino al nuovo luogo di lavoro. I nostri coinquilini erano una coppia di ragazzi cinesi che non c'erano mai e a parte qualche viaggiatore di passaggio che dormiva in una terza stanza in affitto, la casa era sempre vuota. Quelle poche volte che ci si incrociava a colazione o a cena comunicare era impossibile, persino in un paese anglofono i cinesi non parlavano inglese, e le loro pessime abitudini igieniche, che purtroppo conoscevamo bene, li avevano seguiti. Non ho idea di cosa cucinassero (e forse è meglio così), ma la cucina era sempre, in ogni centimetro quadrato, insopportabilmente appiccicosa. Per fortuna avevamo i nostri scompartimenti ripuliti da cima a fondo dove riporre le nostre cose, non abbiamo mai avuto il coraggio nemmeno di immaginare in che condizione fossero i loro. Ad ogni modo non ci interessava, eravamo lì solo per lavorare, avevamo un tetto sulla testa, una stanza tutta per noi e un enorme giardino dove allenarci, non ci serviva altro. Le nostre giornate volarono tra il lavoro, il blog di viaggio e l'organizzazione degli step successivi per il nostro giro del mondo. L'ultimo giorno di lavoro ci sembrò come l'ultimo anno di liceo, eravamo sfiniti ma desiderosi di ripartire; avevamo riposato e messo da parte tutti i soldi guadagnati. Quella sera festeggiammo con una cena fuori, solo io e Fede, una pizza italiana e un brindisi a noi due, un altro grande capitolo si era appena concluso.

Avevamo ancora una decina di giorni prima di lasciare l'Australia e volevamo goderceli. Dopo la bellissima esperienza in macchina a Melbourne non c'erano dubbi: avremmo noleggiato una macchina per un altro viaggio on the road sulla costa est del Paese, dormendo in tenda o in auto se fosse stato necessario. Per più di anno avevo portato sulle spalle una tenda da campeggio, comprata in Italia senza badare a spese. Era resistente e di alta qualità, volevo essere sicuro che avrebbe retto in qualunque circostanza e che fosse abbastanza grande per contenere anche i nostri zaini. Non vedevo l'ora di usarla. La delusione però arrivò quando provai ad aprirla nel nostro giardino: mi accorsi che mancavano dei pezzi fondamentali, i paletti, che sono lo scheletro sui cui si regge la tenda, senza i quali restavano praticamente solo il telo e i picchetti. Non volevo crederci, erano in un piccolo astuccio e probabilmente erano andati persi in Asia a furia di caricare e scaricare lo zaino per le decine di controlli. Provammo in tutti i modi a cercare dei paletti di ricambio ma trattandosi di un modello professionale servivano della nostra marca, introvabile in

Australia, e nemmeno farli spedire dall'Italia poteva essere un'opzione perché non sarebbero mai arrivati in tempo. La buona notizia fu che Dorian e Lara sarebbero tornati in Italia per una vacanza, e si offrirono di riportare la nostra tenda (o quel che ne restava) a casa, risparmiandoci di dover scegliere se continuare a portarla con noi inutilmente o ancora peggio doverla abbandonare. Ne comprammo una nuova da Kmart, una delle più grandi catene al mondo della grande distribuzione in quel settore. Piccola e per soli venticinque dollari, con l'intenzione di rivenderla dieci giorni dopo. Non volevamo più portare peso inutile per qualcosa che non usavamo tutti i giorni e nemmeno volevamo spendere un patrimonio visto che avremmo avuto la nostra tenda ad aspettarci a Milano. Non era di certo un modello che consiglierei se l'obiettivo fosse una spedizione al Polo Nord, ma per quel che serviva a noi bastava eccome, ci occorreva solo come riparo in caso di pioggia e per tenere lontano da Federica qualunque cosa si muovesse strisciando.

Finalmente riuscimmo a partire! Avevamo portato solo lo stretto indispensabile per dormire e cucinare, volevamo goderci quei momenti senza la preoccupazione degli zaini e assaporando la libertà di un viaggio in macchina. Di nuovo eravamo solo io, Federica e la strada. La benzina costava poco e trovare posti gratuiti dove dormire era di una facilità disarmante: scoprimmo che l'Australia era attrezzatissima per favorire i viaggiatori come noi. Inoltre, con una semplice applicazione sul telefono potevamo vedere i campeggi più vicini, i loro servizi, le condizioni dei bagni, e leggere le recensioni di chi ci aveva dormito, come in una grande comunità dove ci si aiuta a vicenda.

Il nostro obiettivo era guidare sempre verso nord, fino a Cairns, ma non avevamo programmato nulla come sempre e iniziammo subito con una deviazione non prevista, andando a sud. Eravamo così carichi che ci sembrò una buona idea raggiungere Byron Bay anche solo per un giretto prima che facesse buio. Riuscimmo nell'intento e due ore dopo ci godemmo questa piacevole cittadina un po' hippie, amata dai surfisti e diventata ancora più famosa perché ci vive Chris Hemsworth, l'attore che interpreta Thor nel film degli Avengers. Non lo incontrammo, ma il tramonto dal faro a picco sulla scogliera mentre l'oceano ruggiva sulla spiaggia, valse tutte le ore di guida nell'oscurità sulla via del ritorno. Arrivammo in piena notte a quella che sarebbe dovuta essere la vera prima tappa; per risparmiare non scegliemmo un campeggio ma un grande prato in riva ad un fiume. La strada per arrivarci attraversava un bosco e sembrava tutto fuorché la strada giusta. Ad un tratto il navigatore smise anche di funzionare e divenne impossibile perfino fare inversione, così accettammo il fatto che il nostro destino fosse ormai segnato. Probabilmente di giorno era un luogo incantato ma di notte ricordava lo scenario di un film horror. Quando ormai tutto sembrava perduto riuscimmo ad uscire dal bosco: non eravamo mai stati così felici di vedere un'altra macchina parcheggiata. C'era solo un'altra tenda oltre a noi e tutti naturalmente già dormivano.

Aprire la nostra per la prima volta in piena notte, senza far rumore, capire come montarla e allo stesso tempo combattere tutti gli insetti che volevano dormire con noi, fu un'impresa epica e comica allo stesso tempo. Una volta dentro, crollai senza nemmeno la forza di aprire il sacco a pelo. Non male come prima notte.

La mattina seguente ci svegliammo in un piccolo paradiso, incredibile come di notte si trasformasse in una foresta demoniaca! La colazione in riva al fiume ci donò la pace, ci fece dimenticare tutto lo stress della notte precedente, e ci dette la carica per il trekking che avevamo organizzato al Noosa National Park. Questa volta non sarebbe stato tra le montagne ma lungo la costa, con l'oceano da una parte e la foresta dall'altra. Infatti, camminammo tra piccoli sentieri, rocce, e scogliere panoramiche a picco sull'acqua, il premio finale fu un'enorme spiaggia semideserta dove godersi un meritato bagno che non ci avrebbe fatto morire disidratati dopo ore di cammino.

Ritornammo sulla strada nel primo pomeriggio, e prima di sera riuscimmo a visitare un altro parco per vedere un animale che avevamo visto solo nei cartoni animati: l'ornitorinco. C'era un fiume dove nuotavano liberi, soprattutto al tramonto. Penso di non aver mai visto delle creature così giocose, erano adorabili quanto i panda in Cina ed unici come i maiali barbuti del Borneo. Immaginate il corpo di un castoro, zampe palmate e il becco di un'anatra. Giocavano con l'acqua e si lasciavano trasportare dalla corrente, erano irresistibili!

Dopo, tornammo a macinare chilometri circondati da distese di alberi e campagne che sembravano non avere fine; ogni tanto spuntava un gruppo di canguri mentre ci avventuravamo sempre più a nord, attraversando cittadine sperdute. Passammo una notte nei pressi di Airlie Beach, dove non c'erano campeggi economici né possibilità di accamparsi liberamente, ma solo sistemazioni costose poiché, proprio da lì, partivano le escursioni per la Grande Barriera Corallina. Trovammo Tom che affittava una stanza a venti chilometri dalla città; c'erano una cinquantina di case una accanto all'altra in mezzo al niente, un minimarket e un benzinaio. Le abitazioni erano in legno e sembravano sul punto di crollare da un momento all'altro.

Enorme, trascurata, con cianfrusaglie ovunque e rottami di automobili in giardino, quella di Tom ricordava la casa di un serial killer. In realtà era un bravo ragazzo con la passione per l'elettronica (non che ce ne fosse tanta nei paraggi), era chiaro che non sapesse più come ammazzare il tempo in quell'angolo di mondo dimenticato da Dio; aveva un amico anche più timido e taciturno di lui, alto due metri, ma se apriva bocca, sembrava un bambinone. Li guardavo, e pensavo a miei vent'anni pieni di esperienze e divertimento. Non potevo fare a meno di chiedermi quanto sarebbe stata diversa la mia vita se fossi cresciuto lì. È pazzesco come il luogo in cui nasciamo, totalmente casuale, possa determinare la nostra esistenza; dovremmo rifletterci più spesso quando pensiamo di non essere abbastanza fortunati.

Una volta sistemati, organizzammo un'escursione in barca per attraversare alcune isole dell'arcipelago delle Whitsundays e raggiungere la Grande Barriera Corallina.

Dopo aver indossato muta, pinne ed occhiali, tuffarsi in acqua fu come attraversare la porta di un altro mondo, popolato da pesci dalle forme più strane, mante, tartarughe e coralli. Tutto talmente bello che vorresti poter respirare sott'acqua per non interrompere mai lo spettacolo, ma non bisogna sottovalutare l'oceano; più di una volta, senza rendercene conto, ci siamo ritrovati parecchi metri lontano dalla barca trascinati dalle onde. Per questo lo snorkeling in questo punto si può fare solo con guide preparate, pronte a recuperarti in qualsiasi momento con una piccola barchetta a motore dopo averti insegnato i gesti da utilizzare per chiedere aiuto in caso di pericolo. Purtroppo una parte dei coralli erano morti a causa del devastante impatto delle attività umane. I coralli sbiancano a causa dell'innalzamento delle temperature, dell'inquinamento e della pesca eccessiva. Fortunatamente alcune compagnie locali si stanno occupando di piantarne al largo delle coste australiane per salvarli prima che sia troppo tardi. Il giorno successivo raggiungemmo Whitehaven Beach, considerata una delle spiagge più belle e incontaminate del mondo. Con la sua sabbia bianchissima, composta al 90% di silicio, si estende per circa 7 km, è immersa in un grande parco naturale ed è raggiungibile solo in barca. Non ci sono ristoranti, alberghi, baracchini, nessun tipo di servizio, niente di niente (fortunatamente): il tutto per preservarne la bellezza e la sua essenza più selvaggia. È ciò che più si avvicina alla nostra idea di paradiso terrestre.

Purtroppo, il maltempo rovinò i nostri piani. Non una pioggerellina, ma un diluvio universale con violente raffiche di vento che scuotevano il motoscafo mentre secchiate d'acqua ci prendevano a schiaffi. La nostra agenzia decise di non annullare l'uscita, ma probabilmente avrebbe dovuto per la nostra sicurezza e perché a conti fatti non ci godemmo praticamente niente (i soldi per loro erano più importanti a quanto pare).

Durante il viaggio di ritorno il morale sulla barca era ormai a terra, avrebbe dovuto essere una giornata di sole e caldo e invece stavamo congelando avvolti nei giubbotti di salvataggio. Tutti amareggiati con lo sguardo in giù per evitare, almeno in parte, le bombe d'acqua in pieno viso. Il motoscafo faceva dei salti pazzeschi cavalcando le onde che sembravano dei muri d'acqua, tutti non vedevano l'ora che quella tortura finisse il prima possibile. In quell'inferno mi girai per parlare con Federica, magari distraendoci sarebbe passata più in fretta, e la trovai con la bocca aperta mentre dormiva beatamente, fradicia e incurante dei grandi sbalzi sull'acqua che la facevano sballottare avanti e indietro. Tutti erano sul punto di vomitare e ad un passo da un attacco di panico, mentre lei riposava come se fosse in spiaggia sotto l'ombrellone. Sapevo che aveva il superpotere di addormentarsi ovunque in meno di un secondo semplicemente appoggiando la testa su qualsiasi tipo di superficie, ma non avrei mai immaginato che ne sarebbe stata capace anche durante una tempesta in mezzo all'oceano. Più della metà dei nostri viaggi insieme su autobus, treni e aerei, li ho passati sveglio, mentre lei dormiva. Penso che se volesse sarebbe in grado di dormire anche durante un concerto rock.

Tornammo a casa di Tom talmente a pezzi che persino la sua abitazione ci sembrò un centro benessere. Purtroppo ci disse che era iniziata la stagione delle piogge, e che in quel periodo dell'anno proseguendo ancora più nord la situazione sarebbe solamente peggiorata. Per noi che volevamo goderci la natura e dormire in tenda non fu di certo una buona notizia. Avevamo provato sulla nostra pelle che non c'erano vie di mezzo in Australia: o sole cocente o diluvio universale. Ci mancava solo una tappa, Cairns, ma viverla in quelle condizioni, con le strade allagate e senza la possibilità di uscire, non ci avrebbe dato alcun piacere. Dato che non stavamo facendo una gara né dovevamo dimostrare niente a nessuno, decidemmo di tornare a sud verso casa e inseguire il sole. Mai scelta fu più azzeccata.

Avevamo sentito parlare della spiaggia di Mon Repos, dove ogni anno le tartarughe marine deponevano le uova. Se con Whitehaven Beach eravamo stati sfortunati, con le tartarughine capitammo proprio nel periodo perfetto.

Era una riserva naturale gestista e sorvegliata dai rangers che organizzavano uscite notturne con i visitatori. L'Australia è severissima per quanto riguarda la protezione degli animali, tutti rispettano le regole e sono ben informati (sarà anche perché il Paese ospita le dieci specie più pericolose del mondo, meglio farsi trovare preparati).

Quella notte fummo testimoni di un miracolo che era sulla lista dei nostri desideri da moltissimo tempo! Sulla spiaggia, accompagnati dai rangers, assistemmo alla schiusa delle uova delle tartarughe marine. Un centinaio di piccole creature emersero dalla sabbia per poi spingersi con tutte le loro forze verso l'oceano e iniziare la loro vita. Sarebbero tornate, molti anni dopo, nella stessa identica spiaggia per deporre a loro volta altre uova. Non si sa come facciano a ritrovare la via ma il miracolo della vita non ha bisogno di spiegazioni. Un'esperienza del genere non la dimentichi, è come se tutta la perfezione di Madre Natura fosse racchiusa in quell'istante.

Prima di tornare in città per prendere il nostro aereo restava un'ultimissima cosa fare: volevamo vedere un koala, altro animale simbolo di questa terra. Li trovammo in una riserva protetta, attaccati ai loro rami, intenti a mangiare o a dormire, dolci come dei peluche. Dicono che possono diventare aggressivi, a noi sono sembrati pacifici e sonnacchiosi come dei bradipi; la prima regola è, come sempre, non disturbarli o tentare di toccarli, e mantenere le distanze rispettando il loro spazio.

La nostra avventura australiana era giunta al termine. Avevamo grandi aspettative su questo enorme Paese dopo averne tanto sentito parlare, e dopo averci vissuto fu chiarissimo il perché tante persone ci avevano trovato la loro felicità.

In Australia le possibilità sono infinite, ogni lavoro è ben retribuito e c'è meritocrazia; è perfetta per migliorare l'inglese, conoscere persone da tutto il mondo, scoprire un modo di vivere diverso e, soprattutto, esplorare le sue meraviglie naturali. Tra spiagge, oceani, montagne, deserti, canguri, koala, tartarughe, ornitorinchi, pinguini, coccodrilli, è impossibile non restarne catturati.

Ci resta ancora così tanto da vedere che potremmo tornare altre cento volte, e molto probabilmente lo faremo.

18

Avevamo lavorato molto in Australia e con una parte dei soldi guadagnati potemmo permetterci di scoprire la Nuova Zelanda, terra lontana e misteriosa. Da grande fan del Signore degli Anelli avevo un motivo in più per morire dalla voglia di conoscerla, ci avevano girato ben tre film. Il nostro volo atterrò a Christchurch, sull'isola del sud. La nostra avventura sarebbe cominciata solo la mattina successiva e per la prima notte trovammo ospitalità presso una famiglia locale con cui ci mise in contatto Emma, una ragazza incontrata in Australia. Tante volte, in viaggio, avevamo conosciuto "l'amico di un amico" che poi ci aveva aiutato a trovare la soluzione che stavamo cercando. Era come una catena, una brava persona te ne faceva conoscere un'altra e così via. Ogni volta che mi sembra di vedere tutto nero mi obbligo a ripensare a loro: le brave persone, che in questo caso si chiamavano Mark, Tracey e il loro figlio George. Ci offrirono una stanza tutta per noi e, come se non bastasse, una cena degna di un re e una squisita torta fatta in casa (la prima in sedici mesi di viaggio). Bastarono un paio d'ore per sentirci parte della famiglia, passammo una splendida serata tra chiacchiere, risate e musica. George era un prodigio, usava i video tutorial su YouTube per studiare qualunque cosa: aveva imparato a fare surf (non chiedetemi come sia possibile) e a suonare il banjo come un vero professionista. Mentre lo osservavo stupito pensai che tra le cose che non avevo mai fatto c'era imparare a suonare uno strumento, lo inserii mentalmente nella mia personale lista delle "cose da fare prima di morire".

Mark e Tracey avevano girato mezzo mondo in minivan quand'erano più giovani di noi (e senza la tecnologia di oggi) ed erano pieni di storie da raccontare. Erano ancora innamoratissimi e ci piaceva pensare che un giorno non saremmo stati poi tanto diversi da loro, quando da nonni avremmo raccontato le nostre avventure.

Il giorno dopo eravamo pronti.

La Nuova Zelanda è composta da due grandi isole ed esiste solo un modo per apprezzarla appieno: le quattro ruote. Era il luogo perfetto per un altro road trip ma stavolta noleggiammo un minivan, si chiamava Voldemort, come il nemico numero uno di Harry Potter. Aveva tutto ciò che ci serviva: un comodissimo letto reclinando i sedili posteriori, un fornello da campeggio, stoviglie e una tavola di legno da montare all'occorrenza. In quel modo avremmo potuto mangiare e dormire ovunque. Era la soluzione più economica possibile considerando gli elevati costi della vita neozelandese. Il nostro bolide era perfetto, non era di certo un camper ma per noi era comunque una casa. Dopo aver fatto una buona scorta di cibo a base di uova, pasta, pane, sughi, formaggio, burro d'arachidi, frutta, caffè solubile, acqua, biscotti, una bottiglia di vino e cioccolata, finalmente partimmo. Avremmo dovuto comprare sempre in giornata il cibo fresco, non avevamo un frigorifero ma acquistammo delle borse di ghiaccio. Sin dal primo giorno il paesaggio fu straordinario: chilometri di natura selvaggia, senza anima viva. I colori di quel panorama mozzafiato ci facevano battere il cuore, ogni cinque minuti accostavamo l'auto per scendere e immergerci in quello splendore, così bello da sembrarci irreale.

Lungo la nostra strada sorgeva il Monte Sunday, Edoras per chi ha visto il Signore degli Anelli. Trenta minuti camminando con calma, ma ne impiegammo più di un'ora spinti come eravamo dalla voglia di immortalare tutto con la macchina fotografica. Era un continuo: «hai visto che spettacolo qui?», «guarda laggiù che meraviglia», «incredibile», «pazzesco», camminavamo mano nella mano come se l'eccitazione di quei momenti fosse troppo grande per gestirla da soli.

Al tramonto arrivammo al lago Tekapo: azzurro, in perfetta sintonia con l'ocra delle montagne, il verde scuro delle foreste e i colori caldi del crepuscolo. Parcheggiammo il minivan quasi sulla riva del lago, dal quale ci separava solo un filare di alberi. Febbraio è piena estate in Nuova Zelanda, le ore di luce sono tantissime e si può guidare qualche ora in più perché inizia a far buio solo verso le ventitré; ma se durante il giorno le temperature sono calde, di notte calano bruscamente e il vento obbliga ad indossare una giacca pesante. La prima notte, accoccolati sotto le coperte potevamo guardare il cielo dal lunotto posteriore, non c'erano città nel raggio di chilometri e un milione di stelle ci dettero la buonanotte.

Ci svegliammo all'alba, ma prima di rimetterci in marcia tornammo al lago. Su una piccola collina, circondata da campi di lavanda, c'era una bellissima chiesa in pietra che si affacciava sulla riva. Era molto piccola ma con una enorme vetrata dietro l'altare, sulla quale si rifletteva il gioco di luci delle acque del Tekapo; tutto era reso ancora più incantevole dalla musica celestiale che risuonava in quel pezzetto di arte sacra.

Arrivammo nel pomeriggio nei pressi del Monte Cook (o Aoraki, che in lingua maori significa "colui che buca le nuvole). Il sole era ancora altissimo e ne approfittammo per un trekking verso il lago Hooker, di origine glaciale formatosi alla fine degli anni '70. D'inverno è completamente ghiacciato ma in estate ci sono solo dei piccoli iceberg galleggianti. È color latte, per l'azione erosiva del ghiacciaio che polverizza i minerali sulla roccia su cui scorre l'acqua. Prendemmo il sole avendo come spettatori: le montagne e il muro di ghiaccio sulla sponda opposta.

La mattina seguente organizzai una sorpresa per Federica che mi rimproverava spesso di non regalarle mai dei fiori, ma quella volta gliene avrei donato un campo intero. Avevo visto online le foto di una meravigliosa distesa di lavanda; così, senza dirle nulla, feci una piccola deviazione per raggiungerla. Ci trovammo di fronte ad un'enorme campo viola circondato da spighe dorate che sprigionava un intenso profumo. Scesi dall'auto e respirai a pieni polmoni l'aria profumata mentre Federica non riusciva a trattenere i suoi gridolini di gioia, interrotti solo dal ronzio delle api. Arrivammo nel pomeriggio a Oamaru, una cittadina tranquilla sulla costa. Avevamo decisamente bisogno di una doccia, ma purtroppo la Nuova Zelanda non è organizzata come l'Australia con campeggi e servizi, quei pochi che ci sono, sono davvero troppo costosi per usufruirne tutti i giorni e ogni sera dovevamo inventarci qualcosa per trovare un posto gratuito in cui dormire. Fortunatamente il nostro Voldemort non aveva bisogno di energia elettrica o altro, essendo praticamente una semplice automobile, e quei campeggi super attrezzati in realtà non ci servivano.

Per la doccia quel giorno Federica ebbe un'idea grandiosa: rivolgersi alla piscina comunale e pagare per utilizzare solo il bagno. Incredibilmente funzionò.

Pagammo una quota minima e ci guadagnammo l'accesso alle docce della piscina. Andò prima Federica, mentre io aspettavo nell'atrio con le poche cose di valore che possedevamo, e poi fu il mio turno. Ovviamente a lei filò tutto liscio, io mi beccai la fine delle lezioni di nuoto e lo spogliatoio invaso da un esercito di piccole pesti. Il mio aspetto non doveva essere molto rassicurante, forse i capelli o la barba lunga, non lo so, ma qualcosa doveva averli spaventati perché arrivarono i loro insegnanti a chiedermi chi diavolo fossi. In effetti sembravo un forestiero dall'aspetto un po' inquietante in un paesino dove si conoscono tutti. Non me la presi, un controllo per proteggere i bambini è sempre ben accetto; li mandai dalla receptionist che presumo gli spiegò che ero solo un viaggiatore disperato in cerca di una doccia calda.

Ogni sera per l'ora di cena cercavamo il posto più panoramico: quella volta ne trovammo uno in riva al mare. Non ci occorreva più di un piatto di pasta e un bicchiere di vino con vista tramonto, e diamine quanto ce lo gustavamo. Al calar del sole, oltre al freddo gelido, spuntarono dal mare tre piccoli pinguini. Sembravano tre personaggi dei cartoni animati di una tenerezza assurda. Non ci avvicinammo troppo per non spaventarli e non li fotografammo, averli visti era più che sufficiente.

I giorni volavano e noi continuavamo ad accumulare un'avventura dopo l'altra: le Mouraki Boulders: rocce uniche al mondo, erose dal mare negli ultimi 60 milioni di anni e oggi perfettamente sferiche; gli enormi leoni marini che dormono sulla sabbia di Sandfly Bay, una spiaggia raggiungibile solo a piedi e caratterizzata da enormi dune e fortissime raffiche di vento da cui prende il nome la baia; Nugget Point, un percorso a strapiombo sull'Oceano con i delfini che nuotano all'orizzonte; Cathedral Cave, una caverna in riva al mare visitabile solo per due ore al mattino con la bassa marea, la cui entrata sembra quella di una cattedrale scolpita nella roccia; Slope Point, il punto più a sud della Nuova Zelanda, raggiungibile solo passeggiando tra i campi dorati in riva al mare.

Ogni giorno superava in termini di emozioni, stupore e bellezza quello precedente, iniziavamo a renderci conto che stavamo lasciando pezzi di cuore qui e là.

La nostra esperienza in minivan andò a gonfie vele. Era un sogno che avevamo nella lista dei desideri da tanto tempo, avevamo sempre fantasticato sulla possibilità di viaggiare su una casa a quattro ruote. Senza regole, senza programmi, dove ogni giorno l'unica decisione da prendere era quale strada seguire, ascoltando quello che ti diceva il cuore. Iniziammo la risalita lungo la costa ovest dell'isola, passando per Queenstown, la prima vera città dopo Christchurch. Sorgeva sulle sponde del lago Wakatipu, era carina e piacevole ma troppo affollata per noi che ormai eravamo abituati alla natura selvaggia neozelandese. Ci fermammo giusto il tempo di fare la spesa, una passeggiata e ricaricare i telefoni in un fast food. I prezzi erano folli, dai parcheggi, agli hotel, ai bar e ai ristoranti. Tentammo anche la carta della doccia a pagamento in qualche ostello ma piuttosto che spendere tutti quei soldi mi sarei lavato nel lago. Avevamo risolto anche il problema di lavare i piatti grazie alle pompe di benzina che avevano un rubinetto all'aperto (i proprietari ci davano sempre il permesso di usarlo). Nei casi peggiori, con la solita applicazione potevamo scoprire dove fossero le fonti d'acqua, i bagni gratuiti e i parcheggi non a pagamento dove sostare per la notte. Purtroppo erano pochi e spesso già pieni: raramente eravamo i primi ad arrivare e finivamo per doverci arrangiare alla bell'e meglio.

In quell'occasione, dormire a Queenstown sarebbe stato impossibile per il nostro budget; quindi guidai ancora, per tornare alla pace che si respirava fuori città. Era una zona famosa per le sue vigne e trovammo una piccola fattoria che accoglieva i backpackers in cerca di lavoro, per raccogliere l'uva. Ci accordammo con la proprietaria per restare una notte. Ripartimmo più in forma che mai, ci aspettavano ben due ghiacciai da visitare. Purtroppo quello che trovammo fu un'amara sorpresa: avevamo ottant'anni di ritardo. Era rimasto ben poco sia del ghiacciaio Fox che del Franz Josef, entrambi si stavano ritirando in maniera preoccupante a causa del riscaldamento globale. Una terra desolata aveva preso il posto di quella che prima era un'enorme superficie di ghiaccio. Fu un colpo al cuore.

Lungo il percorso i rangers avevano piazzato le foto del ghiacciaio di decennio in decennio per mostrare i terribili cambiamenti, oltre a dei cartelli sui cui c'erano scritti gli accorgimenti da seguire per salvare il pianeta: spegnere sempre le luci, staccare le spine dei dispositivi elettronici, evitare l'eccessivo consumo di acqua, usare meno carta, riutilizzare e riciclare. Spero che l'umanità capisca al più presto che non rimane molto tempo per cambiare le cose.

La strada lungo la costa ovest era spettacolare, guidavamo in riva al mare. Il sole splendeva ma gli alberi piegati quasi a novanta gradi erano la prova che d'inverno il vento poteva essere mostruosamente forte.

Passammo per Hokitika Gorge, uno di quei luoghi che se li vedi in foto pensi siano un fotomontaggio, finché non vai di persona ad ammirare il fiume di un turchese così intenso da farti chiedere se sia reale.

Lungo la strada incontrammo le Pancake Rocks, delle imponenti rocce calcaree a picco sul mare erose dagli agenti atmosferici. Arrivammo al tramonto con l'alta marea e le onde che s'infrangevano su di esse, creando un effetto simile a quello dei geyser, con dei boati che facevano tremare la terra e il nostro cuore.

L'ultima tappa sull'isola del sud fu l'Abel Tasman National Park. Immersi in una natura selvaggia esplorammo il parco lungo un percorso che prevedeva alcune soste su spiagge con sabbia bianca e acqua limpidissima.

Partimmo decisamente più tardi del previsto (per la difficoltà nel trovare un posto per fare colazione e soprattutto lavare i piatti) ma si trattava di un trekking relativamente semplice anche se piuttosto lungo. Dodici chilometri all'andata e dodici al ritorno per raggiungere la spiaggia più bella nel cuore del parco. Di solito la maggior parte delle persone percorre questa tratta in barca, ma era troppo costoso per noi e con la scusa che amiamo camminare accettammo la sfida.

Il panorama meritava davvero tutta la fatica, l'acqua era turchese e dall'alto il parco sembrava l'Isola che non c'è, mancava solo il galeone dei pirati. Il ritorno fu meno piacevole, il ginocchio di Federica dopo 24 chilometri iniziò a cedere. Gli ultimi metri sembravano non finire mai e lo stomaco vuoto si faceva sentire, ma stringendo i denti riuscimmo a portare a casa un'altra impresa.

Prendemmo un traghetto da Picton per attraversare lo stretto di Cook e raggiungere l'isola del nord.

Una volta sbarcati a Wellington ci dirigemmo verso il centro dell'isola per qualcosa che stavo aspettando dal primo giorno, il Tongariro Alpine Crossing: il trekking tra i più spettacolari del mondo.

Sono circa venti chilometri di cammino, si comincia a quota 1200 metri circondati da fiori e campi di lavanda, per poi iniziare a salire fino alle pendici del Monte Ngauruhoe, il famoso Monte Fato del Signore degli Anelli, dove il paesaggio si fa sempre più roccioso e sembra di essere a Mordor. Se siete dei fan come me l'idea di salire fino al cratere vi stuzzicherà: beh sappiate che è possibile, dovete solo mettere in conto altre due ore di camminata molto impegnativa e convincere chi vi accompagna a seguirvi in questa follia (cosa che purtroppo

191

non riuscii a fare con Federica). Proseguendo lungo il sentiero principale, dopo una faticosa salita si raggiunge il punto più alto a quota 1900 metri, da cui si gode una vista pazzesca sugli Emerald Lakes, i "laghi di smeraldo", tre meravigliose distese d'acqua, i cui colori spaziano dal cristallino, al turchese, al profondo blu. Gli ultimi chilometri, tra crateri fumanti e laghetti sulfurei, non li sentimmo nemmeno, l'adrenalina e un profondo senso di gratitudine per aver assistito ad uno spettacolo simile sembravano sollevarci da terra. Andai a dormire più innamorato che mai: della vita, di Federica, del nostro viaggio. L'indomani ci svegliammo presto per ammirare l'alba e partire per Rotorua, una cittadina famosa per le sue acque termali. Essendo probabilmente la meta più turistica del Paese, le attrazioni e le attività avevano prezzi folli, per non parlare delle decine di hotel. Se non fosse stato per una e-mail ricevuta al momento giusto penso che ci saremmo scoraggiati parecchio. Un famoso centro termale aveva visto sui social media le foto del nostro viaggio e si era offerto di regalarci l'ingresso per una giornata intera in cambio di pubblicità. Cascava a pennello, dopo tutti quei giorni sulla strada un po' di coccole erano quello di cui avevamo bisogno, soprattutto Federica che sognava un massaggio da sedici mesi. Il pacchetto comprendeva l'accesso alle terme, il massaggio di un'ora, il pranzo e l'ingresso ad una piccola piscina privata. Praticamente passammo dalla vita selvaggia al super lusso, il primo e unico centro benessere del nostro giro del mondo. Ce lo godemmo come l'ultimo cucchiaio di nutella.

Quando riprendemmo il viaggio, notammo che anche a Rotorua, a causa del turismo selvaggio, non c'era nessuna possibilità di parcheggiare il minivan gratuitamente. Le provammo tutte, eravamo determinati a non arrenderci; uscimmo dalla città e in meno di mezz'ora trovammo un lago e un prato solitari. Ci sdraiammo in pace all'ombra di un grande albero, a goderci il tramonto e il silenzio con un bicchiere di vino. Mancavano pochi giorni al nostro volo per la California e dovevamo decidere come impiegarli. Stravolgemmo totalmente i nostri piani: avremmo raggiunto Cape Reinga, il punto più a nord della Nuova Zelanda. Avevamo visto quello più a sud, non potevamo perderci il versante opposto. Puntammo verso Auckland, la città più grande del Paese, senza fermarci, sarebbe stata la nostra ultima tappa. Non avevamo la minima voglia di città, volevamo stare in mezzo alla natura il più possibile. Mezz'ora in mezzo al traffico fu più che sufficiente per farci scappare a gambe levate. Ci ritrovammo in un piccolo parco, proprio di fronte al mare, ad ammirare dei professionisti che praticavano il kite surf (un'alternativa al classico surf, in cui si sfrutta il vento per farsi trainare su una tavola da un aquilone). Faceva così freddo che ci rintanammo in macchina per guardarli da sotto le coperte. Se siete amanti degli sport estremi la Nuova Zelanda potrebbe darvi moltissime soddisfazioni. Per darvi un'idea, il bungee jumping è nato qui.

I due giorni di guida necessari per raggiungere la nostra meta non furono di certo privi di emozioni: provammo per la prima volta il sand boarding, che consiste nel lanciarsi dalla cima di un'enorme duna di sabbia su una tavola da surf; scoprimmo un luogo magico dove passare la notte, in cui credo di aver visto la luna più incredibile della mia vita, di dimensioni epocali a picco sull'oceano (con tanto di videochiamata in diretta con mia mamma); affrontammo il primo problema tecnico di Voldemort, dovuto però alla nostra incoscienza. Il bello di un road trip è che puoi cambiare strada in ogni momento; nel nostro caso bastò un cartello che indicava la direzione per una caverna piena di insetti luminescenti che brillavano al buio, per farci svoltare improvvisamente in una strada secondaria. Non avevamo fatto i conti però col maltempo e le enormi pozze di fango che il nostro minivan, purtroppo, non riuscì a superare impantanandosi. Non avremmo di certo potuto abbandonare il nostro fedele amico dopo tutti quei chilometri percorsi insieme, ma un attimo prima di chiamare un carro attrezzi gli abitanti della zona arrivarono in nostro soccorso: due uomini Maori grossi come querce, che in cinque minuti organizzarono un'operazione di salvataggio tirandoci fuori dai guai (per la cronaca, una volta arrivati alla grotta era ormai troppo tardi per poter entrare).

L'arrivo a Cape Reinga fu invece la degna conclusione di quei venti giorni di straordinarie avventure. È l'esatto punto in cui si incontrano il Mar di Tasmania e l'Oceano Pacifico, il risultato è uno spettacolare turbinio tra le due correnti che sembrano danzare tra loro.

Secondo le credenze Maori, che considerano questo luogo il più sacro della Nuova Zelanda, da qui gli spiriti dei morti saltano nell'oceano per entrare nell'aldilà e unirsi ai loro antenati. Adoravamo scoprire nuove culture e quella Maori ci affascinava tantissimo, un popolo fiero che è riuscito a conservare la propria identità grazie ad una forza straordinaria. Durante gli ultimi chilometri, circondati da una natura capace di farti sentire insignificante, avevamo la sensazione di aver quasi raggiunto la fine del mondo. Dopo il viaggio di ritorno restava solo un giorno da trascorrere ad Auckland prima di prendere il volo per San Francisco negli Stati Uniti. La città non era di certo tra le più memorabili ma noi avevamo un appuntamento importante che non ci saremmo persi per niente al mondo. Ancora una volta, la nostra strada si sarebbe incrociata con quella di Yusei e Diana che avevano lasciato l'Australia ed erano appena arrivati in Nuova Zelanda. Passammo insieme un pomeriggio, spensierati e felici, a parlare come sempre di viaggi, sogni e progetti. Ci aiutarono di nuovo, dandoci la possibilità di parcheggiare il nostro Voldemort davanti a casa loro per l'ultima notte, dopo una cena a base di pasta, vino e tante risate nel loro appartamento temporaneo, che il padrone di casa si era impegnato ad arredare con uno stile a metà tra gli anni ottanta e la casa degli orrori. Non ci sembrava vero, il nostro road trip in quel paradiso terrestre era giunto al termine. Il Paese numero 18 del nostro giro del mondo ci aveva lasciato un segno profondo.

19

Era la nostra prima volta in America, e avevamo scelto la California. Il volo dalla Nuova Zelanda era stato una botta di vita: avevamo dormito ininterrottamente (Federica, come al solito, già dormiva prima del decollo); forse non c'eravamo resi conto che quei giorni in minivan avevano prosciugato le nostre energie.

Atterrammo a San Francisco, e contro ogni previsione la procedura d'ingresso fu semplice e rapida: una volta tanto non fui fermato per un colloquio in privato, né perquisirono i nostri zaini. Eravamo nella città più cara d'America, dove il costo della vita aveva superato perfino quello di New York, e nemmeno per miracolo avremmo potuto trovare una sistemazione adatta alle nostre tasche. Ancora una volta, un amico ci venne in soccorso, mettendoci in contatto con una famiglia che ci ospitò per quattro giorni, Rachel e suo figlio James. Arrivammo nel loro quartiere a tarda serata in treno. È durissima muoversi nelle grandi città coi mezzi pubblici e con i nostri zaini ingombranti, soprattutto durante le ore di punta. Spesso finivamo per diventare l'attrazione del vagone perché tutti ci guardavano allibiti, probabilmente chiedendosi: "Chi sono questi due vagabondi con più di quaranta chili di bagagli?". Era la fine di febbraio e si gelava, fortunatamente Rachel ci venne a prendere in macchina risparmiandoci un paio di chilometri a piedi. Eravamo felici di praticare il nostro inglese che negli ultimi mesi era migliorato tantissimo, inoltre l'accento americano ci faceva sorridere, sembrava di essere in un film. In realtà tutto ci riportava al cinema con cui eravamo cresciuti: il mix di culture (bianchi, afroamericani, cinesi, indiani ecc.), i fast food, le autostrade enormi, i negozi di liquori, le farmacie grandi come centri commerciali, tutto aperto h24. Anche la casa di Rachel e James sembrava uscita da una serie tv, e da bravi americani cenammo con cibo d'asporto. Avete presente le scatole di cartone di cibo cinese con tanto di bacchette, che avrete visto in centinaia di film? Ecco, proprio loro, accompagnate da decisamente troppi litri di birra. Imparammo che le porzioni negli Stati Uniti sono tutte in formato extralarge. Loro non cucinano abitualmente come noi, che consideriamo la cucina un'arte, ma spendono ogni giorno un sacco di soldi per ordinare il cibo o mangiare fuori. La domanda non è "cosa cuciniamo oggi?" ma "da chi ordiniamo oggi?". Si capisce quindi la loro evidente difficoltà nel mangiare sano. In viaggio devo ammettere che la parte divertente è anche provare tutti i cibi ipercalorici e togliersi ogni sfizio possibile per un paio di settimane, ma è impensabile vivere così tutto l'anno.

Rachel e James erano completamente diversi da noi ma avevano un cuore grande e desideravano davvero aiutarci. Erano fieri delle loro origini italiane, soprattutto James che non andava a dormire se prima non ci aveva fatto ascoltare l'intera compilation di canzoni neomelodiche napoletane. Ci raccontò che molti italoamericani si vantano di esserlo ma in fondo non fanno nessuno sforzo per conoscere veramente l'Italia e le sue tradizioni. Lui invece ce la metteva tutta per imparare l'italiano e praticarlo; aveva addirittura visitato l'Italia diverse volte, sembrava più italiano lui oltreoceano di tantissime persone che in Italia ci vivono davvero. Fu emozionante vedere quanto amasse il nostro Paese e ricordare insieme tutte le bellezze, le città, le sue eccellenze e la personalità unica di noi italiani, con i nostri pregi e difetti. Non ci pensavo da tanto tempo e lui riuscì a ricordarmi di esserne fiero. Certo, l'effetto della marijuana che fumava (visto che in California è perfettamente legale) probabilmente amplificò il suo amore per noi, ma le sue parole erano sincere e trasmettevano l'onore che provava ospitando e potendo aiutare due italiani, autentici al 100%.

Ci portò in macchina in giro per San Francisco, affrontando un traffico per noi estenuante, solo per non farci spendere soldi in trasporti e mostrarci più cose possibili; oltre ovviamente a farci provare il suo hamburger preferito.

La città era stupenda, aveva un fascino incredibile, con le sue colline e le inconfondibili strade in pendenza, le case colorate in stile vittoriano, i tram storici, la baia, il porto, Union Square, Lombard Street (la famosissima "strada più tortuosa del mondo", con i suoi 8 tornanti in 400 metri), il Palazzo delle Belle Arti e il leggendario Golden Gate, sempre avvolto da una leggera nebbia che gli conferisce quell'incredibile aura di magia. Fu una bellissima full-immersion in una città sorprendente, all'avanguardia, che ispirava creatività e tolleranza. La chiudemmo, naturalmente, con cibo d'asporto, messicano questa volta: il burrito più grande che avessi mai visto; nemmeno in Messico ero riuscito a trovarne uno altrettanto grosso!

Tornammo in città per un altro giorno, da soli, per esplorarla nel modo in cui ci piaceva di più, a piedi. Camminare senza zaini sulle spalle era un vero piacere, soprattutto in una città così grande. Naturalmente non ci lasciammo sfuggire l'occasione di un giro panoramico su una delle famose cable cars (simili ai nostri tram) che facevano su e giù per San Francisco. Bisogna salire quasi al volo e si può restare aggrappati alle maniglie sulla pedana esterna. Il quartiere più divertente e più turistico proprio sull'oceano è Fisherman's Wharf, con la sua atmosfera marinaia, popolato da artisti di strada, giostre, musica, ristoranti di pesce, food truck, ed un panorama mozzafiato sulla baia e sul Golden Gate. Il piatto forte e assolutamente imperdibile è il Clam Chowder, una squisita zuppa di pesce servita nella cavità di un panino, che ne assorbe completamente il sapore. Per soli 8 dollari restammo sazi fino a sera e fu inserito nella lista dei piatti più buoni che avessi mai assaggiato.

Proseguendo lungo il molo, al Pier 39, incontrammo le vere star di San Francisco: decine e decine di leoni marini che ogni giorno prendevano possesso dei pontili galleggianti per sdraiarsi sotto il sole e dormire beatamente.

Più tardi quel pomeriggio realizzammo un altro piccolo sogno: Alcatraz. Solitamente in estate bisogna prenotare un posto mesi prima, ma alla fine dell'inverno furono sufficienti tre giorni; potemmo così visitare l'isola su cui sorge il carcere di massima sicurezza ormai entrato nella leggenda, che ispirò libri, film e serie tv.

In questa prigione, che rimase in uso per soli 29 anni, dal 1934 al 1963, furono rinchiusi circa 1500 tra i criminali più pericolosi della storia, tra cui Al Capone. Le rigide condizioni in cui vivevano i detenuti, le durissime punizioni come l'isolamento al buio e al freddo, la quasi totale assenza di visite, rendevano la prigionia un vero inferno.

La cosa più incredibile è che si trova a soli 2 km dalla terraferma (con il vento i prigionieri potevano addirittura sentire il vociare proveniente dalla città), ed a un primo sguardo una traversata a nuoto può sembrare semplice, ma le forti correnti e l'acqua ghiacciata non avrebbero lasciato scampo a chiunque avesse tentato la fuga.

Ci furono quattordici tentativi d'evasione, tutti (forse) senza successo. Il caso più famoso fu quello di Frank Morris e i fratelli Anglin, che ispirò il film con Clint Eastwood: "Fuga da Alcatraz", le cui celle con i buchi scavati nel muro sono tutt'ora visitabili. La direzione del carcere negò decisamente che i tre fossero riusciti a fuggire dall'isola ma i corpi non furono mai ritrovati; ad oggi resta ancora un mistero irrisolto. Vedere le sbarre, il cortile, la mensa, le celle d'isolamento, scoprire la storia dei detenuti più pericolosi ed immaginare di essere rinchiusi lì, ci mise un po' d'ansia, tanto che la prima boccata d'aria fresca dopo la visita la prendemmo a pieni polmoni, per ricordarci quanto fosse preziosa.

Prima di tornare sulla barca conoscemmo un ex detenuto che ci raccontò della sua permanenza ad Alcatraz, grazie alla quale aveva scritto un libro di successo, infatti, si trovava lì per firmarne le copie in un negozio di souvenir.

Passammo l'ultima sera con James e Rachel. Ci volevano bene e noi ne volevamo a loro. La mattina dei saluti ci diedero un passaggio per risparmiarci la fatica degli zaini sulle spalle. Ci lasciarono davanti all'agenzia di autonoleggio: scoprimmo che negli Stati Uniti il costo per il noleggio di un'auto economica, anche solo per un giorno, può essere minore che spostarsi in autobus o in treno. Considerando che il prezzo della benzina è super conveniente, realizzammo che avremmo speso meno raggiungendo Los Angeles per conto nostro in macchina. Naturalmente, perché fosse un vero affare, avremmo dovuto farlo in un solo giorno per riconsegnare la macchina entro 24 ore ad una cifra ridicolamente bassa. Conoscevamo bene ormai quanto fosse comodo spostarsi in autonomia su quattro ruote, ci avrebbe risparmiato folli corse per le coincidenze e lunghe attese nelle stazioni, quindi anche guidando per un giorno intero quel trasferimento sarebbe stato una manna dal cielo.

Guidammo per 700 chilometri lungo la Highway 1, la strada costiera, considerata tra le più belle d'America, che unisce San Francisco a Los Angeles. È un tripudio di scogliere, foreste e scorci panoramici, praticamente rappresenta lo scenario perfetto quando si immagina il viaggio on the road in California. Abitualmente si percorre la tratta in due giorni, farlo in uno solo significò arrivare la sera stessa a Los Angeles praticamente a pezzi. Ma la magia di questa città è proprio la capacità di risvegliare tutti e cinque i sensi: la prima volta che ci metti piede sei così eccitato ed incredulo che l'adrenalina annienta ogni tipo di stanchezza. Eravamo davvero arrivati nella mitica Città degli Angeli. Persino leggere i cartelli stradali, che indicavano località come Santa Monica, Malibù e Venice Beach, ci fece emozionare.

Arrivammo a West Hollywood sfiniti. Dopo il nostro road trip in Nuova Zelanda, il volo per la California e San Francisco, avevamo trascorso gli ultimi trenta giorni senza un attimo di tregua. I 700 chilometri al volante per arrivare in città e riconsegnare la macchina in tempo ci diedero il colpo di grazia, ma per fortuna ad aspettarci c'era un vecchio amico, Jacopo che ci offrì casa sua senza nessun limite di tempo, permettendoci di riposare il necessario.

Ci vollero 48 ore per ricaricare le batterie prima di mettere fuori il naso per la prima volta. Jacopo, italianissimo trasferitosi a Los Angeles da anni, ci coccolò in ogni modo possibile, ci aiutò a toglierci qualunque sfizio culinario (a proposito, i pancakes americani sono spettacolari), ci diede innumerevoli passaggi in macchina e soprattutto preziosissimi consigli per goderci la città da viaggiatori e non da turisti. Sembrava di essere dentro un film, tutto quello che avete visto in TV o al cinema qui è reale: le automobili americane, la Walk of Fame, i venditori di hot dog, le insegne e le palme gigantesche.

Ogni particolare ci strappava un sorriso. È impossibile

resistere alla tentazione di appoggiare le mani sulle impronte lasciate dagli attori davanti al Chinese Theatre, o di lanciarsi alla ricerca dei locali storici in cui sono nate alcune band leggendarie. Fu magico passeggiare da Santa Monica a Venice Beach, e ritrovarsi improvvisamente tra artisti di strada, murales, skaters; arrivare a Muscle Beach, la mitica palestra sulla spiaggia dove si allenava Arnold Schwarzenegger, e ritrovarsi davanti alle torrette dei guardaspiaggia che tutti abbiamo visto in Baywatch. Tuttavia è impressionante il numero dei senzatetto che vivono in campi tendati a pochi passi dai grattacieli. Nel giro di pochi chilometri si passa dallo sfarzo di Beverly Hills alla povertà di Skid Row, uno dei più grandi quartieri di *homeless* degli Stati Uniti. Fa male sapere che nel cuore di Los Angeles c'è una città fatta di ripari di cartone, immondizia e miseria, e non posso fare a meno di essere d'accordo con chi sostiene che gli Stati Uniti sono il Paese delle contraddizioni culturali e sociali.

Anche il problema del razzismo non si può ignorare: dopo aver raggiunto un punto panoramico proprio sotto la famosa scritta "HOLLYWOOD" sul Monte Lee, stavamo camminando verso il centro, osservando le grandi ville che tappezzavano quelle colline e giocando ad indovinare quali celebrità vi abitassero, quando durante una pausa di cinque minuti, seduti su un marciapiede, si avvicinò un uomo per scambiare due chiacchiere. Bastò un'occhiata per capire che viveva proprio in una di quelle ville. Gli raccontammo del nostro viaggio e di tutta la strada percorsa in un anno e mezzo: non riusciva a crederci e ci riempì di complimenti, non la smetteva più di parlare. L'espressione sul suo viso cambiò all'improvviso quando ci chiese quale sarebbe stata la tappa successiva e alla nostra risposta «Messico», ci sembrò terrorizzato. Facendosi il segno della croce ci disse che saremmo certamente morti, che i messicani sono assassini, ladri e farabutti come tutti i latino-americani. Tentammo di spiegargli che si sbagliava, che in ogni Paese ci sono persone buone e persone cattive, ma sembrava gli avessero fatto il lavaggio del cervello. Li considerava esseri inferiori, pericolosi e disonesti. Se gli avessimo dato retta avremmo dovuto interrompere il nostro giro del mondo perché il centro e il sud America erano l'inferno sulla Terra. Ovviamente lo ignorammo.

All'inizio di marzo faceva ancora troppo freddo e i grandi parchi erano chiusi, così noleggiammo una macchina per quattro giorni, saremmo andati prima in Nevada a Las Vegas, e poi in Arizona per vedere il Grand Canyon.

Las Vegas dista solo cinque ore da Los Angeles e ci arrivammo al tramonto. Dopo chilometri e chilometri nel deserto del Nevada vedemmo spuntare le prime luci di un iconico cartello: "Welcome to Fabolous Las Vegas"! Benvenuti nella città che non dorme mai, la città del peccato, con più slot machine che persone.

Nelle ore notturne Las Vegas dà il meglio di sé: migliaia di persone si riversano lungo la Strip, la via dove sorgono tutti i casinò più famosi entrati ormai nell'immaginario collettivo, come il Caesars Palace, il Bellagio, il Flamingo o il Mirage, e dove trovi artisti di strada, ballerine, fontane danzanti, i matrimoni lampo celebrati dai sosia di Elvis, le riproduzioni della Statua della Libertà, della Tour Eiffel, di una Piramide e dei canali di Venezia con gli immancabili gondolieri.

I casinò non sono semplicemente case da gioco ma dei resort con centri commerciali, ristoranti, spettacoli teatrali e concerti. Entrammo nel Caesars Palace per un fare un giretto e dividere una fetta di cheesecake in una famosa catena americana, e tre ore dopo eravamo ancora alla ricerca di una via d'uscita. Qualcuno sostiene che le uscite non siano indicate chiaramente per trattenere più tempo possibile le persone nel casinò con la speranza che giochino, e non mi stupirei se fosse vero.

Come da tradizione, non si può andare via senza tentare almeno una giocata, sarebbe come una mancanza di rispetto alla Dea Bendata e al mito di Las Vegas. Avendo imparato a riconoscere il valore del denaro non avremmo mai sprecato soldi che avremmo potuto usare per mangiare e dormire, ma dieci dollari ci sembrarono sacrificabili. Li perdemmo tutti in una slot machine scelta a caso, non fu di certo una sorpresa ma la cosa che ci lasciò di stucco, non essendo giocatori, fu la velocità con cui finirono: tre minuti. Ripartimmo con la nostra macchinina a noleggio, ma non prima di concederci una colazione all'americana. Non mangiavamo mai fuori per risparmiare, ma in California fa parte del viaggio togliersi la voglia di hamburger, milkshake e bombe caloriche "a sentimento". Proprio perché accadeva raramente, la sera prima passai un'ora su internet per cercare il ristorante con la colazione migliore, non potevo sprecare quell'occasione, e la trovai! Il menù "breakfast" prevedeva: uova, bacon, patate, salsicce, pancakes con cioccolata, panna montata, sciroppo d'acero, cappuccino e caffè. Non sarà il cibo più sano del mondo ma abbuffarsi nei diner americani (ogni tanto) è una delle cose più divertenti e soddisfacenti di un viaggio negli States.

Quel giorno non toccammo altro cibo fino a sera e forse fu meglio così perché guidai senza sosta per 450 chilometri, per entrare in Arizona e raggiungere il Grand Canyon.

Con la scusa del "siamo così vicini, come potremmo non andare?" avevamo già attraversato tre Stati. Per non sforare troppo il nostro budget, quei tour de force erano necessari. E poi mi bastava guardare il sorriso di Federica per stare bene, ero così fiero di lei!

Dedicammo tutto il pomeriggio al Grand Canyon, che ci costrinse a rivedere il nostro concetto di "immensità". Immaginate una gola creata in milioni di anni da un fiume, il Colorado, che ha eroso la roccia uno strato dopo l'altro. Lungo più di 400 chilometri e profondo fino a 1800 metri, ti toglie il respiro quando ti affacci sul ciglio. È così grande e imponente che vorresti poter volare per attraversarlo tutto e scoprirne ogni più piccolo dettaglio. Faceva freddissimo, non era sicuramente la stagione migliore per visitare i parchi ma a questo non avremmo mai potuto rinunciare.

Gli ultimi trenta minuti li passammo in silenzio a goderci il panorama, solo il Grand Canyon poté zittire Federica per mezz'ora. Quella sera percorremmo una parte della strada di ritorno verso Los Angeles e un tratto della Route 66, la leggendaria *highway* che attraversa una parte degli Stati Uniti da Chicago a Santa Monica. Passammo la notte nel più classico dei motel americani, inquietante e in mezzo al nulla, ancora una volta ci sembrò di essere sul set di un film. Perfino il numero sulla porta era danneggiato: un 9 che pendeva da un'estremità e si era trasformato in un 6. L'arredamento non veniva rinfrescato dagli anni ottanta, e nemmeno le foto appese alle pareti, che ritraevano persone con pettinature ultra cotonate e vestiti improbabili. Solo un serial killer avrebbe potuto amare quel posto, ma per noi aveva il solito effetto "guarda, come nei film" e la prendemmo sul ridere, con la colazione inclusa poi non potevamo assolutamente chiedere di più.

Arrivammo a Los Angeles la mattina seguente, in perfetto orario per riconsegnare la macchina al parcheggio strategicamente scelto in precedenza perché vicino alla stazione dei pullman. Comprammo i biglietti per il Messico, e precisamente per Tijuana, la prima città oltre il confine: la più pericolosa del mondo secondo gli americani, dove saremmo andati incontro a morte certa. Ci avevano così tanto riempito la testa che non fu per niente semplice controllare l'ansia.

20

Entrammo in Messico senza sapere esattamente cosa aspettarci, effettivamente i primi momenti non promisero nulla di buono, ma non ci scoraggiammo! Al confine ci costrinsero a pagare una tassa non prevista e alla richiesta di spiegazioni da parte di Federica, l'agente messicano rispose: «Questo è il mio Paese, o fate come dico io oppure potete andarvene». Avevo pregato Fede di tenere la bocca chiusa ma non ci riusciva quasi mai.

Restammo a Tijuana solo per un giorno, gli americani ci trascorrono i weekend, in cerca di festa, alcool e donne. Avevamo una stanza nella casa di una giovane coppia messicana, le condizioni dell'abitazione erano pessime ma loro erano gentili e ci rassicurarono sulla situazione del Paese; non era così tremenda come tutti la descrivevano. Non negarono di certo un passato ben più pericoloso, quando le guerre tra narcos erano all'ordine del giorno, ma ci raccontarono che la situazione era molto più tranquilla e che i messicani sono un popolo amichevole. Avevano ragione, nei due mesi trascorsi in Messico ci siamo sempre trovati bene e non abbiamo mai avuto l'ombra di un problema né avvertito pericolo.

La prima sera assaggiammo i famosi tacos messicani: sono simili a delle piccole piadine a base di farina di mais ma più croccanti, farcite con carne, verdure e salse, possibilmente piccanti. Ci portarono cinque salse diverse a base di peperoncino, le provai tutte, con la quinta quasi mi strozzai. Sono il piatto più tipico ed economico della cucina messicana, un po' come la pasta per noi italiani ma probabilmente anche più importante nella loro tradizione: li mangiano sempre e dovunque.

Provammo i migliori proprio a Tijuana, in tutte le tappe successive, per quanto ne assaggiammo di buoni, non riuscimmo più a trovarne di altrettanto gustosi.

Il Messico è uno dei Paesi più grandi del centro America e avevamo una voglia matta di scoprirlo. Prendemmo un autobus dove tutti indossavano un sombrero e che impiegò ventisei ore per raggiungere Mazatlan. Dal bagagliaio l'autista tirò fuori, oltre ai nostri zaini, un paio di gabbie con delle galline che ci riportarono nel sud est asiatico per un istante, non eravamo più abituati a certe scene dopo gli ultimi mesi trascorsi in paesi civilizzati.

Mazatlan è una città turistica che si affaccia sul mare e ci aiutò a rompere il ghiaccio con la gente del posto: i nostri primi contatti demolirono all'istante tutte le paure dovute alle chiacchiere infondate sul Messico che girano da troppi anni. Tra scorpacciate di tacos, nachos, guacamole, quesadillas e tantissime ore di pullman, lo attraversammo, godendoci colori, musica e tequila. L'allegria dei messicani è contagiosa, vivono la vita in modo semplice e spensierato, sembra che per loro non esista nemmeno l'ombra di un problema. Questo popolo ha una mentalità molto più simile alla nostra rispetto a quella asiatica, ci piaceva talmente tanto che ci sentivamo come a casa. Dopo aver salutato gli ultimi americani a Puerto Vallarta entrammo finalmente nel vero Messico, a Guadalajara, una città ricca di storia e di cultura, per ammirare i murales di Jose Clemente Orozco che, insieme a Diego Rivera, è stato uno dei più grandi artisti del Messico. Le sue straordinarie opere d'arte, caratterizzate da un ampio uso di nero e di rosso, traducono in colori la profonda rabbia per l'ingiustizia sociale e per le vittime della Rivoluzione messicana. Bastò un primo sguardo per restarne incantati, ma fu solo dopo aver scoperto ogni piccolo dettaglio "nascosto" nei suoi murales che comprendemmo di essere di fronte ad un vero genio. Sono certo che quando pensate al Messico immaginiate case colorate, musica ad ogni angolo, persone sorridenti, i mariachi con la chitarra e piccole piazze stracolme di vita, Guanajuato è esattamente tutto questo; dovevamo restare solo tre giorni ma alla fine diventarono due settimane.

Condividevamo una casa sulla collina con Rosa, una bellissima ragazza di origini maya, e il suo cane Pepito, alto trenta centimetri ma rumoroso come un branco di elefanti. Vivevamo come i messicani, tutto il vicinato ci conosceva e non ci guardava più come gringos. La città si trovava fuori dal circuito turistico e troppo lontana per essere raggiunta dai forestieri; era un piccolo gioiello e l'avevamo scoperta per caso. La lasciammo con gli occhi lucidi per raggiungere San Miguel de Allende, che sembrava quasi una sua copia, altrettanto bella ma turistica. Qui incontrammo due grandi viaggiatori italiani, Luca e Luca, con cui nacque una forte amicizia che dura ancora oggi. Viaggiavano in direzione opposta verso la California, avevano già esplorato il centro e il sud America. Trascorremmo insieme una splendida serata a chiacchierare delle bellezze del mondo. Eravamo solo all'inizio della nostra avventura in America Latina e ascoltando i loro racconti già sognavamo ad occhi aperti, ci aspettava un altro anno di meraviglie, scoperte e pura libertà. Quando arrivammo a Città del Messico, la città natale di Frida Kahlo, Federica non stava più nella pelle. Frida è sempre stata una delle sue artiste preferite, oltre che per la sua arte la ama perché ha avuto il coraggio di essere se stessa. Venne a prenderci alla stazione degli autobus un'amica di Fede, Paola, che ci offrì ospitalità per un paio di giorni. A dire il vero, mandò il suo autista a prenderci, cosa che ci colse completamente di sorpresa.

Federica l'aveva conosciuta in Australia dieci anni prima e da allora avevano praticamente perso i contatti, non sapevamo nulla di lei, eppure aveva scoperto il nostro viaggio e voleva a tutti i costi aiutarci. Le volevamo già bene, avrebbe potuto ignorarci e invece ci offrì tutto l'aiuto possibile.

La casa era grande come un ostello e di un lusso a cui non eravamo abituati. Paola ci mise subito a nostro agio, e ci invitò a non farci spaventare da tutte le tremende storie che circolavano su Città del Messico, che viene spesso dipinta come un luogo infernale. Aveva ragione: trovammo una città accogliente, artistica, con abitanti socievoli e pronti ad aiutarci. Il centro storico, i suoi quartieri pittoreschi, le case coloniali, lo strepitoso museo di antropologia, i parchi e le strade pulsanti di vita, credo siano irrinunciabili per scoprire una parte del vero Messico. Toccammo l'apice quando visitammo Casa Azul, la casa dove aveva vissuto Frida Kahlo per noi un simbolo di forza e indipendenza. Ad ogni passo potevamo sentire l'energia, le gioie e i dolori che Frida aveva vissuto: ebbe un gravissimo incidente che le causò numerosi traumi e le spezzò la colonna vertebrale in tre punti, ma nonostante le difficoltà non si arrese mai. Lottò con le unghie e con i denti per rimanere in vita, insegnandoci quanto è importante conservare sempre la speranza. In Messico il suo volto è ovunque, dagli enormi murales sulle facciate dei palazzi ai negozi di t-shirt e merchandising. Frida non è più solo un'artista, ma una donna entrata nel mito.

Lasciammo casa di Paola, che purtroppo sarebbe partita per lavoro, e ci trasferimmo in una stanza data in affitto da un ragazzo messicano. Tornammo alle nostre dimensioni abituali: il letto occupava quasi tutto lo spazio disponibile, la porta non si chiudeva e i nostri zaini addossati ad una parete diventarono i nostri comodini. Il quartiere era adorabile, sicuramente autentico; ogni sera andavo a correre in un parco e mi immergevo nella vita locale, sentendomi uno di loro. Anziani che chiacchieravano su una panchina, partitelle di calcio, bambini che dondolavano sulle altalene, lezioni di zumba all'aperto; c'era di tutto, e io mi godevo ogni piccolo particolare mentre correvo in pace con la mia musica nelle orecchie, come se fossi nato a Città del Messico. Tornavo sempre a casa da Federica felice ed ansioso di raccontarle tutto di quelle mie corsette in solitaria. Prima di lasciare la città accadde un altro avvenimento unico, mai successo da quando avevamo lasciato l'Italia: ci separammo per una giornata intera. Avremmo dovuto raggiungere insieme Teotihuacan, il sito archeologico più visitato del Messico, ma quel giorno Fede decise di rinunciare, la stanchezza la costrinse a letto. Andai da solo, la prendemmo sul ridere ma devo ammettere di aver provato una strana sensazione, non ci separavamo "per così tanto tempo" da diciotto mesi. Tutto andò bene, a parte il fatto che era domenica, ero senza cappello, il sito era invaso da un milione di persone e il termometro segnava 40 gradi all'ombra. Lasciammo la capitale totalmente soddisfatti, il Messico era stato il Paese delle nuove e vecchie amicizie. A Oaxaca incontrammo per caso due amiche italiane che si stavano godendo un bel viaggio on the road, e ci unimmo a loro per un giorno per esplorare i dintorni fuori città. Ad Oaxaca viene prodotto principalmente il Mezcal, il famoso distillato messicano ottenuto dalla pianta dell'agave. Non volevamo berlo in città a prezzi pompati per i turisti, e riuscimmo a trovare una distilleria in mezzo al nulla, dove veniva prodotto come secoli fa. Senza appuntamento, senza finti tour da pagare uno sproposito, la famiglia che lo gestiva ci accolse con il gran sorriso dei messicani. Erano fieri di mostrarci il lavoro che mandavano avanti da generazioni e tutte le fasi del processo di lavorazione. Ci offrirono un bicchiere e gli comprammo un'intera bottiglia.

Incontrammo finalmente Anna, un'altra grande viaggiatrice che aveva attraversato da sola tutto il sud e il centro America, dimostrando a tutte le donne che viaggiare da sole è possibile. Aveva raggiunto il Messico ma non era ancora alla fine del suo lungo viaggio, avrebbe proseguito verso nord fino a raggiungere gli Stati Uniti. Le nostre strade s'incrociarono solo per poco, ma anche un'ora può essere sufficiente quando sei sulla stessa lunghezza d'onda. È come prendersi una pausa da tutto, per raccontare davanti ad una birra fresca tutte le avventure e le disavventure, riderci sopra e ripartire, ognuno per la sua strada, più forti e felici che mai. Partimmo per raggiungere Puerto Escondido, sette ore di viaggio tra le montagne; ci avevano messo in guardia: tutti sapevano che si trattava di sette ore di curve schiacciati in un minuscolo minivan con altissime probabilità di vomitare l'anima. Il consiglio di non mangiare assolutamente niente la mattina della partenza si rivelò vincente ma fu ugualmente una tortura. Come al solito i locali mangiavano e bevevano "come se non ci fosse un domani", mentre il colore delle nostre facce oscillava tra il verde e il giallo. Giunti alla meta giurammo sulla Madonna di Guadalupe, la santa patrona del Messico, che qualunque fosse stata la tappa successiva non saremmo mai tornati indietro per quella strada, a costo di proseguire a piedi.

A Puerto Escondido incontrammo Manuela, una ragazza italiana che viveva in Messico insieme al suo compagno. Ci scrisse per incontrarci e bere qualcosa insieme, era sempre un piacere conoscere chi stava seguendo il nostro viaggio. Ci diede un sacco di dritte su cosa vedere, sui mercati e sulle spiagge, grazie a lei assistemmo ancora una volta alla schiusa delle uova delle tartarughe marine.

Proseguimmo verso la costa est del Paese attraversando lo Stato del Chiapas, passando per San Cristobal de Las Casas, una splendida cittadina situata tra le montagne della Sierra Madre, e Palenque, per ammirare delle meravigliose rovine Maya. Sarebbe stato tutto perfetto se non avessimo deciso di fare tutto in giornata. Il compleanno di Federica era alle porte, l'anno precedente l'avevamo trascorso bloccati e truffati in India al confine col Myanmar, stavolta volevo regalarle un vero giorno di festa. Una sua vecchia amica, Ari, ci aspettava proprio per questo a Playa del Carmen, l'unico problema sarebbe stato arrivare in tempo considerate le lunghe distanze, ma aumentando il passo ce l'avremmo fatta. Avrei fatto di tutto pur di farle quel regalo, se lo meritava. Gli autobus notturni messicani si rivelarono la scelta migliore, ci permisero di guadagnare tempo e macinare chilometri. Purtroppo non erano economici come in Asia ma di sicuro erano più confortevoli. L'aria condizionata però rappresentava un bel problema: si passava dai 30 gradi esterni con un'umidità dell'80% ai 10 gradi interni, di notte sembrava di dormire sull'Himalaya.

Arrivammo in perfetto orario ed un giorno prima del compleanno di Federica. La mattina seguente, al suo risveglio, la portai in un piccolo parco dietro casa e le feci trovare il più tipico dei regali messicani: una piñata con le sembianze di Wonder Woman. Una piñata è un pupazzo di cartone ripieno di dolci e caramelle che viene appeso ad un albero e che il festeggiato bendato deve prendere a bastonate fino a farlo a pezzi. Solitamente bastano pochi minuti ma io non avevo considerato che Fede ha i riflessi di un bradipo morto di sonno. Intervenni dopo la prima mezz'ora di colpi a vuoto e distruggemmo insieme la povera piñata; forse avevo esagerato con il carico di caramelle perché passammo il mese successivo a distribuire lecca lecca a tutti i bambini del Messico, del Belize e del Guatemala.

Era il suo ventinovesimo compleanno e per una sera non badammo al nostro budget. Uscimmo a cena come due semplici turisti, mangiando e bevendo come fossimo in vacanza, dopo ci incontrammo con Ari e i suoi amici messicani per ballare fino al mattino. Era la nostra serata e volevamo godercela. Rientrammo a casa stanchi morti ma felici, Federica aveva avuto il compleanno che meritava.

Prima di lasciare il Messico ci aspettava un'altra delle sette meraviglie del mondo: Chichén Itza, che era stato al centro delle nostre chiacchierate durante uno dei primi appuntamenti a Milano. Le nostre conversazioni, infatti, non riguardavano mai la carriera ma i luoghi in giro per il mondo che avremmo voluto visitare, credendo che sarebbero rimasti solo un sogno irraggiungibile, di conseguenza, ogni volta che ne raggiungevamo uno ci lasciavamo un pezzo di cuore: era un altro piccolo traguardo raggiunto insieme!

Chichén Itzá è il più grande ed importante sito archeologico della civiltà Maya precolombiana; le rovine si estendono su un'area di 3 chilometri quadrati ed appartengono ad una delle più importanti città di questa civiltà fra il VI e l'XI secolo. Tra i numerosi edifici, il più celebre è la piramide di Kukulkan che dal 2007 è stata inserita tra le sette meraviglie del mondo moderno.

Dopo la visita a Chichén Itzá, sotto un sole cocente che avrebbe potuto fondere il metallo, ci sembrò il momento perfetto per un'altra prima volta, un tuffo in un cenote.

I cenotes sono delle grotte carsiche risalenti a milioni di anni fa dove si sono formate delle piccole lagune d'acqua dolce e dove è possibile tuffarsi circondati da cascate, liane e una vegetazione pazzesca. Ce ne sono molte sparse in questa parte del Messico, purtroppo a causa del turismo di massa è quasi impossibile che non siano prese d'assalto, ma con una buona dose di pazienza e fortuna è ancora possibile godersi quest'esperienza unica.

Furono due mesi intensi quelli trascorsi in Messico, con i suoi colori, la musica, il cibo squisito, ma soprattutto la sua gente, abbiamo perso il conto delle volte in cui questo Paese ci ha fatto battere il cuore.

21

Non so a cosa si riferisse esattamente Madonna quando dedicò una canzone a San Pedro in Belize, ma quella che trovammo non poteva essere di certo la "Isla Bonita" che tanto sognava. Per essere precisi poi, San Pedro non è un'isola ma un villaggio sull'isola di Ambergris Caye, la più grande del Belize.

Essendo uno dei Paesi più cari dell'America centrale (fa parte del Commonwealth, la lingua locale è l'inglese e un dollaro del Belize equivale a circa due dollari americani) non ci aspettavamo la povertà che invece trovammo. Tutto era in decadenza, le abitazioni dei beliziani sono case di legno molto vecchie e piuttosto squallide. Anche gli hotel e le guesthouse di San Pedro non erano da meno, l'isola sembrava abbandonata. Era sporca e per niente invitante, eppure i prezzi per i turisti erano altissimi, nonostante fosse bassa stagione. Le spiagge non erano balneabili perché invase dalle alghe e perfino gli abitanti non erano particolarmente amichevoli. Per fortuna ci trovavamo lì solo per lavoro e non sborsammo un soldo, dovevamo girare un video promozionale per un hotel che ci ospitò per una settimana. A parte la tranquillità (dovuta al fatto che l'isola fosse semi deserta) e il meraviglioso tramonto ogni sera, non trovammo altro che valesse il viaggio, di sicuro quella sarebbe stata la nostra prima e ultima volta a San Pedro.

Prima di raggiungere il Guatemala però, decidemmo di dare un'altra possibilità al Belize, spostandoci su un'isola più piccola e poco distante, Caye Caulker. Ce la consigliarono altri viaggiatori, ci dissero che era un piccolo paradiso per noi backpackers. Avevano ragione.

Sull'isola c'era tutta un'altra atmosfera: sorrisi e finalmente vibrazioni positive. Un'isoletta a misura d'uomo, attraversabile in meno di dieci minuti. Potevi ammirare l'alba al mattino da una parte e il tramonto la sera sulla sponda opposta. Non c'erano strade asfaltate ma solo sabbia.

Ne approfittammo per un paio di escursioni sulla barriera corallina, la seconda più grande del mondo dopo quella australiana. Nuotammo tra squali reef, razze, murene, barracuda e tartarughe marine. Nuotare con queste meravigliose creature nel loro habitat naturale è un vero privilegio, i loro movimenti sono così fluidi ed eleganti che sembra stiano danzando. Ci innamorammo di questa piccola isola caraibica dove il tempo sembrava essersi fermato: si camminava scalzi, si mangiava aragosta a prezzi stracciati e si ammirava il tramonto bevendo una birra ghiacciata su un'amaca immersa nell'acqua dell'oceano.

Come prima tappa in Guatemala scegliemmo El Remate, volevamo visitare le famosissime rovine di Tikal senza alloggiare a Flores, meta molto più turistica e costosa. La scelta si rivelò vincente grazie a questo piccolo paesino sulle rive del lago Petén Itzá, dove non solo eravamo molto più vicini a Tikal, ma ogni sera potevamo goderci un magnifico tramonto completamente soli seduti sulle palafitte del lago. Niente bar, taxi o ristoranti. Le rovine di Tikal rappresentano il più grande sito archeologico della civiltà Maya in Guatemala, affascinante e misterioso. Ci sono le rovine di una città immersa nella giungla, con antichissimi templi, piramidi, piazze e tombe. Ancora oggi gli archeologi non sono riusciti a decifrarne tutti i particolari. Durante l'esplorazione, tra alberi, liane e queste antichissime costruzioni di pietra, è impossibile non sentirsi catapultati dentro un film di Indiana Jones e non sognare di tornare indietro nel tempo per ammirare questa civiltà al massimo del suo splendore.

Per una giornata ci perdemmo nella foresta accompagnati dalle scimmie urlatrici (il cui verso è un ruggito e sembra che dagli alberi stia per spuntare King Kong) e dai pizotes, piccoli procioni con l'appetito di un leone. Purtroppo dove c'è tanto turismo bisogna fare i conti con il dio denaro, scoprimmo, infatti, che per gli stranieri il biglietto costava sei volte il prezzo stabilito per i locali. Siamo sempre stati d'accordo nel pagare qualcosa di più, sappiamo benissimo di essere nati nella parte "fortunata" del mondo, ma sei volte più caro forse è un po' esagerato. Probabilmente in una vacanza di due o tre settimane una spesa del genere non si nota neppure, ma per noi che eravamo in viaggio da un anno e mezzo con un budget limitato aveva un peso enorme.

Non ci lasciammo intristire, prendemmo un pullman per Flores, dove contrattammo con altri ragazzi un minivan per raggiungere Semuc Champey e accettammo di comprare dall'autista anche i biglietti per Antigua, che sarebbe stata la destinazione successiva.

Tutti si fermarono a Lanquin mentre noi proseguimmo per altri 40 minuti sul retro di un camion, lungo una strada devastata dalle buche. Eravamo solo in quattro, noi e due giovanissimi israeliani. Ci raccontarono che in Israele il servizio di leva è obbligatorio dall'età di 18 anni, e dura tre anni per gli uomini e due per le donne. In questo periodo di tempo i ragazzi imparano a usare le armi, a combattere, a guidare i carri armati. Al termine del servizio militare è usanza usare il denaro guadagnato per fare un lungo viaggio. C'è chi sceglie l'Asia, chi il sud America, chi l'Europa, tutti vogliono godersi la ritrovata libertà; e devo ammettere che in più di un'occasione possono diventare molesti, ma non posso biasimarli dopo tre anni di rigidissima vita militare. Li

218

avevamo incontrati spesso, ed era strano pensare che, se avessero voluto, avrebbero potuto uccidere un uomo a mani nude. Non toccammo l'argomento politica, avrebbe potuto rovinare il loro momento di spensieratezza, glielo leggemmo negli occhi e fu un piacere esaudire il loro desiderio silenzioso.

Semuc Champey, nel cuore del Guatemala, è un posto magico: una riserva dove il fiume che nasce dalle montagne attraversa la foresta, creando delle spettacolari piscine naturali in cui fare il bagno circondati da una natura meravigliosa.

Arrivarci è abbastanza faticoso ma ne vale la pena, soprattutto se come noi alloggerete a due passi dal parco. Ce lo potemmo permettere solo perché il nostro ostello offriva sconti dell'80% (a causa dei lavori di ristrutturazione), dormire in un cantiere non ci spaventava affatto, soprattutto se questo significava non dover ripercorrere quella strada infernale.

Dopo la giornata trascorsa in ammollo nell'acqua cristallina, trovammo una baracca all'ingresso del parco; eravamo affamati e ci sedemmo senza pensarci due volte. Era un tendone che a malapena si reggeva in piedi, ma da 20 mesi ormai questi erano i nostri "ristoranti". A prima vista potevano non essere invitanti - eravamo gli unici clienti, gli altri preferivano i prezzi folli del ristorante dell'ostello - ma per pochi spiccioli potevi trovare i migliori piatti locali cucinati come solo una mamma sa fare. E compresa nel prezzo c'era sempre la chiacchierata con tutta la famiglia che di solito comprendeva almeno 13 bambini, la zia, la nonna, tre cani e sei gatti. La prima domanda era sempre la stessa e ce la portavamo dietro dall'India: «Siete sposati?».

Anche qui come in Asia era comune sposarsi in giovane età e avere una famiglia numerosa. Spiegammo che cinquant'anni fa lo era anche da noi, ma poi qualcosa è cambiato. Ogni volta un pranzo si trasformava in un'esperienza da ricordare; la maggior parte dei turisti non si ferma a mangiare in posti come questo ma per noi fanno parte dell'essenza di un viaggio.

Il giorno prima di partire per Antigua scoprimmo che acquistare i biglietti in anticipo non era stato un affare, ma una truffa. Quando il proprietario dell'ostello vide i nostri biglietti capì subito che eravamo le ennesime vittime di un imbroglio che da un po' di tempo aveva preso piede a Flores. Alcuni autisti dei minivan vendevano dei biglietti fasulli per le tappe successive, offrendo uno sconto, con la scusa che Semuc Champey era fuori dal mondo e che ci saremmo tolti il pensiero in anticipo. Una volta scoperto l'inganno era troppo tardi, anche volendo non avresti saputo con chi prendertela. Fortunatamente, il proprietario ci aiutò. Andò fino in fondo con decine di telefonate fino a scoprire il nome di questa fantomatica agenzia, e in cambio di una recensione su internet con la quale avremmo spiegato per filo e per segno l'accaduto nella speranza di aiutare altri viaggiatori, ci mise sul vero minivan per Antigua. Lo abbracciammo con tutte le nostre forze.

Antigua, ex capitale del Guatemala è oggi Patrimonio dell'Umanità. Si presenta come un insieme ordinato di casette color pastello affacciate sulle strade di pietra, che al loro interno nascondono dei meravigliosi giardini ricchi di piante tropicali e fiori colorati.

L'atmosfera è meravigliosa. Tra antiche case coloniali, chiese, musei, mercatini di artigianato locale e le donne maya in abiti tradizionali, camminare nel centro storico è una vera delizia.

Antigua è circondata da tre vulcani: Fuego, Agua e Acatenango (in Guatemala ce ne sono circa 30). Fu proprio grazie a quest'ultimo se potemmo assistere ad uno dei più incredibili spettacoli della nostra vita. Raggiungemmo la sua cima, a 4.000 metri d'altezza, e ci godemmo l'eruzione del vulcano Fuego in prima fila, a soli 3 chilometri di distanza.

Il trekking fu durissimo: sei ore di costante salita sotto la pioggia, con il vento che ci tagliava la faccia e facendo attenzione a non sprofondare nel fango. La buona notizia (per la gioia di Federica che mi lanciò probabilmente un migliaio di maledizioni durante il cammino) fu che una volta arrivati in cima, avremmo avuto il resto della serata per ammirare lo spettacolo del vulcano e la sua fontana di lava che accendeva il cielo di un color rosso fuoco.

Eravamo oltre il livello delle nuvole, una distesa di panna montata dalla quale spuntavano le cime di altri vulcani, mentre il sole lentamente tramontava. È qualcosa che non si può spiegare a parole e nemmeno un milione di foto gli renderebbero giustizia.

Ripartimmo verso la nostra ultima tappa, il lago Atitlan, il lago più profondo dell'America centrale con i suoi 340 metri. Circondato da montagne e 3 vulcani, il lago ha 7 villaggi che sorgono sulle sue rive, ciascuno con uno stile particolare che lo differenzia dagli altri. È un piccolo mondo a parte, un ritrovo di viaggiatori che fanno tappa qui con l'intenzione di fermarsi solo un paio di giorni che poi diventano settimane; come successe a noi dopo aver scelto come base San Pedro La Laguna. Stavamo così bene che ci iscrivemmo ad una scuola di spagnolo che si trovava di fronte al lago, le lezioni si svolgevano in un incantevole giardino privato sotto delle piccole capanne di paglia. Per soli 4 euro l'ora potemmo avere un insegnante tutto per noi, Marlon, il ragazzo più paziente, sorridente e gentile del mondo, che non solo fu un ottimo maestro, ma ci trasmise anche tutto l'amore per la sua terra. Studiavamo all'aria aperta circondati da fiori colorati e dal cinguettio degli uccelli. È davvero incredibile come l'ambiente giusto possa stimolare l'apprendimento, ogni giorno non vedevamo l'ora di tornare sui libri.

Ne approfittammo anche per un paio di escursioni fuori porta. Una mattina riuscii a far svegliare Federica alle 3.30 del mattino per vedere l'alba, le promisi il più grande spettacolo di Madre Natura. Dopo 45 minuti schiacciati in un minivan per raggiungere il punto di partenza e altri trenta di camminata in salita, arrivammo al punto panoramico pronti per goderci quel momento magico sul lago, convinti che la levataccia sarebbe stata ripagata. Il muro di nebbia che trovammo ad attenderci, però, ci riportò in un lampo a Milano, in pieno inverno, quando l'unica cosa che vorresti è sprofondare sotto le coperte. Federica ogni tanto mi rinfaccia ancora quel giorno, temo che appena ne avrà l'occasione mi ripagherà con la stessa moneta.

La seconda gita andò decisamente meglio. Ogni giovedì e domenica tutti i venditori della zona imballavano la loro merce, la caricavano su un pick-up e si dirigevano verso Chichicastenango; in poche ore il più grande mercato dell'America centrale prendeva vita.

Caratteristico e affollatissimo, tra stoffe, artigianato, fiori, pietre, gioielli, venditori, bambini e galline, ci perdemmo nel suo labirinto di bancarelle, restando stupefatti di fronte alla bellezza delle donne Maya. Con molta pazienza e se si è bravi a contrattare, si possono fare degli ottimi affari. Stabilimmo il nostro record con il pranzo meno costoso del Guatemala: 1 euro in due!

Il Guatemala fu una vera sorpresa, non avevamo idea di cosa ci aspettasse e trovammo un Paese splendido, affascinante, di una dolcezza meravigliosa.

A lasciare il segno non ci furono solo le rovine Maya, ma

anche la natura: laghi, fiumi, vulcani, giungla e animali pazzeschi.

Ed infine i guatemaltechi, un popolo che ci fece innamorare della sua cultura, delle tradizioni e di quei coloratissimi abiti che le donne indossavano con tanto orgoglio.

Fu uno dei Paesi più difficili da lasciare.

22

Ventuno ore. Quasi un giorno di viaggio per raggiungere il Nicaragua. Sarebbe potuto andare tutto bene se non fosse stato per il minivan: grande come una scatola di scarpe che trasportava sedici persone più gli zaini! Con quaranta gradi all'ombra, l'aria condizionata fuori uso e nessuna possibilità di stendere le gambe, fu un miracolo se Federica non dette di stomaco, come sulla strada infernale per Puerto Escondido in Messico. L'unica nota positiva fu che dopo le prime 15 ore di viaggio riuscimmo a convincere l'autista (litigando) a fermarsi per lasciarci cenare. Puoi farci viaggiare come bestie anche per tre giorni ma non azzardarti a lasciare due italiani senza cibo. Fu così che scoprimmo Little Caesars Pizza, una catena americana economica che più volte in America Latina avrebbe placato la nostra voglia di pizza.

Attraversammo due Paesi, El Salvador e Honduras, prima di arrivare finalmente a Leon. Pensavamo che il peggio fosse passato, in realtà stava per arrivare. La temperatura era insopportabile, era sicuramente la città più calda del nostro giro del mondo (fino a quel momento). Camminare con gli zaini in spalla era una tortura, con i vestiti appiccicati alla pelle stringevo i denti cercando di seguire la mappa sul cellulare. Mi guardai intorno, ad un primo impatto il Nicaragua non mi fece una bella impressione: case fatiscenti, immondizia per le strade, povertà e sguardi poco amichevoli. Ma non importava, avevo imparato che molto spesso la prima impressione e la stanchezza dopo un lunghissimo e scomodo viaggio giocano brutti scherzi, avrei avuto tutto il tempo per ricredermi.

Arrivammo all'indirizzo di Pedro, un ragazzo che affittava

una stanza in un'antica casa tradizionale. Le foto su internet mostravano un'abitazione luminosa, con un grande cortile dove si trovavano la cucina e il tavolo da pranzo, e soprattutto, sembrava pulita. Trovammo tutt'altro. La cucina era così sporca che avremmo digiunato a vita piuttosto che usarla, la nostra stanza era buia, piena di polvere e con un odore nauseabondo. Ma questo era niente, purtroppo scoprimmo in fretta da dove proveniva quell'odore: pipistrelli. Entravano e uscivano dal tetto, vivevano lì dentro, in pratica gli ospiti eravamo noi! Trovammo perfino tracce di escrementi, avremmo voluto scappare a gambe levate ma non ne avevamo le forze, eravamo esausti e l'idea di tornare sotto il sole a vagare con i nostri zaini ci diede la forza per resistere. Una sola notte e il giorno dopo saremmo andati altrove. Fu una delle notti più lunghe della nostra vita, quel posto era una discarica. Stavo male per Federica, non conosco nessun'altra donna che avrebbe sopportato una situazione simile, anzi nemmeno la metà di quello schifo. Per questo e tantissimi altri sacrifici che ha fatto senza batter ciglio, non la ringrazierò mai abbastanza. Nei momenti come quello mi rendevo conto di quanto fossi fortunato ad averla sempre al mio fianco.

La mattina dopo trovai un ostello pulito, fu una liberazione. La nostra stanza era piccolissima, si moriva di caldo, ma finalmente potevamo muoverci senza la paura di prendere qualche malattia. C'era perfino la colazione inclusa, ci sentivamo dei re. Uscimmo in esplorazione.

Non c'era molto da vedere, l'unica cosa degna di nota era la piazza centrale. In America Latina le piazze sono ancora un luogo di ritrovo, dove la gente chiacchiera sulle panchine, suona, balla e si rilassa. Puoi sederti in un angolo e goderti lo spettacolo, non c'è niente di più autentico.

Trovammo in una viuzza il nostro nuovo ristorante di

fiducia: 1 euro per un pasto completo, bibita compresa. Il problema "cibo" era risolto. Visitammo le chiese locali e il Museo della Rivoluzione, dove Marcelo, un ex combattente del Fronte Sandinista di Liberazione Nazionale, per due ore ci riportò negli anni '70 raccontandoci, con una passione mai vista prima, di come Leon fosse stata la culla della rivoluzione nicaraguense e dei giovani ribelli che diedero la vita in nome della libertà.

Mentre passeggiavamo, una scritta al centro di una vetrina catturò la nostra attenzione: "VULCANO BOARDING". *Cosa diavolo era?* Entrammo con l'intenzione di fare solo un paio di domande, uscimmo con una prenotazione per l'indomani mattina.

Il Vulcano Boarding può sembrare una follia e forse lo è: scendere dalla cima di un vulcano seduti su una tavola di legno. So bene che detta così può sembrare la cosa più pericolosa del mondo, ma posso assicurarvi che, superata la paura iniziale, e ignorando che il Cerro Negro sia un vulcano attivo e la vostra slitta un semplice pezzo di legno, sarà una delle esperienze più divertenti della vostra vita! Una volta arrivati a valle l'unico pensiero sarà di volerlo rifare (cosa che noi abbiamo fatto). L'idea del Vulcano Boarding nacque da un francese che si lanciò in bicicletta dalla cima del vulcano per sfuggire ad un'eruzione imminente. Resosi conto della velocità raggiunta tornò più volte per stabilire un record (e rompersi qualche altro osso), finché i locali non ebbero l'idea di creare un business passando alle più "sicure" tavole di legno. Secondo la leggenda il francese vive ancora in città, ma nessuno lo ha mai più rivisto.

Anche se il primo impatto non è stato dei migliori, tra pipistrelli e un caldo infernale, la storia e la gente di Leon hanno saputo affascinarci, e con la discesa dal vulcano ci conquistò definitivamente.

Gli spostamenti in America Latina, però, continuarono a riservarci grosse sorprese. L'autista del minivan per Granada, ad esempio, ci prese per dei polli da spennare quando ci disse che per gli zaini più grandi avremmo dovuto pagare una tassa aggiuntiva, perché avrebbero occupato un terzo sedile. Una ragazza nicaraguense ci confidò che si trattava di una trappola per turisti, per gli abitanti del posto, infatti, i bagagli venivano sistemati sul tettuccio. Non avremmo mai ceduto a quella truffa e di fatto non sborsammo un centesimo in più del dovuto. Incastrammo gli zaini nel minuscolo spazio di fronte al nostro sedile, rinunciando a stendere le gambe e di fatto perdendo ogni sensibilità agli arti inferiori per un'interminabile ora.

A Granada lavorammo per un hotel fuori città, immerso nella giungla. I proprietari erano francesi e ci offrirono un soggiorno in cambio di qualche foto. Il nostro alloggio era una villetta incantevole, con una terrazza privata che si affacciava sulla foresta e dove facevamo colazione. Ogni mattina ascoltavamo il canto degli uccelli, le scimmie urlatrici e tutti i suoni della natura, cercando di indovinare il verso di almeno un milione di altri animali.

Per raggiungere la tappa successiva prendemmo un autobus, un taxi condiviso e una barca. Il viaggio più duro fu quello sull'autobus, ogni dieci minuti salivano a bordo venditori di chicharròn (cotica di maiale fritta) e platano fritto, almeno 5 alla volta, urlando e agitandosi come pazzi. Si stava talmente stretti che respiravamo a fatica. Quando arrivammo sull'isola di Ometepe faceva così caldo che la tentazione fu di tuffarsi in mare con i vestiti addosso. Per fortuna avevamo trovato anche qui un paio di lavoretti come fotografi in due diversi hotel e il proprietario del primo mandò un tuk tuk a prenderci. Il nostro hotel si trovava nel punto più occidentale dell'isola, in una posizione perfetta per godersi il tramonto sul lago Cocibolca, il più grande del Nicaragua. Ogni sera diventò il nostro appuntamento fisso per dare l'ultimo saluto al sole, quando il cielo iniziava a tingersi di arancione, rosso e viola.

Riuscivamo anche a vedere il vulcano Concepcion e il vulcano Maderas, i due possenti "guardiani" che dominavano su Ometepe.

A luglio l'isola era semideserta, non era molto grande ma pensare di spostarsi a piedi o con i mezzi locali era impensabile. Oltre a non essere molto frequenti, gli autobus erano anche lentissimi a causa delle troppe fermate; i taxi invece erano una rapina per turisti, pertanto, tornammo ad una delle nostre abitudini asiatiche più amate: noleggiare un motorino. Esplorammo l'isola in lungo e in largo, almeno fino a dove la strada lo consentiva, fermandoci ovunque ci fosse qualcosa in grado di catturare la nostra curiosità; eravamo sempre soli. Un pomeriggio, mentre cercavamo a piedi l'ingresso di una piccola riserva naturale, ci perdemmo appena entrati nel bosco. Dopo una decina di minuti trovammo un'agenzia turistica (una struttura in legno) che organizzava canopy tour (si esplora la foresta agganciati a cavi d'acciaio a circa trenta metri d'altezza), ma in bassa stagione era chiusa.

Fu in quel momento che qualcuno ci chiamò.

«Hey ragazzi, cosa state cercando?», era un uomo sulla quarantina seduto su un muretto a cui non avevamo fatto caso.

«Ciao, ci siamo persi» balbettammo colti di sorpresa, increduli che ci fosse un altro essere umano.

«Dove siete diretti? Forse posso aiutarvi», si alzò e iniziò a camminare verso di noi.

Fu in quel momento che notammo che brandiva un machete grosso come il mio braccio. Mentre camminava, lentamente, il machete toccava terra e sfregando sui sassi produceva un inquietante rumore metallico. Sembrava la scena di un film horror! Il tizio era Jason di venerdì 13 che stava per uccidere i due poveri ragazzi che si erano avventurati nel bosco.

«Ditemi, dove dovete andare?», chiese, una volta arrivato a pochi metri da noi.

Non ci eravamo mossi di un millimetro, tutto si era svolto in pochi secondi, i nostri occhi erano fissi su quella lama enorme. Non rispondemmo. Lo sconosciuto si accorse che eravamo pietrificati e che tutta la nostra attenzione era riservata a quello che aveva in mano. Guardò noi, poi il machete, poi ancora noi e di nuovo il machete. Fu allora che finalmente si accorse che ci stava terrorizzando, lasciò cadere il machete e iniziò a chiederci scusa mortificato facendo qualche passo indietro per tranquillizzarci. Un minuto dopo stavamo ridendo tutti e tre come matti ripensando alla scena surreale che avevamo appena vissuto. L'uomo si chiamava Conrado, era pagato per proteggere quest'attrazione turistica (da chi, visto che era chiusa?) e si rivelò una persona simpaticissima. Addirittura, dopo averci indicato la strada, ci fece lasciare lì il motorino per controllare che non venisse rubato (ancora una volta, da chi?). Lo ritrovammo al nostro ritorno e ce ne andammo con un amico in più e una nuova storia da raccontare.

Nei giorni successivi ci trasferimmo a sud di Ometepe a lavorare per un altro hotel. Questa parte dell'isola era ancora più selvaggia, non c'erano nemmeno supermercati. Dopo aver fatto una buona scorta di pasta e scatolette di tonno e dopo un lungo ed estenuante viaggio su un autobus locale, arrivammo a destinazione.

L'hotel questa volta era molto particolare: la prima notte dormimmo in una casetta di legno su un albero, avevamo perfino una piccola terrazza con un'amaca da cui ammirare il tramonto. L'interno era altrettanto curato con un bagno e un tavolino per lavorare. Non riuscivamo a capire come mai le altre casette fossero tutte vuote. Di lì a poco avremmo avuto tutte le risposte.

Al calar delle tenebre ci ritrovammo assaltati da ogni tipo di insetto vivente nella giungla. Ma non "qualche decina", a migliaia. Facemmo appena in tempo a salire sul letto e srotolare la tenda antizanzare fissata al soffitto, che un milione di esserini ronzanti ci si poggiarono sopra. In pratica a un metro dalle nostre teste c'era ogni specie d'insetto del Nicaragua. Federica disse pure di aver visto un ragno enorme sulla parete, le credetti sulla parola. Erano le 21.00, fuori era buio pesto e ci trovammo all'improvviso prigionieri. Non saremmo scesi da quel letto neanche per tutto l'oro del mondo, pregavamo che la zanzariera reggesse per tutta la notte contro quell'esercito di creature striscianti e volanti. La prima ora fu interminabile, ma poi accettammo il fatto che non restava altro da fare che dormire, era l'unico modo per mettere fine a quella tortura. Ci stringemmo al centro del letto, abbracciati, per lasciare più spazio possibile tra noi e la tenda. Il nostro udito si era abituato al ronzio incessante e al rumore sordo degli insetti che ogni tanto sbattevano sulle pareti. Ci addormentammo. Durante quella notte credo di essermi svegliato almeno un centinaio di volte, con la speranza che fosse finita e invece eravamo ancora circondati. Solo alle prime luci dell'alba notai che il numero dei nostri ospiti iniziava a calare. Riuscivo a malapena a tenere gli occhi aperti dopo una notte in bianco ma notavo che erano sempre meno. Verso le sette del mattino, con il sole già alto, ci svegliammo e la stanza era completamente tornata alla normalità, come se niente fosse mai successo. Se non fosse stato per i cadaveri di insetti intorno al letto, avremmo anche potuto pensare di esserci immaginato tutto. Uscimmo fuori a prendere finalmente una boccata d'aria fresca, tirando un sospiro di sollievo al pensiero che le notti successive le avremmo passate in un altro tipo di alloggio che il proprietario dell'hotel aveva riservato per noi, in modo tale da pubblicizzare anche quel genere di sistemazione. Ci trasferimmo ancor prima di fare colazione. Questa volta andò decisamente meglio, la camera era suddivisa in due piani, avrebbe potuto ospitare quattro persone, e la terrazza con le amache era rivolta verso il vulcano Maderas. Il panorama era mozzafiato. La cucina era all'aperto, in comune con gli altri viaggiatori; tutti la usavano naturalmente prima del tramonto, coscienti che con il buio sarebbero stati mangiati vivi.

A parte l'inizio movimentato, quel posto si rivelò un'oasi di pace fuori dal mondo. Avevamo raggiunto uno stato di calma così intenso che prendemmo perfino la nostra prima lezione di yoga. Le nostre giornate volarono tra piscine naturali, cascate e degustazioni di caffè. Se non fosse stato per il nostro giro del mondo avremmo anche potuto pensare di fermarci ancora un po', ma il Costa Rica chiamava e noi non potevamo più far finta di niente.

23

Il Costa Rica ci preoccupava da tempo: è il Paese più costoso dell'America centrale, se non di tutta l'America Latina. Di sicuro rientrare nel budget sarebbe stato un problema. Quando ormai stavamo per rassegnarci all'idea che avremmo sforato, riuscimmo ad entrare in contatto con una catena di ostelli per nomadi digitali che ci offrì quattro soggiorni in quattro diverse tappe, come al solito in cambio di pubblicità. Non avremmo potuto sperare di meglio, avremmo attraversato il Paese senza spendere nulla per il pernottamento; il cibo invece non ci preoccupava, eravamo abilissimi ormai a sopravvivere con il giusto necessario. La prima tappa fu Jaco, una cittadina sull'Oceano Pacifico, dove avevamo appuntamento con Stefano, un amico che non vedevo dai tempi delle scuole superiori. Fu lui a scriverci dopo aver scoperto il nostro viaggio, cosa che mi fece piacere, così tanto che inserimmo Jaco nel nostro itinerario solo per andare a salutarlo. Si rivelò la scelta vincente, non solo perché rivedere un vecchio amico in viaggio è sempre una carica di energia positiva, ma anche perché ne approfittammo per staccare la spina per qualche giorno. Dopo la prima notte a casa di Stefano ci trasferimmo nell'ostello. La nostra stanza era minuscola, per aprire la porta dovevamo appoggiare gli zaini sul letto, ma almeno era gratis. I bagni erano come al solito in condivisione ma si affacciavano sul cortile e la prima sera sono quasi certo di aver visto sgattaiolare sotto la porta un topolino. Non lo dissi mai a Federica. La colazione era compresa, per il pranzo e la cena facevamo la spesa e ci preparavamo i pasti nella cucina dell'ostello. Visti i prezzi, non potevamo assolutamente permetterci di mangiare fuori.

Una sera Stefano volle a tutti i costi farci un regalo: ci portò fuori a cena. Sapeva bene che andavamo avanti a riso e fagioli e ci offrì il più grosso hamburger della città. Forse per lui era un piccolo gesto, non credo si sia mai reso veramente conto di quanto invece fosse grande per noi. Ripartimmo per Manuel Antonio dove ci aspettava uno dei più famosi parchi nazionali del Paese. Questa volta con l'ostello andò meglio, avevamo addirittura il bagno in camera. Le stanze erano a ridosso di una foresta tropicale e nel giardino incrociavamo iguana, scimmie cappuccine e meravigliosi uccelli dai colori brillanti. Avvistammo il nostro primo bradipo prima del previsto, lo trovammo in strada appeso ai cavi dell'elettricità. Probabilmente si era perso e voleva solo tornare nella sua amata giungla, ma purtroppo in meno di due minuti si affollarono almeno cinquanta persone a fotografarlo ed accecarlo con i flash. Era così terrorizzato che l'unico modo per "salvarlo" fu chiamare i rangers. Superato questo momento poco piacevole, visitammo finalmente il parco. Non da soli, Stefano e un amico, Mattia, arrivarono a sorpresa facendoci esplodere il cuore dalla gioia.

Il Costa Rica vanta la presenza di ben 26 parchi nazionali e più di cinquecentomila specie tra piante e animali. Il Parco di Manuel Antonio è probabilmente il più famoso e il più visitato. Oltre alle sue bellissime spiagge offre la possibilità di vedere bradipi (preparatevi a camminare sempre col naso all'insù), scimmie urlatrici, tucani, procioni, iguane e la famosa rana dagli occhi rossi (se siete fortunati). Unica pecca, l'assalto dei turisti americani che hanno spinto i locali a rendere il luogo un'attrazione turistica, molto meno selvaggia di quello che ci aspettavamo.

Concludemmo la nostra breve avventura su una spiaggia

con sabbia finissima e la giungla alle nostre spalle. Andammo a fare il bagno lasciando Federica a guardia del nostro pranzo. Ricordo ancora le parole:

- Fede noi facciamo un bagno, mi raccomando occhio al cibo.

- Tranquilli, ci penso io.

Due minuti dopo la sentimmo urlare.

- Ahhhh, una scimmia mi ha rubato i panini!

Ma ormai avevamo sempre un piano B per ogni evenienza: mangiammo biscotti fino a sera!

Ripartimmo per San José, la capitale del Costa Rica. Non aveva niente a che vedere con la natura vista fino ad allora, e col senno di poi credo si possa tranquillamente saltare come tappa. Perfino il centro è particolarmente brutto. Riuscimmo a dare un senso alla visita grazie al solito asso nella manica: il free walking tour. La nostra guida, Carlos, era un artista nato e cresciuto lì che ci mostrò un aspetto di San José che da soli non avremmo saputo cogliere. Ogni luogo, anche il più piccolo e insignificante, nasconde una buona storia da raccontare se riesci a trovare chi è disposto a farlo. Per l'ultima tappa in terra costaricense ci trasferimmo lungo la costa dell'Oceano Atlantico, a Puerto Viejo, un paesino che si affaccia sui Caraibi dove trovammo una piccola comunità di italiani espatriati. Si respirava tutta un'altra atmosfera: la vita scorreva tranquilla, ci si muoveva in bicicletta, gli abitanti di chiara origine africana avevano una simpatia contagiosa. Le attività più gettonate erano rilassarsi con un bagno, o con una birra in uno dei tanti localini fronte mare, o surfando tra le onde. Eravamo lontanissimi dalle orde di turisti che affollavano i parchi nazionali, e finalmente comprendemmo il motto del Costa Rica: PURA VIDA. Non è solo un modo di dire, i costaricensi ci credono davvero. Devi salutare una persona? Non gli dici "ciao", gli dici "Pura Vida". Devi ringraziare la cassiera al supermercato? "Pura Vida". Amavamo quell'energia positiva, ci piaceva osservare queste persone che vivevano una vita semplice in un piccolo paradiso tropicale a suon di musica reggae. Impensabile se paragonato allo stile di vita italiano. Ma, un conto è vedere questi luoghi su una cartolina dove tutto sembra perfetto, un altro è viverci e ritrovarsi a fare i conti anche con i blackout improvvisi o la mancanza d'acqua. Questo però lo comprendi solo quando viaggi per molto tempo, e solo dopo aver abbattuto tutte le tue barriere mentali puoi apprezzare la meraviglia di certi angoli di mondo. Tutto era così diverso dalla nostra cultura, ma così piacevolmente incredibile ai nostri nuovi occhi. Tra le tante giornate "perfette" di quel periodo ce n'è una che ricordo con particolare piacere. Partimmo con le nostre biciclette di buon mattino, c'era una sola strada che proseguiva verso sud lungo la costa. Mentre pedalavamo sulla strada che costeggiava la spiaggia, sentivamo il suono delle onde da cui ci separava un fitto muro di vegetazione; ogni tanto tuttavia le palme si aprivano lasciandoci intravedere l'Oceano in tutta la sua potenza. Arrivammo al Jaguar Rescue Center: un Centro di riabilitazione per animali feriti, orfani, sfruttati per il turismo o salvati dal mercato nero. Era gestito da volontari e viveva grazie alle donazioni dei visitatori. Vedemmo teneri cuccioli di bradipo, scimmiette, tucani, la rana dagli occhi rossi, serpenti, pappagalli, coccodrilli e perfino un giaguaro.

La nostra guida ci raccontò la storia del Centro e di ogni esemplare salvato, di come fosse tutto possibile solamente grazie al cuore di ogni volontario e dei donatori. Quando pensavamo che la nostra felicità avesse già raggiunto l'apice, il colpo di scena: le guide ci invitarono ad assistere alla liberazione di un'enorme tartaruga marina che, dopo essere

235

stata accudita per mesi, poteva riguadagnare a piccoli passi il suo oceano e scomparire all'orizzonte.

Eravamo a due passi dal confine con il Panama, il modo più comodo per oltrepassarlo era prenotare un posto su un minivan turistico che percorreva la tratta in poco tempo e senza cambi, ma il prezzo era esorbitante. Scartammo l'idea e tornammo ai soliti mezzi locali. L'autobus che ci portò al confine era talmente pieno che su ogni fila, teoricamente da due posti, erano sedute tre persone. Gli unici che trovammo liberi erano in fondo al veicolo ed arrivarci con i nostri zaini fu un'impresa titanica. In questi casi, nel momento in cui conquisti la tua poltrona hai già esaurito le energie di mezza giornata. Accanto a me c'erano due pazzi che parlavano da soli. Un tempo ritrovarmi in una situazione simile mi avrebbe spaventato, in quel momento invece non ebbi nessun timore. Sorrisi, amavo il nuovo me.

Superare il confine stavolta non era altro che oltrepassare un ponte, a piedi. Arrivati sull'altra sponda, non avendo prenotato il trasferimento in agenzia come tutti i ragazzi che erano con noi, cercammo di capire dove prendere un secondo autobus per proseguire il viaggio. Una ragazza ci indicò la fermata, ovvero un punto qualunque ad un angolo della strada. Non c'era nessun cartello, nessuna panchina, niente di niente. Anche a questo eravamo ormai abituati.

Il secondo autobus era un vecchio scuolabus, il giallo della carrozzeria era ormai diventato marrone. Venivano usati anche per il trasporto pubblico, ma in quell'occasione stava veramente portando una scolaresca a casa. Avevamo tutti gli occhi puntati addosso, ma almeno i trenta minuti della corsa passarono in fretta. Terzo e ultimo mezzo di trasporto: una barca, giusto per non farci mancare niente. Saremmo partiti solo quando la barca fosse stata piena, sperando di non essere

236

gli unici passeggeri. Per fortuna ce la cavammo in un'oretta. Arrivammo a Bocas del Toro giusto in tempo per scolarci una birra ghiacciata che ci riportò in vita. Stavamo continuando a lavorare per la stessa catena di ostelli del Costa Rica (avevano sedi in tutta l'America Latina), e anche a Panama questa collaborazione ci consentì di risparmiare un sacco di soldi sull'alloggio. La nostra stanza era ancora più piccola di quella di Jaco ma incredibilmente aveva l'aria condizionata. Il motore era degli anni '60 e faceva lo stesso rumore di un Boeing 747, ma a quelle temperature, con un'umidità del 90%, era un dono del cielo. Bocas è una piccola isola che vive di turismo. Era bassa stagione, ma le decine di ristoranti deserti a misura di backpacker ci fecero subito capire che dovevamo fare attenzione a non farci spennare vivi. In pratica era una "party island", i pochi ragazzi che incontrammo erano per lo più diciottenni con tanta voglia di fare festa e ubriacarsi. Il tour più noto prevedeva il giro di tre bar, tanto alcool e musica scadente, eppure faceva sempre il pieno di clienti. Avessimo avuto quindici anni di meno (almeno io, a Federica ne sarebbero bastati dieci), ci saremmo sicuramente uniti a loro, ma non li avevamo e preferimmo goderci la natura e lavorare.

Un pomeriggio, camminando lungo la costa, mentre eravamo alla ricerca di Playa Estrella, famosa per le stelle marine, vedemmo una famiglia campeggiare. I genitori si occupavano della tenda mentre le due bambine giocavano in riva al mare. Quella visione ci trasmise tanta pace che si trasformò in gioia quando scoprimmo che erano italiani!

Seba e Alby, e le loro figlie Angela e Anna, stavano viaggiando da più di tre anni in bicicletta. Avevano attraversato tutto il Sud America, pedalando dalla Patagonia alla Colombia, e avrebbero proseguito lungo tutta l'America

Centrale fino alla California. Il loro obiettivo era più nobile che mai: promuovere un turismo responsabile visitando le piccole aziende di agricoltura biologica ed equosolidale.

Perfino noi, che ne avevamo passate di tutti i colori, non potevamo immaginare le difficoltà che dovevano affrontare ogni giorno, ma quando hai un grande sogno da realizzare, arrendersi non è un'opzione. Provammo per loro una profonda ammirazione e i nostri problemi paragonati ai loro non ci sembrarono più così rilevanti. Non solo erano liberi ma sembravano davvero felici.

Vivendola in assoluta tranquillità, Bocas non era poi tanto male. Ogni sera al tramonto, appena la temperatura iniziava a scendere, uscivo per la mia solita corsetta. Era dal Messico che facevo il possibile per non perdere quell'abitudine che mi regalava momenti unici. La forma fisica era ormai passata in secondo piano, correvo per godermi lo spettacolo della sera che puntualmente si presentava. In Paesi così caldi difficilmente durante il giorno si vedevano persone in giro, ma al calar del sole tutto prendeva vita. Le vecchiette si sedevano sotto i portici delle case a chiacchierare; gli uomini nei bar discutevano per qualche incomprensibile gioco di carte locale; i bambini giocavano e le coppiette passeggiavano. La vita scorreva serena mentre in silenzio mi gustavo ogni piccolo particolare. Correvo senza una meta, cercavo solo di tenere a mente in che direzione fosse l'ostello, e mi lasciavo guidare dall'istinto. Una sera a Bocas, a furia di svoltare a destra e a sinistra in stradine sterrate tutte uguali, mi ritrovai su una strada che non aveva niente a che fare con le altre. Larghissima, lunghissima, asfaltata, costeggiata su entrambi i lati solo da vegetazione. Pensavo di essere solo, non c'erano nemmeno delle case, quando all'improvviso mi ritrovai in mezzo ad una cinquantina di bambini alle prese con una partita di calcio.

Correvano e si divertivano come matti, tra grida e risate neanche mi calcolarono. Mi fermai per riprendere fiato e godermi la scena sotto un cielo viola, rosso e arancione. Il mio cuore batté forte e mi sentii libero e felice. Fu allora che vidi un cartello con la scritta: AIRPORT.

Ero finito sulla pista di atterraggio dell'aeroporto di Bocas del Toro! Sussultai e guardai il cielo, quasi volessi assicurarmi che non stesse per atterrare un aereo, perché in quel caso ci avrebbe travolti tutti. Superato lo shock, ripresi il controllo e ragionai. Ricordai che arrivavano e ripartivano solo due voli al giorno, entrambi al mattino, non c'era quindi nessun pericolo. In effetti, pensandoci, non esisteva sull'isola un campo da gioco migliore di quello.

Ripartimmo per Panama City, non saremmo rimasti molto, dovevamo raggiungere la Colombia dove avevamo appuntamento con degli amici. Non fu un grosso sacrificio, il Panama è caro quasi quanto il Costa Rica, troppo per il nostro stile di viaggio. Purtroppo il tragitto in autobus questa volta fu una tragedia, sia per me che per Federica: guida spericolata dell'autista e una strada tutta curve. Per ore non riuscimmo nemmeno a parlare, ciascuno di noi soffriva in silenzio aspettando la fine di quell'agonia e cercando di non vomitare. Arrivammo in città in tarda serata, a pezzi, così stanchi che avremmo dormito volentieri alla stazione. Restava un altro sforzo: recuperare gli zaini e raggiungere l'ostello, l'ultimo della famosa catena per cui stavamo lavorando. Fummo accolti dal ragazzo della reception con queste parole:

«Ho una notizia buona e una cattiva, ragazzi. Quella buona è che vi ho dato una stanza privata, con bagno e aria condizionata; quella cattiva è che non c'è acqua in tutto l'ostello».

Ormai non ci meravigliava più questo genere di cose e ci

concentrammo sulla buona notizia. Certo, se fossimo stati clienti paganti, dopo tutte quelle ore di viaggio avrebbero sentito le nostre grida fino in Argentina, ma in ogni caso non ne avevamo le forze. Ci liberammo degli zaini e ci guardammo negli occhi, solo una cosa poteva risollevare il nostro umore dopo quella giornata massacrante: la pizza. A Panama c'era Little Caesars, la catena americana che ci aveva salvato la vita al confine del Guatemala; non mangiavamo una pizza da allora. Investimmo due dollari per un taxi e comprai la pizza più grande del menu. Non riuscimmo nemmeno a finirla, i nostri stomaci non erano più abituati a tanto cibo, ma assaporammo ogni boccone come se quella fosse l'ultima pizza della nostra vita. Era un premio che ci concedevamo raramente e chissà quanto avremmo dovuto aspettare per ripetere l'esperienza. Portammo in camera gli avanzi, non ne avremmo buttato nemmeno una briciola. Svenimmo sul nostro letto senza doccia, ma almeno con la pancia piena. Panama City ci lasciò l'amaro in bocca: il contrasto tra la città vecchia, più povera, e i moderni grattacieli del centro faceva male. Da un lato uomini d'affari, casinò e grandi alberghi, dall'altro persone che vivevano in baracche fatiscenti. La città non faceva per noi ma eravamo lì per raggiungere la Colombia. Non era possibile farlo via terra e attraversare la giungla in mano ai narcos, le uniche due opzioni erano l'aereo o la barca. Scegliemmo la seconda, un'alternativa decisamente più avventurosa e affascinante. Per quattro giorni avremmo attraversato le isole San Blas, la terra del popolo indigeno Kuna. Trovammo un'agenzia che organizzava la traversata destinando una parte dei guadagni ai loro villaggi, a sostegno dell'economia locale.

Le San Blas sono centinaia di isolette disabitate che ricordano gli isolotti stilizzati che disegnavamo tutti da bambini, quelli con la palma al centro, il sole splendente alto nel cielo e il mare azzurro. Ogni mattina navigavamo per circa due ore su una speed boat da 14 posti, ottima per affrontare le onde e ridurre al minimo il mal di mare, poi sbarcavamo su una di queste isole e ci restavamo fino alla mattina successiva. Di notte dormivamo sulle amache in capanne di legno sotto un milione di stelle. Mangiavamo pesce, praticavamo yoga, facevamo snorkeling, leggevamo un buon libro all'ombra di una palma, giocavamo a pallavolo, chiacchieravamo attorno al fuoco davanti ad una birra; era la vita che tutti sogniamo.

Qui conoscemmo il popolo dei Kuna.

Vivono solo nel territorio dell'arcipelago delle San Blas, chiamato Kuna Yala. Sono migrati dalla Colombia a causa dell'invasione spagnola, in cerca di un posto in cui ricominciare. Sono un popolo fiero, orgoglioso, che ha combattuto, all'inizio del '900, per ottenere l'indipendenza da Panama; tramandano oralmente le proprie tradizioni da centinaia d'anni. Ogni comunità ha un leader politico e spirituale, detto Sailah. Se qualcuno ha un problema, tutti hanno un problema e se ne discute insieme nella Casa del Congresso. La cosa più affascinante è che il Sailah, una volta trovata la soluzione, la comunica cantando le leggende sacre di questo popolo. Vent'anni è l'età media per il matrimonio, che oggi non è più combinato tra le famiglie; la data viene però decisa da parenti e amici e gli sposi scoprono che il gran giorno è arrivato solo la mattina stessa!

Il commercio di cocco è la fonte di guadagno maggiore, viene addirittura usato come moneta di scambio tra i villaggi. Vengono esportate circa 30.000 noci di cocco al mese. Il turismo è accettato solo in piccola scala dai Kuna proprio per preservare tutto ciò che loro chiamano casa. Sono inoltre vietate le barche di grandi dimensioni e le immersioni. È solo grazie a questo meraviglioso popolo se le isole San Blas sono rimaste incontaminate, finché ci saranno loro questo capolavoro naturale sarà al sicuro.

Per quattro giorni la nostra parola d'ordine fu "libertà". Come naufraghi felici su un'isola deserta, vivemmo un'avventura straordinaria, consapevoli del privilegio di aver potuto attraversare, forse, l'ultimo paradiso incontaminato rimasto sulla Terra.

24

Capurganà è il nome dello sperduto villaggio colombiano dove sbarcammo, una tappa obbligatoria per chi arriva dalle San Blas. Ci fermammo per due notti, giusto il tempo per riprenderci e capire come raggiungere Cartagena nel modo più economico possibile, ossia prendere una barca e un autobus affrontando un viaggio di 15 ore.

Arrivammo a Cartagena poco prima di mezzanotte, in una stazione degli autobus deserta, avventurarci a piedi in piena notte non ci sembrò una buona idea per questo prendemmo un taxi che aveva una tariffa fissa di 15.000 pesos colombiani (circa 3 euro). Ci stavano aspettando Mattia e Chiara, una coppia di Milano, che partita dal Messico stava viaggiando via terra verso sud per raggiungere Ushuaia, "La Fine del Mondo", all'estremo sud della Patagonia. Non ci eravamo mai visti prima, ma solo sentiti al telefono per avere qualche dritta di viaggio. Per tutto il centro America ci avevano risparmiato un sacco di scocciature e non vedevamo l'ora di conoscerli per ringraziarli di persona.

Ci aspettavano nell'appartamento che avremmo condiviso per quattro giorni. Nonostante le nostre "mille" ore di ritardo, ci accolsero in piena notte con una spaghettata aglio, olio e peperoncino. Anche loro viaggiavano con un budget bassissimo e avere una casa tutta per noi era qualcosa a cui non eravamo più abituati. Poterla condividere con due viaggiatori italiani sulla nostra stessa lunghezza d'onda fu un regalo e ci godemmo ogni istante.

L'appartamento era in una palazzina di fronte al mare e a pochi minuti dal centro storico. Dal balcone potevamo ammirare le mura della città vecchia, l'oceano e un tramonto rosso fuoco. Eravamo lontani dai grattacieli di Bocagrande, il quartiere moderno che niente ha a che vedere con la vera Colombia. Vivevamo tra la gente di Cartagena e ci piaceva da impazzire. La spiaggia dall'altro lato della trafficatissima strada sotto casa non aveva ombrelloni, bar, o venditori ambulanti. I pochissimi bagnanti erano persone del posto, alcuni di loro sfruttavano l'acqua per lavare i vestiti o se stessi. La situazione era autentica e senza fronzoli. Ci andammo un tardo pomeriggio prima del tramonto e senza averlo programmato, fu uno dei momenti più belli del nostro viaggio. Eravamo a Cartagena diamine, in Colombia, tutti e quattro liberi e pazzi di vita. Mattia e Chiara ci accompagnarono anche nell'incantevole centro storico, fra le antiche mura che erano state costruite per difendere la città dai pirati. Le case coloniali, le piazze, i colori, le carrozze, i murales, i patii fioriti, le chiese, le boutique e i ristorantini; si potrebbe camminare per giorni e ogni volta scoprire dei nuovi incantevoli scorci. A pochi passi dal centro storico c'era Getsemani, un *barrio* colorato, pieno di vita e musica ad ogni angolo. Un quartiere un tempo malfamato e poi completamente rinato, pieno di cervezerie, ristoranti, locali di salsa, splendidi murales e la Plaza de la Trinidad, che ogni sera ci faceva innamorare della travolgente allegria colombiana. È qui che conoscemmo il ritmo che i sudamericani hanno nel sangue. Ogni domenica sera, gratuitamente, degli insegnanti di danza facevano ballare centinaia di persone a suon di reggaeton, perfino i bambini erano più bravi di noi. In questa parte del mondo la musica è sacra, fa parte della vita di tutti i giorni, la senti dappertutto, in ogni momento, dai bar, dalle case, dai cortili, nelle auto. C'è sempre qualcuno che balla. E la sera Cartagena dava il meglio di sé. Impossibile resistere a quell'energia contagiosa.

A Getsemani ci trasferimmo quando Mattia e Chiara ripresero il loro viaggio. Ci salutammo con la promessa che ci saremmo rivisti a Milano, se il destino ci aveva fatti incontrare dall'altra parte del mondo, nulla ci avrebbe impedito di riabbracciarci a casa. Per altri quindici giorni vivemmo a Cartagena, avevamo un secondo appuntamento importante. Stavamo aspettando due carissimi amici, Alice e Alex, che dall'Italia sarebbero venuti a trovarci in Colombia per viaggiare due settimane insieme a noi. Non aveva senso ripartire per poi tornare in città al loro arrivo, era l'occasione perfetta per fermarci e continuare a goderci quel gioiello di città nel cuore del caribe colombiano. Se avessi dovuto trovare a tutti i costi un difetto sarebbe stato il caldo infernale e il livello di umidità percepita in pieno agosto, superiore al 90%. All'ora di pranzo camminare sotto il sole era una vera tortura, i vestiti ti si appiccicavano addosso e tutto si riduceva ad una "caccia all'ombra". Al tramonto, invece, cominciava lo spettacolo, e il punto migliore per goderselo erano le mura della città vecchia di fronte all'oceano. Il cielo si tingeva di un arancione intenso, la temperatura finalmente si placava e sembrava di tornare a respirare di nuovo, una birra ghiacciata in compagnia e nessun bisogno d'altro. Era il nostro momento preferito della giornata, qualche volta ne approfittavo anche per andare a correre: uno sguardo alla strada e uno a quel cielo meraviglioso.

Con Alice e Alex riaffittammo lo stesso appartamento che avevamo condiviso con Mattia e Chiara. Arrivarono di notte, proprio come noi tre settimane prima. Aspettavamo quel momento da quasi due anni e non stavamo più nella pelle, abbracciarli fu una grande gioia. Da bravi italiani ci portarono: grana, taralli, crema di pistacchio e altre prelibatezze nostrane che ai nostri occhi valevano più dei diamanti. Gli mostrammo

Cartagena, i suoi colori e la sua allegria; era la centesima volta che la esploravamo a piedi ma non ci avrebbe stancato nemmeno in un migliaio d'anni. Decidemmo di passare una giornata a Isla Grande, l'isola più estesa dell'arcipelago del Rosario nel Mar dei Caraibi colombiano. Evitammo le folle di turisti dirette in gregge alla più famosa Isla Barù e trovammo una piccola spiaggia tutta per noi, selvaggia e con acque turchesi. Ci trascorremmo tutta la giornata, tra bagni, chiacchiere e risate. Nel pomeriggio tentammo un'esplorazione dell'isola che si concluse quasi subito quando scoprimmo un pontile sul mare che sembrava uscito da un dipinto. Impiegammo il poco tempo rimasto per tuffarci come matti, peccato aver scoperto quel piccolo paradiso troppo tardi!

Lasciare Cartagena fu come salutare un vecchio amico.

La tappa successiva fu Parque Tayrona. Passammo la notte a Santa Marta, un paesino in posizione strategica per raggiungere il parco di buon mattino e goderci l'intera giornata. Volevamo raggiungere la spiaggia più lontana (la più bella a parer nostro) entro il primo pomeriggio con la speranza di trovare delle amache libere per la notte. C'era, infatti, un piccolo campeggio che metteva a disposizione un pezzo di terra per piantare la tenda, oppure due grandi capanne senza pareti e senza porte con due file di amache, ovvero la sistemazione più economica. Temevamo che sarebbe stata la scelta meno comoda invece si rivelò la migliore. Le capanne erano deserte e avevamo tantissimo spazio, e quando un temporale pomeridiano devastò le tende all'esterno creando un lago di fango, quelle amache perfettamente asciutte e al sicuro diventarono la nostra suite a cinque stelle. A parte quell'oretta di pioggia tropicale, tutto andò a gonfie vele. Il trekking del mattino, il caldo e l'umidità insopportabile ci misero a dura prova ma tutta la fatica fu ripagata dalla possibilità di vivere in un luogo selvaggio, senza internet e senza nessun collegamento col mondo esterno. Credo che farebbe bene a chiunque vivere in questo modo almeno una volta l'anno, per disintossicarsi dalla tecnologia e dallo stress degli impegni quotidiani. Promisi a me stesso che avrei riprovato quell'esperienza: a parte il cibo per sopravvivere e qualche buon libro non avrei portato altro. Il primo impatto con Medellin, dopo quella pace, non fu dei migliori. Ritrovarsi in una città così grande in mezzo al traffico fu un brusco ritorno alla civiltà, ma il viaggio doveva continuare e non potevamo che essere felici.

Quando si nomina Medellin tutti pensano a Pablo Escobar, a quegli anni di omicidi e attentati, e credono che la città sia ancora così pericolosa. In realtà la esplorammo senza problemi, con il buon senso di sempre ovviamente, ma senza avvertire mai alcun tipo di pericolo. C'era decisamente troppo cemento per i miei gusti ma l'atmosfera che si respirava mi piaceva, c'era vita e ancora una volta la contagiosa allegria dei colombiani.

A Medellin viveva Simone, un grande viaggiatore che molto prima di noi aveva lasciato l'Italia per fare il giro del mondo senza prendere aerei. Ce l'aveva fatta, aveva realizzato il suo grande sogno, e la sua storia aveva perfino ispirato noi due a partire, quindi potete immaginare quanto desiderassimo conoscerlo. Dopo aver terminato il suo giro del mondo, Simone era tornato a Medellin per aiutare i bambini della Comuna 13, una zona che un tempo fu la più pericolosa della città, con violenze all'ordine del giorno, le FARC e il narcotraffico, ma che negli ultimi anni aveva riaperto le porte ai turisti. Dopo un lento processo di trasformazione, con l'installazione di nuove infrastrutture e una riqualificazione urbana con una street art impressionante, la Comuna 13 sta vivendo una meritata rinascita. Gli abitanti organizzano dei tour destinati a chiunque abbia voglia di conoscere questa parte di Medellin. Se ci fossimo andati da soli non avremmo potuto apprezzare appieno il miracolo compiuto dai suoi abitanti, che hanno reso il teatro, l'hip hop e i murales (e tante altre attività culturali), i simboli del riscatto della città. La nostra fortuna fu di poter trascorrere tutta la giornata con Simone, che oltre ad organizzarci il più bel tour che potessimo desiderare, ci presentò i Sembradores, la squadra di calcio formata dai bambini che aveva tolto dalla strada e che lui stesso aveva fondato. In Sud America il calcio è una religione, oltre che una delle poche vie di fuga dalla criminalità, e un mezzo per educare i ragazzi all'amicizia rispettando l'avversario e le regole.

Simone non solo aveva trovato i fondi per costruire un campo da calcio, ma si era impegnato in tantissimi altri progetti per garantire loro un futuro, coinvolgendo anche i locali. Ci salutammo con una partita di calcio insieme ai piccoli campioni che praticamente ci umiliarono!

Proseguimmo verso sud, diretti all'Eje Cafetero, il triangolo del caffè, la zona dove viene prodotta la maggior parte del pregiato caffè colombiano, famoso in tutto il mondo per la sua qualità. Qui, nel cuore della Colombia, c'è una valle in cui crescono le palme più alte del mondo, che possono raggiungere i 70 metri d'altezza: la Valle del Cocora, un luogo meraviglioso e unico. Si può percorrere un trekking ad anello della durata di 5 ore (che vi consiglio caldamente) per godersi i panorami e le emozioni che questa valle è in grado di regalare. Il trekking avrebbe dovuto essere semplice (a parte un paio di piccoli ponticelli di legno traballanti) ma è proprio quando si abbassa la guardia che la sfiga torna a colpire. Nella parte finale

248

del percorso, la più semplice in piano, stavo camminando col naso all'insù, incantato dalle palme sulla cima delle montagne sul lato opposto della valle (vi giuro che sembravano disegnate talmente erano belle e perfette), quando il piede sinistro prese in pieno una buca piegandosi su sé stesso e caricando tutto il mio peso sulla caviglia. Questo tipo di inconveniente mi era accaduto talmente tante volte in passato che riuscii a rimettere il piede in posizione corretta in meno di un secondo e senza cadere al suolo, come se ormai avessi sviluppato un riflesso naturale pronto a intervenire. A parte lo spavento improvviso (e la terribile visione di un paio di stampelle) proseguii facendo attenzione e senza particolari difficoltà fino all'autobus del ritorno. Riuscivo ad appoggiare il piede senza sentire dolore a parte un leggero fastidio, il che era già una gran cosa. Arrivato a casa trovai una busta di piselli surgelati che, piazzata sulla caviglia, fece il suo dovere. In giro per il mondo avevo visto persone usare bottiglie di plastica come ciabatte, di certo non mi sarei fatto problemi a legarmi quella busta di piselli al piede per camminare in città. Ma non ce ne fu bisogno: mi svegliai il giorno successivo pronto a partire, il dolore era (quasi) sparito. Mi accorsi di stare piuttosto bene quando mi ritrovai in piedi aggrappato all'esterno di una Jeep, o meglio di una Willis, è così che da queste parti chiamano i taxi collettivi. Se i posti a sedere sono esauriti, tre o quattro passeggeri "fortunati" possono aggrapparsi sul retro. Il mezzo non supera mai una certa velocità, mi piace pensare che sia per la prudenza dell'autista ma è molto più probabile che sia a causa della strada dissestata. Il vero pericolo sono i rami degli alberi in faccia, ma niente che non si possa sopportare per un viaggio relativamente breve. La nostra meta, come detto, era una piantagione di caffè, non potevamo perdere l'occasione di osservare da vicino tutte le fasi di produzione in un'autentica finca colombiana: il raccolto, l'estrazione dei chicchi, l'essiccazione, la macinatura, per poi concludere con una bella tazza di caffè nero bollente. Non è un lavoro facile per le famiglie che mandano avanti queste aziende agricole, lo si vede dalle loro mani ruvide e dalla pelle bruciata dal sole, eppure lo tramandano con passione di generazione in generazione. Una vita dura ma semplice, vissuta tra il verde brillante di questi campi incastonati tra le montagne, con il sorriso di chi ama quello che fa. L'ambiente era talmente sereno che la finca aveva perfino una mascotte, la "gallina abbracciatutti", una gallina talmente in pace col mondo che amava farsi abbracciare dagli uomini! Prendemmo l'ultimo bus notturno per Bogotà insieme ai nostri amici Alice e Alex. Come al solito l'autista scambiò la strada per un circuito di formula uno, ma ormai ci avevo fatto il callo, non so come quei pazzi riuscissero sempre ad avere tutto sotto controllo.

Bogotà era una metropoli troppo grande, caotica e grigia. Nel centro storico alcuni artisti rifugiati venezuelani usavano le banconote del loro Paese, ormai senza valore, come tela da disegno per dipingere magnifici quadri. Ci fermammo a chiacchierare con uno di loro che ci raccontò il viaggio al quale era sopravvissuto e di come guadagnava coi suoi disegni giusto i pochi spiccioli necessari per mangiare. Gliene comprammo uno, nel nostro piccolo volevamo dargli una mano, ma scegliere tra tanti capolavori era impossibile. Riducemmo le alternative a due e finalmente prendemmo una decisione, pagammo e ci abbracciammo, ma sul punto di andarcene il ragazzo ci bloccò, dicendoci che aveva apprezzato molto il nostro sincero interesse per la sua storia e che non gli capitava tutti giorni di essere ascoltato, così ci regalò anche il secondo disegno che ci piaceva tanto. Un uomo che non possedeva niente, che si svegliava senza avere la certezza se quel giorno avrebbe avuto qualcosa da mangiare, ci donò un pezzo di quel poco che aveva. Tutto ciò che voleva era smettere di essere invisibile. Quel giorno uno sconosciuto mi aiutò a crescere ancora un po'.

Purtroppo avevo cantato vittoria troppo presto riguardo la mia caviglia, il fastidio per quanto leggero non passava. Fosse stato per me avrei continuato a camminarci sopra con la speranza che guarisse da sola grazie alle sorprendenti capacità del corpo umano, ma Federica non la pensava così. Visto che eravamo in una città con grandi ospedali e io non avevo mai usato l'assicurazione medica che pagavo da due anni, pensò che quella fosse l'occasione giusta per sfruttarla. Così su due piedi mi sembrò un'idea ragionevole, non potevo darle torto, se proprio dovevo andare in ospedale meglio lì che tra le montagne o nella giungla. Tutto il nostro entusiasmo svanì quando entrammo nella clinica prescelta: decine e decine di persone che aspettavano il proprio turno. L'attesa fu così lunga che iniziai a pensare alle possibili alternative: andare via e affrontare tutto il Sud America con il rischio di rimanere zoppo in mezzo al nulla, oppure trovare un modo di farmi del male per diventare un codice rosso e superare la folla da stadio prima di noi. Dopo un tempo infinito qualcuno pronunciò il mio nome. Finalmente entrammo in un minuscolo studio medico, il dottore mi fece fare una lastra e mi rassicurò: a quanto pare il mio piede era perfetto. Un po' di ghiaccio e tutto sarebbe passato. Andammo via, quasi dispiaciuti di continuare a pagare la mia assicurazione medica senza essere riusciti a darle un senso nemmeno quella volta.

I nostri cari amici, Alice e Alex, ripartirono per l'Italia, a noi invece mancavano 8 mesi al rientro. Non restammo soli a lungo: ricevemmo la telefonata di due amici che non ci aspettavamo di rivedere così presto: Mattia e Chiara! Partiti da

Cartagena in momenti diversi e seguendo due itinerari differenti, ci eravamo di nuovo incrociati per caso a Bogotà. E pensare che credevamo ci saremmo rivisti a Milano!

Era semplicemente perfetto, io dovevo prendermi qualche giorno di riposo per il piede e loro avevano l'appartamento di un'amica a disposizione. Ci presero nuovamente per la gola, cucinando tutto ciò che permettevano gli ingredienti reperibili nei supermercati colombiani. Di nuovo noi quattro, una casa e una marea di risate. Ancora quella sensazione d'incredulità per un'amicizia così forte nata dal nulla dall'altra parte del mondo. Decidemmo di ripartire insieme stavolta, la nostra meta si trovava a sole 7-8 ore di distanza, una passeggiata. Naturalmente non tutte sullo stesso mezzo, non sia mai che il viaggio risulti troppo comodo: il primo tratto su un autobus, il secondo su un minivan e il terzo in tuk tuk. Eravamo diretti nel Deserto del Tatacoa, che in realtà non è un deserto (anche se lo sembra a tutti gli effetti) ma una foresta tropicale molto secca e arida. Possiede però la vegetazione tipica di un deserto, con enormi cactus, e ospita diverse specie di ragni, serpenti, scorpioni, lucertole, aquile e altro ancora.

C'era un'unica strada sterrata che lo attraversava e pochissime opzioni per dormire, soprattutto per un budget ridotto all'osso come il nostro. Strutture molto spartane: dormitori, stanze private con e senza bagno, amache e perfino la possibilità di piazzare una tenda. Scegliemmo *El Castillo de la Reina,* perché la proprietaria, Doña Margarita, quasi ci regalò una camera da quattro con bagno e colazione inclusa. Era dolcissima e non aveva clienti a parte noi, farle guadagnare qualcosa fu un piacere.

Il deserto si divideva in due zone: la zona rossa, la nostra preferita, dove sembrava di essere atterrati su Marte, e la zona grigia, detta anche "dei fantasmi" a causa di particolari formazioni rocciose che ricordavano degli spettri. Era il luogo perfetto per gli amanti delle stelle: di notte, con il cielo limpido, c'erano ben due osservatori astronomici per ammirare le costellazioni.

Il prezzo da pagare fu, naturalmente, la temperatura. Di giorno non scendeva mai sotto i quaranta gradi, all'ora di pranzo era praticamente impossibile camminare sotto il sole. Le bottiglie d'acqua in sovrapprezzo che compravamo in continuazione duravano meno di un secondo e cercavamo anche di bere lentamente per non spendere troppo. Se lo avessimo saputo prima avremmo portato dalla città un cestello d'acqua a testa, ma nessuno di noi si aspettava una situazione simile. Non credo di aver mai avuto così tanta sete in tutta la mia vita.

Quando la sera del terzo giorno rientrammo in città e i prezzi dell'acqua tornarono alla normalità, comprai una bottiglia dopo l'altra, non riuscivo a smettere di bere. Anche quando lo stomaco non ne poté più e mi sentii finalmente di nuovo idratato, comprai altre due bottiglie per la notte. Avevo sofferto talmente tanto la sete che non volevo assolutamente rischiare di riprovare quell'orribile sensazione che non auguro nemmeno al mio peggior nemico.

Cenammo un'ultima volta con Mattia e Chiara, dovevamo ripartire l'indomani, avevamo ancora troppa strada da fare rispetto a loro che avrebbero terminato il viaggio in Argentina, mentre il nostro obiettivo era di proseguire fino in Brasile. Ci avvicinammo al confine spezzando il viaggio a Popayan che ci risparmiò un interminabile viaggio in autobus. Alloggiammo fuori dal centro per risparmiare ma ad una distanza accettabile per raggiungerlo a piedi, tutto come sempre, a parte l'ostello che si trovava in un negozio di mobili! Al piano terra c'erano quelli in esposizione; al primo piano da una parte mobili imballati e dall'altra la nostra cucina con i bagni; al secondo e ultimo piano (il nostro), per fortuna solo camere. Preparare la colazione e mangiare tra letti e sedie pronti per essere spediti chissà dove, lo fece entrare nella nostra classifica dei luoghi più strani del mondo. Avremmo dovuto restare solo due giorni ma ancora una volta una telefonata cambiò i nostri piani. Indovinate chi era? I nostri ormai inseparabili compagni di viaggio, Mattia e Chiara, che ci chiesero di restare un giorno in più per aspettarli. Per niente al mondo avremmo risposto di no e ci riunimmo per la terza volta. A questo punto decidemmo ufficialmente di proseguire insieme fino in Ecuador. Un altro autobus notturno con un autista criminale e arrivammo a Ipiales, una città oggettivamente brutta come tutte le città di confine. Dovevamo per forza passarci una notte in attesa dell'autobus successivo e non volevamo spendere neanche un centesimo in più del dovuto per un posto simile. Trovammo una bettola che solo quattro come noi avrebbero potuto prendere in considerazione, ma il proprietario era gentile e c'era un tavolo da ping pong. Faceva così freddo che andammo a dormire con la tuta termica. Trovammo il modo per dare un senso a quelle ventiquattr'ore con la visita al Santuario di *Las Lajas*, una chiesa neogotica dedicata alla Vergine del Rosario, alta cento metri e costruita sul canyon del fiume Guaitara, tra le Ande colombiane. La cattedrale sorge a strapiombo su un lato del canyon, con un ponte alto 45 metri che la collega alla sponda opposta. Secondo la leggenda, l'immagine della Vergine dipinta sulle rocce fu scoperta nel 1754 da un'indigena e dalla sua bambina sordomuta che, colte di sorpresa da un temporale, si rifugiarono tra le cavità del canyon. La bimba, che fino a quel momento non aveva mai pronunciato una sola parola, parlò per la prima volta indicando il dipinto sulla pietra. Oggi il Santuario è la meta di pellegrini e fedeli di tutto il mondo.

25

Ecuador! La nostra avventura in Sud America era appena iniziata ed era il ventisettesimo Paese del nostro giro del mondo. Attraversammo il confine di Rumichaca senza particolari problemi, il passaporto italiano è uno dei migliori per viaggiare e permette di attraversare parecchie frontiere senza troppe domande da parte degli agenti dell'immigrazione. Purtroppo non posso dire lo stesso per le decine e decine di profughi venezuelani che vedemmo ammassati nelle tende dell'UNICEF, dove gli operatori fornivano loro cibo, coperte e cure mediche. Uomini, donne e purtroppo tanti bambini che avevano attraversato la Colombia a piedi, stremati dal lungo viaggio in cerca di una nuova casa. Quella vista mi provocò una stretta allo stomaco e mi vergognai per tutte le volte che avevo desiderato più di tutto quello che già possedevo. Ripartimmo con un taxi condiviso e arrivammo alla stazione, poi con un autobus raggiungemmo la tappa successiva: Otavalo. Gli ecuadoregni sono un popolo dolce, con tratti molto più simili ai peruviani che ai colombiani, e sicuramente molto più silenziosi e timidi di questi ultimi.

Andammo subito al mercato tessile, il più grande e uno dei più famosi del Sud America, perdendoci tra sciarpe di alpaca, cappelli, scialli, tappeti, quadri, colori, e i profumi delle pietanze cucinate delle cuoche indigene che, dalle loro bancarelle, cercavano di richiamare la nostra attenzione con enormi sorrisi. Ne scegliemmo una a caso e pranzammo come al solito ad un prezzo ridicolo. Tutti indossavano gli abiti tradizionali: gli uomini una camicia e pantaloni bianchi, poncho e cappello di feltro; le donne una camicia bianca, una gonna con una fascia colorata in vita, tanti bracciali e collane, e l'immancabile cappello. Quasi tutti, sia uomini che donne, avevano una lunga treccia di capelli nerissimi che sfoggiavano con orgoglio.

Con Mattia e Chiara prendemmo in affitto, ad un costo irrisorio, un piccolo appartamento fuori dal centro.

Non sapevamo per quanto tempo saremmo stati insieme e volevamo goderci ogni cena, chiacchierata e risata. Qualche volta ci dividevamo, uomini da una parte e donne dall'altra, e credo che facesse bene ad entrambe le coppie dopo tanto tempo trascorso senza separarsi mai.

Da questo punto del viaggio in poi, continuando verso sud, iniziava la terra dei trekking, e cominciare con tremiladuecento metri ci sembrò un buon riscaldamento. A pochi chilometri dal centro di Otavalo c'era la Laguna di Cuicocha detta anche la Laguna degli Dei, una delle più famose del Paese, con acque blu intenso, nata dal collasso del Vulcano Cotacachi, avvenuto circa tremila anni fa. Camminammo per tutto il suo perimetro di tredici chilometri, arrivando fino al punto più alto: oltre tremila metri sopra il livello del mare. Impiegammo quasi sei ore, con calma e tutte le pause che quel paradiso meritava. Prima di andare via ero talmente felice ed entusiasta che comprai il primo e unico poncho della mia vita. Ne volevo uno che non fosse su misura per turisti e avevo deciso di aspettare di trovare quello giusto a costo di arrivare fino in Perù, ma con l'aiuto di Mattia ne trovai uno perfetto alla nostra prima tappa. Quasi non ricordavo più il piacere di indossare un indumento nuovo, avevo gli stessi vestiti da due anni e non sentivo il minimo bisogno di acquistarne altri, ma quello era un abito tradizionale e in qualche modo mi faceva sentire un po' più vicino al popolo che mi stava ospitando.

Amavo quella sensazione.

Ripartimmo l'indomani verso la capitale, Quito, e appena arrivati ci rendemmo conto di avere il fiatone dopo solo pochi passi. Con i suoi 2850 metri di altitudine, Quito è una delle città più "alte" del mondo. È costruita su una montagna, il suo centro storico è attraversato da enormi e durissime salite, addirittura è consigliato fermarsi due o tre giorni per acclimatarsi prima di affrontare i numerosi trekking che il Paese offre; noi senza sapere niente di tutto ciò ne avevamo già fatto uno.

Il punto di forza di Quito è sicuramente il suo patrimonio artistico: solo il centro ospita circa quaranta chiese, per non parlare delle piazze, dei musei e dei monasteri. L'UNESCO ha dichiarato la città Patrimonio dell'Umanità nel 1978. Una città decisamente affascinante e viverci per qualche giorno fu un grande piacere. Il nostro appartamento era in cima ad una salita piuttosto devastante, e dalla nostra terrazza godevamo di una vista straordinaria sui campanili che svettavano sulle decine di piazze, sulle montagne talmente vicine che sembrava di poterle toccare.

Ogni sera io e Mattia uscivamo per un paio d'ore in cerca di vita, osservando la gente, scegliendo in maniera totalmente casuale di girare a destra piuttosto che a sinistra; e puntualmente tutte le volte assistevamo a scene uniche, come un concerto improvvisato tra le bancarelle di un mercatino o una folla in maschera senza apparente motivo. Dopo cinque giorni salutammo con un pizzico di malinconia la nostra amata Quito e saltammo su un autobus per spingerci nel cuore del Paese; era arrivato il momento di indossare nuovamente gli scarponi da trekking.

Trovammo un ostello a Latacunga, un paesino che sarebbe

passato inosservato se non fossimo arrivati durante le celebrazioni della Mama Negra, una festa locale in onore della Vergine della Mercede che aveva salvato la popolazione dall'eruzione del Vulcano Cotopaxi nel 1742.

Per le strade c'erano ballerini, musicisti, drag queen e giocolieri con costumi coloratissimi, alcuni di loro offrivano ai presenti, per "purificarli", sorsate dalle loro bottiglie di alcolici. Il risultato? Una marea di gente allegramente brilla ma senza che nessuno superasse mai il limite; i locali sembravano molto contenti che anche noi stranieri partecipassimo e cercavano di coinvolgerci in tutti i modi: chi ballando, chi bevendo, chi tentando di baciarci. In fondo alla parata, la Mama Negra, un uomo vestito da donna con la faccia dipinta di nero, in groppa ad un cavallo bianco che spruzzava acqua sulla folla. Sarebbe bastato rimanere un giorno in più in Thailandia piuttosto che in Australia o in Messico, e ce la saremmo persa.

Il giorno successivo tornammo a quota 3900 metri, con un trekking di sei ore alla laguna di Quilotoa, un lago di origine vulcanica formatosi circa ottocento anni fa nella parte occidentale delle Ande ecuadoriane. Più che l'altitudine, la vera sfida fu il forte vento: in alcuni passaggi bisognava davvero prestare molta attenzione e probabilmente senza un minimo d'allenamento si potrebbe avere qualche difficoltà. Superato quel trekking "di riscaldamento", il giorno successivo alzammo l'asticella puntando ai 5000 metri. Andammo alla stazione degli autobus di Latacunga e ne prendemmo uno per il Parque Nacional Cotopaxi. Arrivati all'ingresso iniziò la solita procedura per contrattare un taxi collettivo che ci portasse all'inizio del percorso, a 4580 metri. L'autista fece una proposta, la rifiutai, aspettai cinque minuti, l'abbassai del 50% e l'affare era fatto.

Questa volta il percorso era piuttosto breve, di un'ora al massimo, il vero problema era la carenza d'ossigeno. Ogni dieci passi dovevamo fermarci per riprendere fiato e un centimetro alla volta guadagnammo il nostro traguardo, il rifugio José Ribas. Ci scaldammo con un the a base di foglie di coca (che solitamente vengono masticate per combattere l'effetto dell'altitudine) e una volta riguadagnate le forze ci avventurammo a piedi fino alla base di un ghiacciaio a quota 5100 metri dove il sentiero s'interrompeva definitivamente. Per i più temerari è possibile scalare il vulcano fino al cratere con un'escursione notturna per ammirare l'alba, sicuramente un'esperienza unica ma i 300 dollari a testa per guida e attrezzatura ci costrinsero a rinunciare (in Ecuador la moneta nazionale è il dollaro americano, una scelta del Paese che ha fatto aumentare il costo della vita ma soprattutto di alcune escursioni). Il panorama da lassù con l'azzurro del cielo, la maestosa cima innevata, e la soddisfazione di essere arrivato fin lì, sono i ricordi più preziosi che conservo di quella esperienza. Ero incredulo che un Paese così piccolo e molto meno visitato di Colombia e Perù avesse invece così tanto da offrire. L'Ecuador è molto più affascinante di quello che si possa pensare. Ne avemmo un'ulteriore prova a Baños de Agua Santa, un paesino situato ai piedi del vulcano attivo Tungurahua, ad un'altitudine di 1.820 metri sul livello del mare. È una località ricca di sorgenti termali, ed essendo circondata da montagne, fiumi, cascate e canyon, è diventata una meta imperdibile per gli amanti degli sport estremi.

Con Mattia e Chiara noleggiammo delle bici per percorrere la Ruta de las Cascadas, una strada che si snoda lungo le diverse cascate della zona. Essendo un'attività turistica pensavamo ci fosse una pista ciclabile, in realtà era la stessa strada su cui sfrecciavano automobili e camion, non proprio il massimo della sicurezza, ma in sud America il concetto di pericolo è piuttosto differente dal nostro.

Grazie a quella pedalata spericolata ammirammo il Pailon del Diablo, un'impressionante cascata di 80 metri, una delle più alte dell'Ecuador. Per ammirarla dal basso verso l'alto e sentire da vicino la sua forza dovemmo strisciare in una piccola grotta, ritrovandoci completamente fradici.

Dopo la "doccia" e una birra risalimmo sulle bici, ma dopo 100 metri scoppiò un acquazzone. Resistemmo cinque minuti, giusto il tempo per capire che tra l'acqua, il fango, le gallerie e i tir che ci sfrecciavano accanto a velocità folli, non valeva la pena rischiare la vita. Caricammo le bici sul primo furgone/taxi che non vedeva l'ora di approfittare di disgraziati come noi e tornammo in ostello sani e salvi.

Il giorno seguente optammo per qualcosa di più "tranquillo", la Casa del Arbol, posta su un albero in cima ad una montagna con un'altalena che dondola nel vuoto. Anche questa rientra in quel tipo di attività che in Europa infrangerebbe una decina di leggi sulla sicurezza, ma vi assicuro che è molto meno pericoloso di quello che sembra.

Giunse il momento di separarci nuovamente da Mattia e Chiara, e questa volta sarebbe stata davvero l'ultima. Le nostre strade non si sarebbero più incrociate, loro avrebbero rallentato mentre noi dovevamo accelerare.

Prendemmo un autobus per Cuenca, la nostra ultima tappa ecuadoregna, che si rivelò un gioiellino coloniale. È stata nominata Patrimonio dell'Umanità dall'UNESCO, e gode di un'atmosfera vivace e colorata, con un centro storico ricco di antichi edifici, piazze e cattedrali. Probabilmente è la meta più internazionale del Paese, essendo una città universitaria che ospita studenti da tutto il mondo. Qui avremmo incontrato Cristina, un'amica che non vedevo da tre anni e mezzo. Ci eravamo conosciuti in Nepal nel 2016, quando con Lorenzo avevo raggiunto il Campo Base dell'Everest, precisamente a Namche Bazar. Pensavo che non l'avrei più rivista e invece mi ritrovai in Ecuador a casa sua, a Cuenca. Cri ci presentò ai suoi genitori, Mario e Marcela, due professori universitari in pensione che ci accolsero come fossimo della famiglia. Ci portarono fuori a cena, a visitare il centro storico, perfino in montagna, trascorremmo così qualche giorno di tranquillità. Il nostro ostello era vicino al centro e ne approfittammo per esplorare la città, goderci il lungofiume, pranzare nei mercati locali e ricaricare le batterie. Tutto sembrava filare liscio, ma proprio quando stavamo per deciderci a ripartire, un nuovo ostacolo stravolse i nostri piani. Una rivolta popolare scoppiata in tutto l'Ecuador contro il *paquetazo*, il pacchetto di misure economiche emanato dal Presidente Moreno e richiesto dal Fondo Monetario Internazionale, che prevedeva la rimozione degli incentivi per il carburante. Le proteste iniziarono con uno sciopero ad oltranza del settore dei trasporti al quale si unirono altri settori, sindacati e studenti, che diedero vita agli scontri con la polizia in diverse città. La capitale Quito divenne l'epicentro del conflitto, con decine di feriti e centinaia di arresti. Tutte le strade vennero chiuse e bloccate dai manifestanti, era impossibile entrare o uscire dall'Ecuador e ci ritrovammo bloccati a Cuenca in attesa di trovare un modo per raggiungere il Perù. Ci blindammo negli ostelli, si usciva solo per fare la spesa. Provammo a cercare dei voli ma i prezzi era schizzati alle stelle e non c'era nessuna sicurezza che poi sarebbero partiti. La nostra assicurazione di viaggio non aveva possibilità d'intervento in quel tipo di situazione. Dopo decine di tentativi a vuoto, finalmente l'ambasciata italiana di Quito rispose al telefono ma solamente per dirci che non poteva fare assolutamente nulla per aiutarci. In un attimo passammo dall'assoluta tranquillità alla piena emergenza, inoltre continuare a pagare un ostello per restare fermi iniziava ad essere un problema. Chiedemmo aiuto a Cristina e ai suoi genitori, non avevamo scelta. Non facemmo in tempo a riattaccare il telefono che papà Mario era già sotto la nostra finestra, in macchina pronto a portarci con sé. Ci diedero una camera, un bagno e perfino uno studio nel caso non fosse abbastanza. A noi sarebbe bastata una tenda in giardino e invece ci ritrovammo con un appartamento. Non so davvero come avremmo fatto senza di loro e continuo a credere che il bene generi bene. Passarono altre due settimane, ogni giorno ascoltavamo i telegiornali e le radio, leggevamo tutti gli aggiornamenti online e scambiavamo informazioni con altri viaggiatori bloccati nelle principali città. Le notizie erano poche ma per non farci prendere dal panico bastava ripensare alla nostra enorme fortuna: era dura ma sarebbe potuta andare molto peggio se fossimo rimasti per strada. Dopo una prima falsa speranza il popolo e il governo trovarono finalmente un accordo. Cristina ci disse che quella pace poteva finire da un momento all'altro e che avremmo dovuto approfittare subito della riapertura delle strade e dei confini. Non ce lo facemmo ripetere due volte, volammo in stazione e comprammo i biglietti per partire la sera stessa sul primo autobus diretto in Perù. Prima di salire sull'autobus ci stringemmo in un abbraccio, e il mio unico pensiero in quel momento fu che se fosse successo qualcosa a Federica non me lo sarei mai perdonato.

26

Stare fermi forzatamente per così tanti giorni ci costrinse a recuperare il tempo perduto: volevamo percorrere più chilometri possibili, un po' per spingerci più a sud, un po' per la voglia di lasciarci alle spalle l'accaduto. Viaggiammo per 32 ore consecutive con tre pullman differenti per raggiungere il Perù che aspettavamo da tanto, quello delle montagne. Il piano iniziale era di fermarci a riposare per una notte, ma gli hotel che trovammo in un paesino dimenticato da Dio erano di gran lunga peggiori e più sporchi dei nostri pullman, quindi risalimmo a bordo e raggiungemmo Huaraz: una piccola cittadina a nord di Lima che spesso viene esclusa dal giro turistico per mancanza di tempo. Non è particolarmente bella ma autentica al 100%, ed è il punto di partenza di tanti trekking sulla Cordillera Blanca, una parte delle Ande centrali che comprende ben ventisei montagne sopra i seimila metri: un vero paradiso tra picchi innevati, lagune turchesi, vallate e villaggi sperduti.

Passammo un paio di giorni in città per acclimatarci, eravamo già a tremila metri d'altitudine. La vita costava pochissimo, mangiavamo al mercato locale con circa 1 euro a testa per un piatto unico di riso, carne, verdure e succo di frutta. Le signore alle bancarelle cercavano di richiamarci in tutti i modi, e per aiutarle economicamente ci impegnammo a mangiare a turno da ciascuna di loro. Ne approfittammo anche per comprare a prezzi stracciati l'attrezzatura da montagna che ci mancava e due cappelli tradizionali a cui non riuscimmo a resistere: gli abiti peruviani ci piacevano tantissimo, adoravamo indossare i nostri ponchos.

Di nuovo pieni di energia, iniziammo con il trekking di un giorno, quello per raggiungere la Laguna 69, un lago di origine glaciale a 4600 metri d'altitudine nel Parco Nazionale di Huascaran. Perché si chiama così? Semplice, il Parco ospita 434 lagune e gli studiosi piuttosto che dare un nome a ciascuna, hanno preferito numerarle!

Nonostante la sveglia alle quattro del mattino, iniziammo il percorso riposati grazie alle tre ore di sonno profondo durante il viaggio in pullman. Eravamo già a 3900 metri. Purtroppo non fummo fortunati col tempo, il cielo era coperto dalle nuvole e sapevamo che di lì a poco sarebbe arrivata la pioggia a farci compagnia. In alta montagna il tempo può cambiare decine di volte al giorno e non c'è modo di prevederlo, bisogna solo incrociare le dita ed essere preparati a tutto. Durante il primo tratto, pianeggiante e non impegnativo, il paesaggio faceva volare le nostre menti. Seguimmo il corso di un fiume circondati da mucche che pascolavano libere, mentre sulle montagne attorno a noi tante piccole cascate scorrevano sulle pareti rocciose e l'ipnotico rumore dell'acqua ci faceva sentire un tutt'uno con la natura. Come previsto, la pioggia ci costrinse a recuperare le mantelle per ripararci dall'acqua. La prima vera salita arrivò dopo circa quarantacinque minuti e ne impiegammo altri quarantacinque per affrontarla. In cima c'era la laguna 68, un assaggio di quello che ci aspettava al traguardo. Fortunatamente, un secondo tratto pianeggiante ci consentì di tirare il fiato ma una volta superati i 4000 metri la mancanza d'ossigeno iniziò a farsi sentire. Ad ogni pausa mangiavamo cioccolato e frutta secca, fondamentali per recuperare le energie. Mancava solo un'altra ora di cammino e una seconda faticosissima salita. Purtroppo, quando sembrava quasi fatta, l'intensità della pioggia aumentò improvvisamente diventando neve, mentre folate di vento gelido ci tagliavano la faccia e una fitta nebbia ci impediva di vedere a più di due metri di distanza. La situazione si fece veramente dura, potevamo procedere solo a piccolissimi passi e con lo sguardo in giù per evitare la pioggia mista a neve negli occhi. Non potevamo mollare, restava solo da stringere i denti fino alla cima. Quando finalmente arrivammo alla meta, a quota 4600 metri, i nostri corpi erano mezzi congelati ma lo spettacolo davanti ai nostri occhi pazzesco. La Laguna 69 sembrava uscita da una fiaba, alla fine la tanto odiata neve aveva reso l'incanto di quel luogo ancora più magico. La fatica scomparve in un istante e ci scordammo perfino della temperatura ai limiti della sopportazione umana. Restammo lì, al gelo, per dieci minuti, imbambolati e inzuppati dalla testa ai piedi, senza mai staccare gli occhi da quei colori incredibili. Con il sole avremmo avuto un'ora di tempo prima di tornare indietro ma con quel freddo fummo costretti a scendere prima del previsto per evitare di morire assiderati. A metà discesa, grazie a Dio, smise di nevicare e la tempesta si placò, per lo meno affrontammo il resto del percorso in tutta calma, anche se fisicamente stravolti. Un'ultima pausa davanti ad un'immensa cascata per divorare i panini che non avevamo nemmeno avuto il tempo di mangiare, e riprendemmo il pullman per rientrare in città per l'ora di cena. Dopo la doccia, un buon pasto e con i vestiti asciutti, ci godemmo la gloria per la sfida superata. I muscoli delle gambe chiedevano pietà ma, ingenuamente, avevamo già prenotato un secondo trekking e la partenza era fissata per sole trentasei ore dopo. Avevamo scelto quello di Santa Cruz, un cammino di quattro giorni definito "uno dei più belli al mondo" dal National Geographic. Cinquanta chilometri a piedi, un percorso piuttosto impegnativo, soprattutto il secondo giorno quando si raggiunge la massima altitudine di 4750 metri. Ci appoggiammo ad una delle agenzie più economiche di Huaraz, che trattava proprio con i backpackers come noi che avevano un budget ristretto. In effetti il servizio era molto basico, lo si notava dal cibo abbastanza scarso e dalle tende in cui dormivamo che avevano visto giorni migliori; ma per noi era tutto più che sufficiente, anzi non eravamo abituati ad avere qualcuno che pensasse al cibo e al riparo. La nostra gioia esplose quando il proprietario ci chiese di scambiare l'escursione con un articolo sul nostro blog in cui avremmo dovuto raccontare la nostra esperienza. Il tempo non fu sempre clemente ma sarebbe potuta andare peggio, tanta pioggia e tanto freddo ma anche il bruciore che ci procuravano i raggi del sole. Non sono mai stato un fan della crema protettiva, ma a quelle altezze può essere davvero una manna dal cielo. Nel nostro gruppo c'erano francesi, belgi, inglesi e svedesi, tutti poco più che ventenni. Ci reputavamo persone in forma ma la loro energia non era paragonabile alla nostra, andavano come treni. Devo anche sottolineare però, che noi eravamo in viaggio da due anni e loro da due settimane, freschi e riposati. Fu una grande avventura e una bella sfida; il terzo giorno completamente in discesa sulle rocce mi distrussi i piedi, e il quarto mi addormentai sfinito sul prato durante il pranzo. Rientrammo a Huaraz, felici per aver compiuto un'altra epica impresa; il trekking mi dava sempre una carica che durava per giorni e sapevo che il Perù mi avrebbe regalato enormi soddisfazioni. Anche Federica, che non amava la montagna quanto me, camminò come una vera professionista senza batter ciglio, la guardavo pieno d'orgoglio e ammirazione, sapevo che aveva dato il massimo e ora volevo solo che si godesse il meritato riposo.

La città, dopo tanta natura selvaggia, ci sembrò

modernissima al nostro rientro, nonostante fosse piuttosto malconcia e spoglia. Recuperammo gli zaini grandi che avevamo lasciato nell'ufficio dell'agenzia e tornammo nello stesso ostello dove eravamo stati il giorno prima. Più che un ostello era un cantiere distribuito su tre piani, ma la famiglia che lo gestiva era gentile ed il prezzo irrisorio. Avevamo prenotato la stessa camera, visto che nella sua semplicità ci aveva soddisfatto, ma questa volta i proprietari ce ne assegnarono un'altra che in realtà era per quattro persone. Nulla da obiettare, a noi bastava che fosse pulita e che avessimo la possibilità di farci finalmente una doccia calda dopo quattro giorni, non chiedevamo di più. Purtroppo entrambi i nostri desideri non furono esauditi: la stanza era sporca, i letti sfatti e il bagno era un disastro. Cercammo di non esplodere, non avevamo le forze per discutere né per cercare un altro ostello. Pulirono la stanza in un modo che definire "approssimativo" sarebbe un complimento e il bagno passò da "schifo totale" a "meno schifo". Restava almeno la doccia calda che ci avevano assicurato con una mano sul cuore. Entrò per prima Federica, che da quella mattina non sognava altro che una doccia bollente, una cena insieme e un film sotto le coperte, e io desideravo darglieli con tutte le mie forze perché lo meritava tantissimo. Dopo un paio di minuti sentii le sue urla, l'acqua era ghiacciata. Passarono altri interminabili secondi e la temperatura dell'acqua non accennava a salire. Non sapevo cosa fare, oltre che correre furioso al piano terra a chiedere spiegazioni che non ottenni. Tornai da Federica che era ancora lì, nuda e tremante, a litigare con l'acqua nella stanza meno accogliente del mondo dopo quattro giorni durissimi. Non potei fare a meno di notare quanto fosse magra, quasi denutrita: dissi a me stesso che dovevo impegnarmi per farla mangiare di più e fanculo il budget.

Tentai di smorzare la tensione con una battuta ma ottenni l'effetto contrario, Fede scoppiò in un pianto isterico: era arrivata al limite, i suoi nervi avevano ceduto. Mi si spezzò il cuore, la capivo profondamente, negli ultimi due anni aveva veramente sopportato di tutto dormendo e mangiando in luoghi che avrebbero fatto ribrezzo a chiunque, non conoscevo, e forse non conoscerò mai, una donna forte quanto lei. Non posso dimenticare il suo viso coperto dalle lacrime, se chiudo gli occhi riesco a tornare lì, ad ogni più piccolo particolare di quel momento e ogni volta è come ricevere un pugno fortissimo allo stomaco. Questi sono i momenti che nessuno immagina quando sente la nostra storia e ci vede come figli di papà che fanno la bella vita. È vero, abbiamo vissuto esperienze molto intense, ma i sacrifici per poterlo fare sono stati innumerevoli e mi piacerebbe che fossero ricordati più spesso da chi ha il coraggio di puntare il dito e giudicare senza pensare. Bisogna sempre mettersi nei panni degli altri e ricordarsi che nemmeno facendolo si potrà avere un quadro davvero completo. Quella sera l'acqua calda non arrivò mai, dopo una doccia gelata provai in tutti i modi a convincere Federica ad andare via ma avevamo già pagato, e ancora una volta mise il suo spirito di sacrificio davanti a tutto. Cercai almeno di farle mangiare qualcosa di diverso dal solito, qualcosa di gustoso infischiandomene del risparmio, ma l'unica pizzeria decente della città (gestita da un italiano) era chiusa proprio quel giorno. Le era perfino passata la voglia di cenare, mangiammo un boccone al volo e chiudemmo quella giornata tremenda. La mattina dopo nulla avrebbe potuto fermarmi, ci restava solo un'altra notte prima del prossimo pullman. Cercai una stanza pulita, luminosa e accogliente per farle trascorrere almeno un giorno in pace, e la trovai. La camera non era niente di speciale; per quanto a volte promettessimo di farci un regalo, alla fine era più forte di noi non spendere più del dovuto, ma almeno non sembrava che il pavimento dovesse crollare da un momento all'altro. La doccia calda ci regalò la stessa meravigliosa sensazione di una giornata alle terme e la mattina successiva prendemmo il pullman per la capitale peruviana, Lima.

Non siamo fan delle grandi città e di certo Lima non è in cima alla lista dei motivi per visitare il Perù, ma la nostra curiosità prese come al solito il sopravvento e una sosta per qualche giorno dopo le montagne non ci parve poi così male. Entrammo in contatto con un hotel, moderno e lussuoso, che ci offrì quattro notti in cambio di promozione online. Quando entrammo in reception, guardando gli altri ospiti, ci sentimmo come fossimo arrivati da una spedizione con i nostri zaini enormi pieni di polvere e i vestiti da escursionismo invernale. L'ambiente non c'entrava nulla con il Perù più autentico ma quel lavoro era troppo importante per il nostro budget, inoltre qualche comodità dopo tantissimo tempo era un regalo che non avremmo mai potuto rifiutare. La receptionist invece di cacciarci s'innamorò di noi quando ascoltò la nostra storia. Anche lei era una viaggiatrice e dopo averci orgogliosamente mostrato le sue foto ci regalò due pass per la colazione. Noi che eravamo abituati a uova e due fette di pane con burro di arachidi, trovammo ogni ben di Dio possibile e immaginabile: dolce, salato, formaggi, frutta, cappuccino, perfino la nutella. Fu la colazione più lunga della storia, mangiammo per quasi un'ora, e quando ci alzammo per uscire dalla sala non c'era più nessun altro a parte noi. Nel nostro viaggio avevamo conosciuto la fame, quella vera, mangiando solo riso e fagioli, riso e verdure, riso e uova, riso e pollo se andava bene. Ora il cibo aveva tutto un altro sapore, era infinitamente più buono e saporito perché lo apprezzavamo molto di più senza darlo per scontato. Che immensa fortuna abbiamo noi europei, possediamo veramente tutto: cibo, acqua, un tetto, vestiti puliti, possiamo perfino permetterci di cenare fuori con le persone che amiamo; possiamo viaggiare, studiare, leggere, andare al cinema, cucinare, fare sport, dipingere, ballare, suonare uno strumento, possiamo fare tutto quello che vogliamo e quasi nessuno di noi ne è consapevole (io e Federica compresi prima di questo giro del mondo). Qualche volta ho provato a raccontarlo a qualcuno ma capisce solo chi vuole capire, a tutti gli altri entra da un orecchio ed esce dall'altro.

Durante quei quattro giorni, dopo aver visitato i quartieri più caratteristici, incontrammo un altro caro amico, Alberto. Aveva appena cominciato il suo viaggio in Perù, e Lima era la sua prima tappa, così ne approfittammo per vederci. Ancora una volta mi venne il dubbio che trovarci lì tutti insieme non fosse un caso. Ricevemmo una telefonata da casa e all'improvviso ci ritrovammo ad affrontare un'importante questione di famiglia per Federica: aveva perso uno zio ed era necessario che firmasse dei documenti entro una data piuttosto imminente. Tornare in Italia e poi di nuovo in Perù era fuori discussione: avremmo dovuto trovare un notaio locale, spiegare la situazione, ottenere i documenti necessari con tutte le traduzioni, i timbri e le firme del caso, per poi spedirli a casa in tempo. Praticamente una missione quasi impossibile. Fu un'altra bella batosta ma non perdemmo la testa proprio grazie ad Alby, che si offrì di aiutarci. Avere il sostegno di una terza persona e non essere soli in quella situazione fu fondamentale. Venne con noi da un notaio (visto che l'ambasciata italiana ci chiuse praticamente le porte in faccia), facendoci da interprete e aiutandoci a restare calmi. Incredibilmente, quando avevamo quasi perso le speranze dopo mille peripezie, ottenemmo i documenti corretti che spedimmo in Italia con un corriere alla velocità della luce. Oltre al dolore per la perdita, affrontare lo stress della burocrazia all''estero fu terribilmente pesante, quasi non riuscivamo a credere di aver risolto il problema e quando ci rimettemmo in viaggio sembrava passato un mese dall'ultima volta. Dopo decisamente troppo tempo trascorso in città non vedevamo l'ora di vivere nuove avventure.

A sole tre ore e mezza di autobus visitammo Paracas, una piccola città costiera che si affaccia sull'Oceano Pacifico, caratterizzata da un clima caldo per tutto l'anno e da pochissime piogge. Visitammo le Isole Ballestas, un piccolo gruppo di isole della Riserva Nazionale di Paracas, a soli quarantacinque minuti di barca dalla costa. Queste formazioni rocciose sono una oasi naturale con una straordinaria concentrazione di fauna marina. Ci saremmo aspettati di vedere di tutto in Perù ma non di certo i pinguini, oltre a leoni marini, cormorani e altre decine di migliaia di uccelli che vivono in questo piccolo paradiso disabitato; oltre al guardiano non è concesso a nessuno sbarcare per preservare la bellezza incontaminata delle isole. Grazie alla bassa temperatura dell'acqua, dovuta alle correnti fredde provenienti dall'Antartico, non ci sono squali o altri predatori in quest'area, il che la rende la dimora perfetta per tutti questi meravigliosi animali. Le isole, inoltre, sono un enorme centro di raccolta di guano (l'odore è fortissimo) che viene utilizzato come fertilizzante per l'agricoltura (solo la colonia di cormorani che vive su queste piccole isole conta 250.000 esemplari). La nostra guida ci spiegò che una tonnellata di guano vale sul mercato 350 dollari americani e il Perù ne ha esportate più di due miliardi negli ultimi 150 anni, facendo di questo commercio il più redditizio del Paese. Tornati sulla terraferma noleggiammo due biciclette per visitare la Riserva Nazionale di Paracas, una terra di cui non sapevamo niente e dove il deserto incontra l'oceano. Non avevamo fatto i conti però con il vento devastante di quel giorno. Riuscimmo a resistere per circa mezz'ora, fino a quando il vento divenne così forte da tradursi in un muro d'aria invisibile che ci impediva di pedalare. Fummo costretti a scendere dalla bici, coprirci il viso per evitare le folate di sabbia e tornare indietro a piedi. Il proprietario delle biciclette ci disse che l'unica alternativa era prendere un motorino; non me lo feci ripetere due volte. Contro ogni previsione, il resto della giornata fu grandioso. Non c'era nessun altro a parte noi e guidare con l'oceano alla tua sinistra e il deserto alla tua destra non è qualcosa che capita tutti i giorni. Perdemmo il conto delle fermate, dei punti panoramici e delle spiagge incontaminate; molto spesso era vietato raggiungerle a piedi per preservarne la conservazione, ma la vista dalla scogliera e il ruggito delle onde erano più che sufficienti a far trasalire il cuore. Tornammo in città appena in tempo per restituire il motorino, eravamo al settimo cielo per tutte quelle nuove esperienze vissute in un solo giorno. Restammo fuori a cena, troppo su di giri per tornare in ostello o fare la spesa, e ne approfittammo per provare il piatto nazionale, il ceviche: pesce crudo marinato con succo di limone e sale, insaporito con coriandolo e peperoncino, e condito con cipolle crude, pomodori e fagioli. Viene venduto in tutto il Paese, il problema è che la qualità può variare enormemente. Avremmo potuto tranquillamente mangiarlo ad uno o due euro in qualche mercato fatiscente, ma preferimmo salvaguardare la nostra salute decidendo di assaggiarlo in un vero ristorante. Paracas, un paesino di pescatori era perfetta per trovare pesce di qualità. Scegliemmo con la massima cura il ristorante, chiedendo consiglio ai locali, non potevamo permetterci di sprecare i nostri soldi. Fu un successo, mangiammo un ceviche eccezionale spendendo circa dieci euro, ma dividemmo il piatto in due: dopotutto quello era il costo di almeno tre cene per noi, dieci euro ci sembrava una cifra pazzesca. Il cibo era buonissimo ma in poche forchettate era già finito, andammo a letto affamati. Ripensandoci oggi, riposato e immerso nella tranquillità della nostra casa, mi chiedo perché non ne ordinammo due, ce li meritavamo! Grazie a sacrifici come questo però oggi apprezziamo anche la più piccola fortuna.

La tappa successiva, Huacachina, era solo a poco più di un'ora di distanza, ci saremmo fermati per un paio di giorni, uno dei quali sarebbe stato il mio compleanno. Non avevo intenzione di organizzare niente di particolare, il giro del mondo con Federica era il più bel regalo che potessi desiderare, ma il destino aveva altri piani.

La sera prima del "grande giorno" conoscemmo in ostello Jesus, un ragazzo peruviano che, entusiasta per il nostro viaggio, volle a tutti i costi farmi un regalo per il mio compleanno. Era un autista di tuk e tuk e una guida turistica, organizzava tour per mostrare le bellezze della sua terra. La mattina seguente ci venne a prendere col suo tuk tuk (che tra l'altro mi fece guidare per la prima volta) per percorrere insieme una tratta della Ruta del Pisco (la strada delle cantine tradizionali) per una degustazione di vini e del famoso Pisco, un distillato ottenuto dal mosto, divenuto nel 1988 patrimonio culturale del Perù. Dopo il quarto o quinto giro sia io che Federica, non più abituati a bere, ci ritrovammo palesemente brilli con un sorrisone stampato in faccia, increduli per ciò che ci stava accadendo. Eravamo passati dal non dover far nulla di particolare a festeggiare in grande stile, e quello era solo l'inizio. Per pranzo, Jesus ci diede due bracciali per accedere credo al miglior buffet di cibo peruviano della storia. Tentammo di pagare ma per lui era fuori discussione. Mangiammo di tutto in mezzo a tavolate di famiglie locali, c'era una bellissima atmosfera, sembrava che tutti stessero festeggiando qualcosa; era come essere gli invitati ad un matrimonio e senza Jesus ce lo saremmo perso. Nel pomeriggio, con tutta la calma del mondo, ci portò a vedere l'attrazione più importante di Huacachina: l'oasi nel deserto, per farci ammirare il tramonto dalla cima delle dune, ma non prima di averci regalato un'altra bottiglia di vino per un brindisi al calar del sole. Credo che nemmeno impegnandomi avrei potuto organizzare una giornata così perfetta, non dimenticherò mai il mio trentaquattresimo compleanno, il terzo consecutivo del nostro giro del mondo, quando non volevo festeggiare e invece fu la festa a trovare me. Fate del bene senza aspettarvi nulla in cambio, praticate gentilezza e aiutate gli altri, e quando meno ve lo aspettate riceverete cento volte tanto. Quando arrivammo a Cuzco fu come aggiungere un altro tassello al puzzle, rientrava tra le dieci tappe più attese del nostro viaggio. Il centro storico era un capolavoro, non solo per l'architettura delle piazze, dei monumenti e delle chiese: c'era un'energia positiva che ci faceva stare bene, infondeva una bella sensazione di pace e serenità. Ovviamente c'erano tanti altri viaggiatori oltre a noi – stiamo parlando della città più visitata e famosa del Perù – e tutti sembravano eccitati mentre cercavano nelle decine di negozi di attrezzatura da montagna tutto l'occorrente per affrontare la grande avventura per cui tutti ci trovavamo lì: il cammino per la città sacra di Machu Picchu. Sognavo quel trekking da sempre, per me era già un traguardo essere arrivato fino al punto di partenza dopo due anni di viaggio, ora volevo solo godermelo, attimo dopo attimo. Ci sono due percorsi per raggiungere Machu Picchu: l'Inca Trail, il più famoso, e il Salkantay Trek, una via alternativa più impegnativa (a detta delle guide) ma molto panoramica. Scegliemmo quest'ultima, la meno battuta, ci eccitava l'idea di affrontare una sfida più grande che scelgono solo in pochi (il 70% dei turisti percorre l'Inca Trail). Incontrammo le nostre guide e il resto del gruppo la sera prima di partire, c'erano altre due coppie oltre a noi, due ragazzi californiani, una ragazza spagnola e il suo fidanzato olandese, tutti grandi viaggiatori. Dopo aver rotto il ghiaccio davanti ad una tazza di the bollente e un briefing dettagliato, eravamo pronti a partire, specialmente io, eccitato come un bambino. Cinque giorni fuori dal mondo sulle Ande peruviane, pensando solo a camminare e godersi la natura, con i suoi colori, i suoi suoni, i suoi profumi... credo che al mondo non esista nessun altro luogo come la montagna per staccare davvero la spina e tornare in pace con se stessi. Dimenticarsi di tutto, dei problemi, del lavoro, del telefono - che grazie a Dio smette di funzionare – disintossicarsi e finalmente rallentare, fermarsi a respirare circondati da un paesaggio mozzafiato, tra cime innevate, valli rigogliose, foreste fittissime, laghi glaciali, fiumi selvaggi e cascate, ecco perché amo la montagna, la natura e i trekking; più sono lunghi e più sono felice, vedo ogni giorno come un dono, altre ventiquattr'ore di serenità prima di tornare nel vortice di follia della civiltà. Fu un'esperienza incredibile, di quelle che si vivono una volta sola nella vita, fatta di gioie e momenti indimenticabili, di prove fisiche (camminare in salita a 4600 metri d'altitudine non è una passeggiata) ma anche di tante risate. Machu Picchu era la conclusione perfetta di un'avventura straordinaria. La città perduta degli Incas è uno dei siti archeologici più antichi della storia nonché una delle 7

Meraviglie del Mondo, e posso confermarvi che il titolo è più che meritato. Sarà perché devi guadagnartelo passo dopo passo, ma quando ci arrivi senti che non sei più lo stesso di quando sei partito, consideri quella visione come un privilegio concesso solo a chi ha avuto il coraggio di accettare la sfida, e l'unica cosa che desideri è prenderti un momento solo per te, sederti e ammirare il sole che sorge su quel capolavoro. Quelli sono i momenti che valgono un'intera vita, le ragioni per cui viaggiamo, che ci fanno crescere e ci rendono persone migliori. Restava un'ultima tappa, Titicaca, il lago navigabile più alto del mondo a quota 3812 metri, diviso tra Perù e Bolivia. Avevamo smesso di contare i giorni, ormai vivere a quelle altitudini era diventata la normalità. Dopo un mese ed innumerevoli trekking il nostro organismo si era completamente abituato e rinforzato, ci sentivamo parte di quel mondo andino; eravamo entrati in punta di piedi, come sempre, e lui ci aveva stregato, con la sua gente, i suoi colori e la sua musica. Sentivamo che il nostro amore per il sud America era ufficialmente consacrato. Lasciammo un pezzetto di cuore sull'isola di Amantanì, che ribattezzammo "l'isola della felicità". È incantevole, il sole accecante risplende sul lago conferendogli un azzurro brillante; è un'isola di agricoltori e pescatori, piena di terrazze, fiori colorati e muretti di pietra. Nonostante la sua anima selvaggia è incredibilmente pulita e curata, è palese l'amore degli abitanti per la loro terra.

Ad Amantanì trascorremmo due giorni ospiti di una coppia di giovani peruviani. Vidal aveva 39 anni ma sembrava più giovane, con il sorriso sincero e contagioso di una persona serena, e sua moglie Sonia, dolce ed innocente come una bambina. Cenammo insieme e, seduti attorno ad un tavolo, passammo una delle serate più memorabili della nostra vita. Stavamo così bene che rinunciammo perfino alla passeggiata notturna che avevamo programmato. Ci tempestammo di domande a vicenda, noi volevamo sapere tutto della loro cultura e loro della nostra. Scoprimmo che quel loro piccolo paradiso riusciva a restare incontaminato perché solo chi nasceva sull'isola poteva abitarci e gli abitanti potevano sposarsi solo tra di loro (se ci si innamora di un forestiero, il matrimonio è consentito ma gli sposi non potranno vivere sull'isola).

Vidal ci raccontò, inoltre, che tutti si consideravano fratelli: ad esempio se una famiglia aveva bisogno di una casa, tutta la comunità si riuniva per costruirla senza chiedere un soldo. È un altro mondo, completamente diverso dal nostro pieno di rabbia e di odio, è un mondo che dà speranza, è la prova che vivere in completa armonia è ancora possibile. Amantanì rappresenta tutto ciò che di buono c'è nella natura umana. Non so come, ma a fine serata ci ritrovammo a ballare e cantare con indosso i loro abiti tradizionali, io con un poncho dai colori fluo e cappello in lana di alpaca, e Federica con gonnone rosso pesantissimo, cintura arcobaleno, camicia bianca a fiori e velo in testa.

Il Perù ci aveva donato un numero incalcolabile di momenti intensi che scatenarono emozioni potentissime, aveva richiesto tutte le nostre energie, ma potevamo sentire che ci aveva cambiato in meglio. Esplorarlo con un budget ristretto e senza fronzoli aveva modificato ancora una volta il nostro modo di vedere le cose, ci sentivamo più forti e consapevoli, ancora più grati e innamorati della vita.

27

Impiegammo trentasei interminabili ore per portarci dal Perù nella caldissima San Pedro de Atacama, in Cile. Fu uno dei viaggi più brutti e scomodi del nostro giro del mondo, con quattro pullman e dieci ore di attesa in una delle stazioni; mi vengono i brividi a ripensarci oggi, ma a quel tempo eravamo in viaggio da ventisei mesi e nulla avrebbe potuto scoraggiarci.

Il Cile è il Paese più caro del sud America e ritrovammo prezzi molto simili a quelli europei. Per noi, che eravamo abituati a cenare con un euro, fu una bella batosta, per fortuna non ci saremmo fermati molto. Inoltre, nel resto del Paese, proseguendo verso sud, a Santiago, erano in corso le proteste di milioni di lavoratori e studenti contro il carovita e la corruzione. Proteste che sfociarono in violenti scontri con la polizia nazionale e che provocarono l'intervento dell'esercito e la proclamazione dello stato d'emergenza da parte del governo.

Ci furono morti e migliaia di feriti: il Cile era in guerra. Dopo la nostra esperienza in Ecuador avevamo imparato che in Sud America queste cose vanno prese con il dovuto rispetto e che in questi Paesi le persone povere sono pronte a tutto quando scendono in piazza per far sentire la propria voce. Approfittammo della tappa a San Pedro, un paesino turistico completamente all'oscuro di ciò che stava accadendo nel resto del Paese, per visitare la Valle della Luna: un deserto con spettacolari formazioni di pietra e sabbia scolpite nel corso dei millenni dal vento e dall'acqua, con una gamma di colori che va dal rosso al rosa al bianco, un paesaggio surreale a metà tra la Luna e Marte. Mentre quasi tutti i turisti decisero di unirsi ad un tour organizzato in minivan, noi optammo per una soluzione molto più economica e sicuramente più avventurosa: noleggiammo una bicicletta. Era perfetto, saremmo partiti quando volevamo e avremmo potuto fermarci in ogni momento senza rendere conto a nessuno. Ci dimenticammo però che, anche se formata prevalentemente da rocce, quella era una zona con la temperatura di un deserto. Sbagliando clamorosamente, invece di uscire all'alba, col fresco, partimmo a metà mattina e nel giro di un'ora ci ritrovammo sotto il sole cocente alle prese con un caldo infernale. Se non fosse stato per il vento che ci dava un po' di sollievo, la crema solare protezione 50 e la nostra buona forma fisica, probabilmente avremmo dovuto abbandonare l'impresa; fortunatamente non c'eravamo risparmiati sulle scorte di cibo e acqua, così pedalammo, tra un breve trekking e l'altro, fino al tramonto, quando le montagne si coloravano di arancione, giallo, oro e viola. Tornammo in città distrutti ma vittoriosi come se avessimo scalato una montagna a mani nude, giusto in tempo per comprare la cena al supermercato. Era in questi casi, in cui puntavamo solo a riempire lo stomaco per placare la fame piuttosto che ricercare cibo di qualità, che la cucina italiana ci mancava da morire. Ripetevamo a noi stessi che erano sacrifici temporanei e che, una volta tornati a casa, avremmo mangiato tutto quello che tanto ci era mancato e che, soprattutto, lo avremmo apprezzato come non mai.

Purtroppo per noi, in quello stesso periodo anche la Bolivia era in stato d'emergenza, con proteste, strade bloccate, scontri con la polizia, incendi, morti e feriti. Con l'anima in pace e senza alcun senso di colpa decidemmo di eliminarla dal nostro itinerario, la nostra vita era sicuramente più importante e non ci sembrava giusto far morire di paura i nostri genitori che già da due anni aspettavano il nostro ritorno con il cuore in gola. Inoltre, eravamo pienamente consapevoli di essere due viaggiatori e che anche dopo il nostro grande viaggio non avremmo mai smesso di esplorare il mondo, ci sarebbero state decine di occasioni per tornare in Sud America. Ma, di nuovo, il karma come mi piace pensare, ci fece un regalo. San Pedro si trova a due passi dal confine boliviano che a sua volta si trova a "due passi" (considerando le dimensioni della Bolivia) dal Salar de Uyuni, che altro non è che uno dei più grandi capolavori di Madre Natura. Scoprimmo che i tour di quattro giorni con le jeep erano regolarmente attivi, poiché le sommosse non sfioravano minimamente quella zona. Quell'avventura a cui credevamo di dover rinunciare era per noi molto importante, come lo era stato raggiungere Machu Picchu.

Partimmo con i fuoristrada e scoprimmo con gioia che il Salar sarebbe stato solo la ciliegina sulla torta dell'ultimo giorno: prima c'erano un'infinità di bellezze naturali ad attenderci lungo il percorso, che si sarebbe svolto ad un'altitudine media giornaliera di 4200 metri, con un'escursione termica compresa tra i -15° di notte e i 10° di giorno. Tutti i telefoni erano temporaneamente morti, perfino le nostre guide comunicavano solo via radio, eravamo fuori dal mondo. Che sensazione stupenda!

La Bolivia superò le nostre aspettative: lagune rosse, arancioni, gialle, bianche; fenicotteri rosa, le vigogne (simili ai lama da cui viene ricavata la lana più preziosa del mondo); le montagne, i deserti, i vulcani, i geyser.

Dulcis in fundo, il Salar de Uyuni, la più grande distesa di sale al mondo con una superficie di 11.000 km quadrati ad un'altitudine di 3600 metri, semplicemente pazzesco! Quella mattina ci svegliammo alle 3:30, prima per ammirare il cielo stellato, poi per goderci l'alba su quell'immenso deserto di sale bianchissimo, seduti sulla cima di un isolotto di roccia, circondati da cactus giganti, avvolti e scaldati dai raggi del sole che lentamente facevano capolino all'orizzonte. Un'alba da sogno, forse la più incredibile della nostra vita, difficile sceglierne una quando ne conservi a centinaia tra i tuoi ricordi più preziosi.

Tornammo in Cile. Dopo solo quattro giorni avevamo un bagaglio enorme di emozioni e la nostra gratitudine era incalcolabile; ci mancavano ancora due Paesi prima di lasciare il continente e ci sarebbero state altre mille avventure da vivere prima di iniziare a pensare al ritorno a casa, anche se una nuova domanda lentamente stava iniziando ad occupare i nostri pensieri: *ma dopo tutto questo come faremo a tornare alla vita "normale"?*

28

Leggere "Argentina" all'ingresso della frontiera mi commosse. L'avevamo raggiunta via terra dal Messico, attraversando l'America Centrale e quella del Sud senza prendere aerei. C'era voluto quasi un anno. Impossibile non ripensare a quanta strada avevamo fatto. Chiusi gli occhi, e ringraziai il mio coraggio di cambiare e di agire, di scegliere l'azione e non l'attesa; ma soprattutto benedissi Federica, senza la cui forza non ce l'avrei fatta. Sapevo che un giorno mi sarebbe mancato tutto e volevo respirare a pieni polmoni insieme a lei quella libertà. Ero felice.

Arrivammo in autobus a Salta, una città nel nord del Paese che ci riportò all'improvviso in Europa. Presi dalle nostre avventure non c'eravamo mai fermati a pensare che l'Argentina è completamente diversa da Colombia, Ecuador, Perù e Bolivia. Ci eravamo abituati ormai alle Ande, agli indigeni, alle città povere e al cibo semplice. In Argentina la situazione si stravolse completamente: i lineamenti e la carnagione delle persone locali, i loro usi e costumi, le abitudini alimentari e la mentalità; il 90% delle famiglie aveva nonni italiani emigrati agli inizi del '900, tutto ci faceva pensare all'Italia. Ritrovammo i supermercati, quelli con prodotti occidentali, non li vedevamo dall'Australia. Il costo della vita tornò ad essere economico e dopo la follia del cambio cileno potemmo finalmente smettere di mangiare solo pane e biscotti. Arrivammo in città intorno alle 19.00, avevamo trovato una camera da una signora che abitava in periferia. Alle 19.30 eravamo già in un supermercato, con la stessa sensazione di quando da bambino ti accompagnavano in un negozio di giocattoli a comprare il tuo regalo di compleanno e potevi scegliere qualunque cosa. Appena entrati avrei voluto inginocchiarmi per baciare il pavimento e osservare un minuto di silenzio in segno di rispetto per quella visione paradisiaca. Dopo lo shock, ci demmo alla pazza gioia. Comprammo una quantità esorbitante di salame e gorgonzola per riempire la più grande focaccia che riuscimmo a trovare; il gelato, era passata un'eternità dall'ultima volta che lo avevamo mangiato; una confezione di gnocchi, del sugo e una bottiglia di vino rosso. Solitamente non compravamo mai il vino, ma eravamo in Argentina, dovevamo onorare quel pasto e poi costava quasi quanto l'acqua! Fu una delle cene più appaganti della mia vita, seguita da una dormita clamorosa, che purtroppo non durò molto. I nostri vicini avevano organizzato un barbecue serale degno di un matrimonio – e fin qui ci poteva anche stare – il problema furono i canti a squarciagola fino all'alba. In Italia il vicinato avrebbe chiamato la polizia in tempo zero superata una certa ora, in Argentina invece era tutto nella norma, nessuno a parte noi ne era stupito. Ce lo confermò, la mattina seguente, la signora che ci ospitava, quando le chiedemmo se fosse riuscita a chiudere occhio con un festival improvvisato nel cortile accanto, e ci disse che non aveva notato niente di strano. Ritrovarsi in famiglia per un asado (una grigliata di carne tipica della cucina argentina) è una tradizione sacra e nessuno oserebbe rovinarla. Ottimo, questo spirito di festa ci piacque immediatamente, ci saremmo lasciati andare per godercelo appieno. Dopotutto, gli ultimi mesi sulle montagne, anche se incredibili, erano stati faticosissimi e ci meritavamo un po' di spensieratezza. Fu bello tornare a passeggiare a maniche corte, abbandonando per qualche giorno i vestiti termici.

Il centro storico di Salta è considerato uno tra i più belli del

Paese, e probabilmente lo è; ma quando scoprimmo che a 250 km dalla città, nella *Quebrada de Humahuaca*, una valle protetta dichiarata Patrimonio dell'Umanità dall'UNESCO, sorgeva una catena montuosa chiamata "Montagna dei 14 Colori" (*Cerro del Los Quatorse Colores*), il richiamo fu irresistibile. Se ce lo avessero chiesto due anni prima, il piano ci sarebbe sembrato improponibile e faticoso, ma con la nostra nuova visione della vita ci considerammo dei privilegiati. Non c'erano mezzi locali che coprivano quella distanza, avremmo dovuto spezzare il viaggio in più giorni e perdere troppo tempo; ma se in Perù e Bolivia guidare è impensabile, in Argentina è fattibilissimo noleggiare una macchina, complici anche i prezzi stracciati. Ci accordammo con il proprietario dell'autonoleggio che ci fece un'offerta irrinunciabile: un enorme sconto se avessimo riconsegnato la macchina entro la chiusura, consentendoci di ritirarla la sera prima per permetterci di partire all'alba. Tra andata e ritorno avremmo dovuto guidare per 500 chilometri, e dovevamo considerare anche i tempi per l'escursione, per il pranzo e per scattare qualche foto. Sarebbe stata una sfacchinata, ma dopo centinaia di pullman fatiscenti tra Asia e Americhe con attese infinite in mezzo al nulla, avere una auto tutta per noi ci sembrò fantastico. Avrei guidato anche per mille chilometri se fosse stato necessario, senza mai osare lamentarmi. Ero cambiato. Eccome se ero cambiato!

La Montagna dei 14 Colori si rivelò degna del suo nome e della sua fama. I minerali creavano mille sfumature, come se qualcuno si fosse divertito a colorarle con i pastelli; le sue forme piramidali e armoniose sembravano scolpite da un abile artista. Sulla via del ritorno ci fermammo in un paio di paesini sperduti tra le montagne, per il semplice piacere di prolungare quella meravigliosa giornata e goderci fino all'ultimo la comodità di avere quattro ruote. Riuscimmo a consegnare l'auto in tempo, la nostra casa era dall'altra parte della città ma ci sentivamo così in pace che l'attraversammo a piedi, con la solita calma che ormai contraddistingueva la nostra vita.

Date le immense dimensioni dell'Argentina alzammo ulteriormente la media delle nostre ore di viaggio via terra, ne passammo circa diciotto sull'autobus che ci portò a Mendoza, famosa a livello mondiale per i suoi vigneti. Bella, verdeggiante, piena di vita, con un'atmosfera piacevole, Mendoza era la casa del Malbec, un vino rosso diventato quasi un'attrazione turistica: non potevi lasciare la città senza averlo assaggiato. Ci togliemmo il pensiero la prima sera, quando in un supermercato scoprimmo che i prezzi erano addirittura più convenienti che a Salta. Scambiando quattro chiacchiere con la gente del posto, venimmo a sapere che il periodo della vendemmia, da gennaio a marzo, viene celebrato con feste e spettacoli, ed è considerato *Fiesta Nacional*. Le agenzie vendono addirittura pacchetti speciali per i turisti e le aziende vinicole (molte con il nome italiano di quando sono state fondate) aprono le porte per permettere, a chi vuole provare, di raccogliere l'uva. Sfortunatamente era dicembre, avremmo vissuto la *Vendimia* un'altra volta; per noi fu più che sufficiente il Tour del Vino che consisteva nel noleggiare (di nuovo) due biciclette e percorrere un tratto di strada tra le più famose cantine di Mendoza, con una mappa e la libertà di scegliere quale visitare. Ognuna mostrava il processo di vinificazione e offriva, a prezzi diversi, una degustazione e la possibilità di pranzare. Incontrammo molti backpackers come noi intenti a gustarsi una buona bottiglia di vino argentino, l'unica pecca fu che la romantica pedalata tra le vigne si rivelò un pericoloso slalom tra i camion. Eravamo alle porte di una delle regioni più remote del mondo, che da anni faceva parte dei nostri sogni: quando da bambini guardando i documentari della domenica pomeriggio ci sembrava irraggiungibile ma non per questo smettevamo di sognare. La Patagonia sembrava così lontana il giorno della nostra partenza da Milano, eppure eravamo proprio lì, a San Carlos de Bariloche; continuavamo a ripeterlo ad alta voce, come se volessimo essere certi che fosse tutto vero.

Era proprio così che immaginavamo questa terra: foreste a perdita d'occhio, laghi dall'acqua cristallina e montagne innevate a fare da sfondo ad un dipinto perfetto. Nel mezzo noi due, soli, cullati tra il suono dell'acqua e il cinguettio degli uccelli, in uno degli ultimi angoli del mondo rimasti incontaminati.

Ricaricammo il corpo e la mente nel giro di un paio di giorni, prima con un trekking e poi con la visita al Parco Nazionale Nahuel Huapi: un luogo meraviglioso con moltissimi punti panoramici, pieno di laghi, piccole spiagge, montagne, fiumi e cascate. Avevamo trovato un altro Paese che reggeva il confronto con la nostra amatissima Nuova Zelanda. Bariloche sarebbe stata l'ultima grande cittadina prima di inoltrarsi verso sud, nelle terre estreme, dove avremmo trovato solo piccoli villaggi e ci saremmo spostati principalmente in autostop, per evitare i costosissimi autobus locali. Ne approfittammo per fare scorte di cibo e per comprare la tenda che sarebbe stata la nostra casa per il mese successivo. Finimmo per trovarne una "da battaglia" in un supermercato al costo di quaranta euro. Eravamo eccitati ed euforici perché iniziavamo ad immaginare il nostro ritorno, e a come sarebbe stato riabbracciare famigliari e amici che non vedevamo da oltre due anni. Ci mancavano tanto, ma volevamo goderci quell'ultima grande avventura. Guardavo Federica e mi sembrava più bella che mai, che forza della natura era diventata! Ormai avremmo potuto leggerci nel pensiero a chilometri di distanza. Mi conosceva meglio di chiunque altro e mi fidavo ciecamente di lei, amavo amarla e amavo essere amato da lei.

Diretti verso sud, arrivammo ad Esquel, il punto più vicino per entrare nella Patagonia cilena. Da lì in poi avremmo rimbalzato tra il lato cileno e quello argentino proseguendo il nostro cammino verso Ushuaia. C'erano troppe meraviglie da vedere e scegliere un solo Paese tra i due sarebbe stato impossibile. Esquel fu anche l'ultima volta in un letto vero, che ci godemmo il più possibile preparandoci mentalmente alle notti in tenda senza materassino. Li avevamo rispediti a casa a metà viaggio, erano di un modello troppo pesante per essere trasportato, a meno che non venga utilizzato tutti i giorni non ne vale la pena (uno dei tanti errori pre-partenza dovuti all'inesperienza). Il piano era di comprarne due più leggeri a Bariloche, ma non avevamo considerato i prezzi elevati e lo spirito d'adattamento che avevamo sviluppato. Per un mese, quindi, avremmo stretto i denti, ne avevamo passate di peggio. Ad Esquel non ci lasciammo sfuggire la visita ad un altro Parco Nazionale considerato tra i più belli dell'Argentina, il *Los Alerces*, anch'esso ufficialmente nella lista dei Patrimoni dell'Umanità dell'UNESCO (io inserirei nella lista direttamente l'intera Patagonia). Di nuovo, ci ritrovammo soli tra maestose montagne, ghiacciai, laghi, fiumi, foreste, fiori. Quei colori e quell'energia facevano bene all'anima. Cerchiamo la felicità ovunque, riempiendo la nostra vita di cose inutili, continuando a comprare, e invece basterebbe così poco per ritrovare l'equilibrio ed essere felici. La straordinaria bellezza del nostro pianeta è l'unica cura di cui abbiamo bisogno, perché lasciarci inghiottire dalle nostre città quando c'è così tanto da vedere? Non occorre andare fino in Patagonia, basta sdraiarsi su un prato, rilassarsi in riva ad un fiume o passeggiare in montagna. È più rigenerante di qualsiasi terapia.

Trovammo un passaggio fino alla frontiera con il Cile, il "gioco duro" era ufficialmente cominciato. Per le settimane successive non avremmo avuto accesso ad internet e la tenda sarebbe stato l'unico riparo.

Il bello era proprio vivere con niente più dello stretto necessario. Superati i controlli e guadagnati gli ennesimi timbri sul passaporto, tentammo il primo autostop. Era risaputo che in questa regione ci si spostava così, c'era un'unica strada principale e le auto potevano solo andare verso sud o tornare a nord. Gli abitanti del posto sono soliti recuperare gli autostoppisti sul ciglio della strada (soprattutto i viaggiatori zaino in spalla), il problema è che sono talmente pochi che a volte puoi aspettare per ore che passi qualcuno e non è detto che alla fine succeda. Un particolare mi colpì: tutti gli automobilisti rallentavano per scusarsi se non avevano posti liberi o se non andavano nella nostra direzione. Quella prima volta comunque andò alla grande, meno di due minuti di attesa e ci caricarono tre ragazzi argentini che ci invitarono a raccontare la nostra storia. Tutti si innamoravano della nostra avventura e facevano il possibile per darci una mano. Probabilmente notavano i segni del viaggio sui nostri volti e sui vestiti, ma sarebbero stati sufficienti le dimensioni dei nostri zaini per capire che era tutto vero.

L'autostop era un mezzo grandioso per fare amicizia e imparare nuovi particolari su un'altra cultura, io ne approfittavo sempre per recuperare più informazioni possibili e raccontare la nostra storia.

I paesini della Patagonia sono grandi quanto la frazione di un piccolo paese di campagna italiano: un agglomerato di case di legno provate dal sole, dalla pioggia e dal maltempo, uno o due negozietti che fanno allo stesso tempo da alimentari, ristorante (se va bene) e fermata dell'autobus. Per capire dove passare la notte basta chiedere in giro, c'è sempre qualcuno che per pochi spiccioli ti lascia piantare la tenda. Ci sono anche dei campeggi che offrono acqua e bagni, ma i posti si esauriscono quasi subito, soprattutto in alta stagione, ma si può sempre decidere di rimettersi sulla strada alzando il pollice per tentare di macinare ancora qualche chilometro. Niente si poteva programmare viaggiando, non potevi sapere fino a che punto saresti arrivato e dove avresti dormito, tutto dipendeva dal caso, ma il bello era proprio questo. Non volevamo correre, era proprio ciò da cui eravamo fuggiti, volevamo invece rallentare il più possibile. Nemmeno i telefoni funzionavano (cosa che mi rendeva felice come poche altre), anche non volendo eri costretto a disconnetterti da tutto, una disintossicazione totale. Avevo trascorso le settimane precedenti a cercare informazioni che avevo trascritto tra i miei appunti, per sopravvivere non potevamo fare affidamento su altro, a parte l'aiuto dei locali. Mentre imparavamo ad abituarci a questo nuovo stile di vita, il paesaggio intorno a noi era spettacolare. Solo montagne, foreste, laghi, fiumi e un denso silenzio.

Bene prezioso e raro nel nostro mondo civilizzato.

Ogni sera ci impegnavamo per accamparci nel posto più bello: immersi nel verde o sulla riva di un fiume alle porte di una foresta. Al tramonto il cielo sembrava incendiarsi, con le sue mille tonalità di rosso e arancione. Per i primi giorni fu sempre così, fino a quando il tempo cambiò improvvisamente portando vento, nuvole e pioggia. Scese la temperatura e le nostre notti in tenda diventarono interminabili; le raffiche di vento a volte erano talmente forti da farla vacillare e credevamo non avrebbe retto, dopotutto l'avevamo pagata quattro soldi. A quanto pare, per l'ennesima volta avremmo dovuto guadagnarcelo con tutte le nostre forze il traguardo. Ok, ciò che non ti uccide ti rende più forte, sfida accettata. Saremmo arrivati a *la fin del mundo*, a Ushuaia, anche strisciando pur di farcela.

La vigilia di Natale ricevemmo il messaggio di un carissimo amico che stava percorrendo la nostra stessa strada, ma in bicicletta. Raffaele, lo avevamo incontrato in India quando anche lui era rimasto bloccato al confine con il Myanmar. Non lo avevamo più visto da allora ma avevamo mantenuto i contatti; aveva attraversato l'Asia e tutto il Sud America. C'eravamo dati appuntamento in Italia, mai avremmo immaginato che le nostre strade si sarebbero incrociate di nuovo in quelle terre così remote, e soprattutto in un momento in cui rivedere un amico era ciò di cui avevamo più bisogno.

Per raggiungerlo avremmo impiegato un paio di giorni, arrivando da lui il 26 dicembre. Ma quanto sarebbe stato leggendario ritrovarci il giorno di Natale per trascorrerlo insieme, quando la lontananza dalla famiglia è più dura che mai?

Al diavolo! Per una volta avremmo messo in secondo piano il budget e fatto una sorpresa a Raffaele, anche lui stremato dalle centinaia di chilometri in bicicletta, con pochissima attrezzatura tecnica e spesso sotto la pioggia. Due amici italiani era il regalo che meritava! Per la prima volta in Patagonia prendemmo due autobus, il secondo per un soffio, anzi senza nessuna certezza che sarebbe arrivato. Le uniche parole di uno sconosciuto in mezzo al nulla furono "se passa ferma qui, ma oggi è il 25 dicembre e potrebbe non passare mai, *vaya con Dios!*". Concentrammo tutta la nostra positività, pregammo in italiano, inglese e spagnolo: quell'autobus doveva passare, il nostro piano era troppo bello per andare in fumo, sarebbe stata una delusione grande che non meritavamo. E alla fine quell'autobus arrivò, non ci credevamo più nemmeno noi! Il peggio era passato, era fatta, avremmo avuto il nostro magico Natale. Quando scendemmo a Coyhaique eravamo a soli 500 metri dal campeggio di Raffaele, li facemmo di corsa con più di venti chili sulle spalle, ma non li sentimmo nemmeno, spinti dalla gioia del momento. Superato il cancello principale, bastò chiedere: *"where is the italian guy?"* per far voltare tutti in direzione di Raffaele, che trovammo in pantaloncini corti e senza maglietta nel cuore della Patagonia. Non ho mai conosciuto una persona mentalmente libera come lui, è tutt'ora uno degli amici che stimo e ammiro di più (abbiamo già informato Federica che un giorno faremo un viaggio insieme, e ancora non ha deciso se esserne felice o terrorizzata).

Il sorriso di Raffaele quando ci vide e ci corse incontro valeva tutto l'oro del mondo. Ci riabbracciammo dopo ben due anni di viaggio, tutti e tre con milioni di storie da raccontare. Spuntò perfino il sole dopo tanti giorni di pioggia, e il campeggio con un grande prato centrale fu perfetto per il "picnic" che ci eravamo immaginati sin dall'inizio dell'impresa. Abbandonammo gli zaini, la stanchezza era già sparita. Da buoni italiani ci precipitammo a comprare spaghetti (qualcosa di simile agli spaghetti, per essere precisi), pomodoro, birre e vino. Si unirono al gruppo anche Diego e Riccardo, due grandissimi cicloviaggiatori.

All'improvviso ci ritrovammo in cinque a festeggiare quel 25 dicembre, che diventò il nostro Natale italiano. Iniziammo nel pomeriggio e a mezzanotte avevamo ancora i bicchieri in mano, per una notte fu come essere in famiglia: il porto sicuro fatto di persone pronte ad abbracciarti e avvolgerti con il calore di un amore incondizionato. Anche se a volte vi fa impazzire, prendetevi cura della vostra famiglia, è il bene più prezioso che avete: sono coloro che vi ameranno sempre.

Decidemmo di sfruttare quel segno del destino e di viaggiare con Raffaele fin dove fosse stato possibile, eravamo elettrizzati all'idea di poter passare finalmente qualche giorno insieme. Ci demmo appuntamento al villaggio successivo, Caleta Tortel, noi lo avremmo raggiunto in autostop e lui in bici. Eravamo di nuovo carichi e concentrati, il nostro raduno aveva funzionato alla grande.

La positività ristabilita manifestò immediatamente i suoi frutti, quando non facemmo nemmeno in tempo ad alzare il pollice che una macchina ci caricò. Fu l'autostop più veloce del nostro giro del mondo.

Caleta Tortel è un paesino di pescatori sorto sull'estuario del Fiume Baker e costruito interamente su passerelle, scale e ponti di legno che sono l'unico modo per spostarsi tra le casette abbarbicate tra le piccole colline sulla riva. Il tempo qui sembra essersi fermato, non esistono telefoni e non c'è nemmeno l'elettricità durante il giorno, ad eccezione di qualche ora la sera. Sarebbe stato un posto magnifico da vivere ed esplorare, ma il diluvio incessante che ci accompagnò per due giorni non ce lo permise. Gli alloggi nelle pochissime sistemazioni erano costosissimi secondo i nostri standard, ma per fortuna riuscimmo a trovare un posto libero nell'unica guesthouse che offriva delle passerelle coperte per montare la tenda. Tra la pioggia e il fiume, l'umidità raggiunse dei livelli incredibili e la bassa temperatura complicò ulteriormente le cose: si gelava. Grazie a Raffaele trovammo ospitalità presso Don Guillermo che per due volte ci fece entrare in casa per riscaldarci e prepararci la cena senza chiedere nulla in cambio.

Aveva perso la moglie e, vivendo in una delle località più isolate del mondo, tutto quello che chiedeva era solo un po' di compagnia e quattro chiacchiere. Era diventato famoso tra i backpackers di passaggio, senza il suo aiuto non so proprio come avremmo fatto.

Il motivo della nostra attesa era una barca, la *Crux Australis*, che arrivò puntale la sera del secondo giorno risparmiandoci fortunatamente una seconda notte in tenda. Per due giorni attraversammo gli stupendi fiordi della Patagonia cilena, navigando verso sud per circa 700 km fino a raggiungere Puerto Natales. Ci godemmo quel panorama in un silenzio surreale, sentendoci un po' come i primi navigatori alla scoperta di nuove terre. Al nostro gruppo si unì Alfredo, un ragazzo cileno che entrò subito a far parte della famiglia. Grazie a lui (e alla sua prenotazione dell'ultimo momento) ci assegnarono i posti al piano inferiore dove non c'era nessun altro a parte noi. Dopo anni schiacciati sugli autobus di tutto il mondo avevamo una cinquantina di poltrone tutte per noi, naturalmente ci *sbragammo* e quella cabina diventò il nostro appartamento.

L'equipaggio ci soprannominò amichevolmente "I VIP", e con tre pasti al giorno quella traversata diventò per noi una crociera di lusso.

Puerto Natales è una graziosa cittadina sulle rive del Fiordo di Ultima Speranza, circondata da montagne innevate (tutto l'anno, anche in estate) e caratterizzata da un vento particolarmente gelido. Attraccammo al porto il 30 dicembre, con un tempismo perfetto per trascorrere il Capodanno. Trovammo l'ostello più economico del paese che ci propose delle camere ma per risparmiare montammo le tende in giardino, avremmo comunque potuto usare la cucina e il bagno. Affare fatto in meno di un secondo.

Raffaele, da buon napoletano, aveva scoperto che in centro c'era la pizzeria napoletana "più a sud del mondo". Pensammo che ci stesse prendendo in giro ma ci ricredemmo quando ci portò a conoscere Carmine, il pizzaiolo nonché il proprietario napoletano che, con anima e cuore insieme a sua moglie Romina, aveva deciso di aprire un locale in una delle regioni meno ospitali del mondo, con non pochi sacrifici e conquistando il titolo di miglior ristorante di Puerto Natales. Essendo una tappa di passaggio, c'era un continuo flusso di turisti affamati e desiderosi di prendersi una pausa dal cibo locale. Trovare una pizza italiana dopo giorni di tenda, freddo e pioggia e mangiando quello che capitava, fu una visione paradisiaca. Quella pizza sarebbe stata solo una delle tante se l'avessimo mangiata in Italia prima di partire, ma per i nuovi Andrea e Federica era "cibo degli dei". Giurai a me stesso che una volta tornato non avrei più dato per scontata nemmeno una briciola di pane. Per la sera del 31 dicembre sfruttammo la cucina dell'ostello - la pizza del giorno prima era stata uno strappo alla regola più che soddisfacente – e dopo il brindisi di mezzanotte andammo, credo, nell'unico pub del paese per bere insieme la prima birra dell'anno e consacrare quel momento tra i nostri ricordi. Dopo il primo Capodanno a Tokyo e il secondo a Sydney, il terzo in Patagonia era il modo migliore per chiudere in bellezza. Salutammo Alfredo che aveva trovato lavoro in un hotel, avrebbe avuto per sempre la nostra casa ad attenderlo in Italia e noi avremmo sempre trovato aperta la porta della sua in Cile.

Oltrepassammo di nuovo il confine e tornammo nella Patagonia argentina. Restavano altre due tappe prima della meta finale, forse le più difficili perché essendo molto turistiche trovare una sistemazione economica sarebbe stato complicato. Andò molto bene a El Calafate, dove trovammo un campeggio semivuoto ad un prezzo ragionevole. Sulla via centrale, tra ristoranti, bar e agenzie, sembrava di essere a Rimini. C'era una ragione per tutto quel caos: El Calafate è la base per visitare, a pochi chilometri dal centro, la più famosa attrazione naturale della Patagonia, il Perito Moreno, uno dei ghiacciai più spettacolari del pianeta e Patrimonio dell'Umanità. Il ghiacciaio si trova nel Parco Nazionale *Los Glaciares e* occupa una superficie grande come la città di Buenos Aires, ma solo il 10% è visibile, il restante 90% è sommerso! Il silenzio veniva interrotto solo dai boati causati dai pilastri di ghiaccio che si staccavano, precipitando in acqua. Il Perito Moreno era stato il protagonista di molte chiacchierate fra me e Federica, quando fantasticavamo su un viaggio in Patagonia, considerandolo un sogno irrealizzabile, e invece ce l'avevamo fatta! Meglio rischiare tutto facendo qualcosa che ami, che arrenderti rinunciando ai tuoi sogni. È molto meglio fallire che il rimpianto di non averci provato.

El Chaltén è la seconda località più famosa della Patagonia argentina, soprannominata la Capitale del Trekking. Purtroppo i prezzi dei campeggi erano molto alti e dopo averli girati tutti senza nemmeno prendere in considerazione gli hotel, tentammo un'ultima mossa disperata in quello più economico che aveva esaurito le piazzole: pagammo una somma ridotta per montare le due tende (la nostra e quella di Raffaele) nel minuscolo parcheggio accanto all'edificio dove i proprietari e i vicini di casa piazzavano le auto e stendevano i panni. C'era l'erba per fortuna, ma non era assolutamente adatto allo scopo perché completamente esposto, e in una regione dove il vento glaciale può raggiungere i 100 km/h non è un particolare da sottovalutare. Quelle notti furono un'agonia. Con il ruggito del vento era impossibile addormentarsi, le sue folate comprimevano il telo della tenda sulle nostre facce, schiaffeggiandoci. Una notte, esausti, poco prima dell'alba ci rifugiammo nella sala comune dell'ostello. Ci trovammo Raffaele che aveva avuto la stessa idea, anche lui completamente a pezzi.

Gli appassionati di trekking e arrampicata di tutto il mondo si ritrovano a El Chaltén per cimentarsi con il Monte Fitz Roy, il sogno di tutti gli scalatori. Con un trekking di dieci km arrivammo ai suoi piedi, sulla riva della *Laguna de Los Tres,* dove il panorama ripagò ogni sforzo. Il colore azzurro dell'acqua, le cime innevate, il cielo e le nuvole: tutto ai miei occhi era di una bellezza commovente.

Il giorno seguente, "per riposare le gambe", percorremmo altri 20 chilometri per raggiungere l'imponente Cerro Torre e la sua laguna, dove dei piccoli iceberg galleggiavano verso la riva di fronte ad un immenso ghiacciaio. Rientrati in paese incontrammo di nuovo Diego e Riccardo, i mitici amici veneti in bicicletta con cui passammo la serata fra aperitivo, spaghetti e buon vino; ma qualcos'altro di veramente incredibile stava per accadere: poco tempo prima avevamo ricevuto un messaggio da Giuseppe che stava seguendo il nostro viaggio dall'inizio e che si trovava in Patagonia. Non avendo un itinerario con date programmate, incrociarsi in un territorio così grande sembrava impossibile, e invece scoprimmo di essere a El Chaltén lo stesso giorno!

Giuseppe fece una cosa che a qualcuno potrebbe passare inosservata, ma per noi fu un regalo dal valore inestimabile, soprattutto in un periodo in cui tenda, pioggia e freddo ci stavano spezzando le ossa. Volle a tutti i costi offrirci una cena in uno dei costosissimi ristoranti del centro. Il gesto generoso di una persona che ti ha appena conosciuto, può farti scoppiare il cuore. Ecco perché dobbiamo continuare ad aiutare gli altri ed impegnarci ad essere gentili ogni giorno:

perché al mondo ci sono persone belle come Giuseppe, e vale la pena contribuire a renderlo un posto migliore, proprio come stava facendo lui. Quando ci salutammo non riuscivamo a smettere di abbracciarlo, più ci chiedeva di non ringraziarlo e più gli volevamo bene. Restava solo Ushuaia, il gran finale della nostra avventura patagonica. Tornammo con Raffaele in autostop a El Calafate riuscendo, dopo ore di tentativi sotto la pioggia, nell'impresa di trovare una macchina con tre posti liberi, ma una volta arrivati purtroppo le nostre strade si separarono. Viaggiare insieme fu un'esperienza straordinaria e volevamo assolutamente rivederci un'ultima volta, magari in un posto caldo, prima di tornare tutti in Italia. La tappa prescelta fu il Carnevale di Rio, quale modo migliore per salutarci in grande stile?

Impiegammo tre giorni, tra autostop, bus, l'attraversamento della frontiera Argentina-Cile e di nuovo Cile-Argentina, per raggiungere, finalmente, la fine del mondo. Entrammo a Ushuaia verso sera, pioveva e purtroppo non c'erano campeggi in paese, l'hotel più economico e squallido ci sarebbe costato tre volte il consueto budget e cedere era fuori discussione. Avevamo scoperto che c'era un camping (l'unico ad un prezzo onesto) a 7 km dalla città, dovevamo però capire come raggiungerlo. In un giorno normale lo avremmo fatto a piedi ma arrivati a quel punto non avevamo più nemmeno le forze di alzare il pollice per cercare un passaggio, avevamo dato tutto il possibile in quelle settimane e non ci era rimasto nemmeno un briciolo di energia. Ci saremmo accampati nel parcheggio se ce lo avessero permesso. Ancora oggi non so quale santo ringraziare, ma proprio quando stavamo per cedere il nostro angelo custode arrivò a salvarci. Era Giuseppe, giunto prima di noi a Ushuaia con la sua macchina, che ci chiamò e ci venne a prendere, offrendoci un passaggio fino al campeggio. Senza di lui penso che non avremmo avuto nemmeno la forza di sollevare gli zaini. Seduti in macchina, al caldo, mentre la pioggia incessante batteva sui vetri, tirai un sospiro di sollievo. È troppo bella la sensazione di avere un amico che veglia su di te in un momento di debolezza, le parole non sarebbero mai potute bastare per ringraziare Giuseppe che ci stava salvando la vita, di nuovo.

Lungo la strada ci confidò di avere un altro regalo per noi; parcheggiò l'auto nel centro abitato e ci chiese di seguirlo senza fare domande. Oltrepassammo un cancello ed entrammo in un piccolo cortile fino a raggiungere la porta di una graziosa villetta di due piani. Il primo pensiero fu che ci abitasse una famiglia di almeno quattro persone, ma invece di suonare il campanello Giuseppe aprì la serratura con le chiavi. Ok, probabilmente quello era il suo alloggio e forse voleva cenare lì, al caldo, tutti insieme prima di portarci al campeggio. Un regalo meraviglioso da parte sua, un paio d'ore all'asciutto era proprio quello di cui avevamo bisogno. Ma quando mi mise il mazzo di chiavi in mano riuscii a malapena a reggermi in piedi, tremavo mentre realizzavo quello che stava accadendo: Giuseppe ci aveva appena regalato una notte in quella reggia! Un appartamento con cucina, salotto, camera, bagno, tv, frigorifero, tutte le comodità che normalmente possiede ogni casa del mondo ma non noi, non in quel periodo. Di nuovo la vita ci stava impartendo una grande lezione: un uomo si era messo nei nostri panni, aveva immaginato ciò di cui potevamo aver più bisogno e aveva speso i suoi soldi per regalarcelo. Non solo quella casa, senza saperlo Giuseppe ci aveva appena donato le forze per tenere duro e la voglia di rialzarci. Grazie a lui ritrovammo l'entusiasmo di sempre e gliene saremo eternamente grati.

Oltretutto, aveva un volo ad attenderlo, e non avremmo avuto nemmeno il tempo di ricambiare il suo gesto meraviglioso. Il mattino seguente, al nostro risveglio, ancora non riuscivamo a credere che fosse tutto vero; ci godemmo fino all'ultimo secondo quel tetto sopra la testa e lasciammo la casa dopo pranzo, nuovamente pronti a conquistare il mondo. Esplorammo con calma Ushuaia per qualche giorno, era una cittadina piccola e dall'atmosfera piacevole. L'avevamo raggiunta via terra partendo da San Francisco in California, superando decine di ostacoli e momenti difficili senza mai crollare, sempre insieme. Quello era il nostro ottocentoventinovesimo giorno di viaggio. Viaggiare zaino in spalla per così tanto tempo non è facile come può sembrare, ci vogliono impegno, sacrifici, tanta fiducia in se stessi e un enorme spirito di adattamento.

Terminarono così quelle settimane così intense. Avevamo abbandonato la civiltà per avventurarci con la nostra tenda in una terra sconosciuta e lontana, tra imponenti montagne, laghi, fiumi, foreste e ghiacciai. Si dice che non si può viaggiare in Patagonia se si ha fretta, chiunque l'abbia detto ha ragione. Con l'autostop puoi essere caricato in cinque minuti oppure in cinque ore, e l'unica cosa da fare è imparare a prenderla con filosofia, anzi a goderti questo rallentamento; il bello è proprio questo, abituati come siamo alle nostre vite con ritmi disumani. Senza internet, senza traffico, senza stress, gioverebbe a chiunque provare un'esperienza simile; la sensazione di sentirsi fuori dal mondo è impagabile. Nonostante le condizioni meteo che complicarono parecchio le cose, ogni volta che ripensiamo a quell'avventura ci vengono in mente solo i luoghi meravigliosi che abbiamo visto e soprattutto le persone straordinarie che abbiamo conosciuto.

29

Vivere due giorni e mezzo su un autobus, dopo un mese di tenda, pioggia e autostop, fu una passeggiata di salute. Cinquantasei ore, il nostro trasferimento più lungo, ma noi riuscivamo a vederne solo i lati positivi: un tetto, aria calda e riposo. Quando arrivammo alla stazione di Buenos Aires ci sembrò di essere atterrati su un altro pianeta: caldo, colori, musica. La capitale argentina è una delle città più grandi e vivaci del Sud America; per la sua mentalità ci ricordò in qualche modo Barcellona. Aveva un'anima un po' hipster e nomade, proprio come piaceva a noi: autentica e piena di vita. Fu amore a prima vista, e la visitammo con il mood dei suoi abitanti, i porteñi, lentamente.

In quei giorni ci sentimmo al settimo cielo.

Restavano quasi quattro mesi di viaggio, non avevamo mai stabilito una data ufficiale di ritorno ma per risparmiare sul prezzo dei voli era arrivato il momento di scoprirla. Passammo un pomeriggio al computer con il calendario alla mano, calcolando a grandi linee il nostro itinerario e tutte le tappe che mancavano. L'obiettivo era rientrare un paio di settimane prima del trentesimo compleanno di Federica, il 29 aprile. Volevo assolutamente che lo festeggiasse circondata da famiglia e amici, lo meritava più che mai; avrei interrotto il viaggio in qualsiasi momento pur di farle questo regalo. Dopo decine di calcoli finalmente prenotammo l'aereo che ci avrebbe riportato oltreoceano, in Marocco, a "due passi" da casa. Da lì in poi avremmo proseguito via mare per la Spagna e poi in autobus fino a Milano, arrivando nella stessa stazione da cui eravamo partiti anni prima.

Ci sembrava di essere in viaggio da sempre, eravamo completamente cambiati e per la prima volta sapevamo esattamente in che giorno avremmo rivisto i nostri cari. Uscimmo immediatamente in cerca di una birra per brindare, camminavamo a tre metri da terra. Avevamo una data ufficiale di ritorno e non riuscivamo ancora a crederci. Eravamo felici, non restava altro che goderci il tanto sognato Brasile, l'ultimo Paese della nostra straordinaria avventura in Sud America. Attraversammo il confine toccando una delle sette meraviglie naturali del mondo, le 275 cascate di Iguazù, con altezze fino a 80 metri, dislocate lungo i 4 chilometri del fiume Iguazù e con una portata d'acqua di 1,9 milioni di metri cubi al secondo. Restammo in silenzio per i primi dieci minuti ad ammirare tutta quella potenza.

Dopo le cascate, la prima tappa ufficiale fu Florianopolis. Il nostro piano era di percorrere tutta la costa sino all'estremo nord dove ci aspettava il volo. La città sembrava ricchissima, da una parte grattacieli, ristoranti e bar, dall'altra spiagge e natura selvaggia. Naturalmente eravamo più interessati alla seconda, che ci mostrò una coppia di viaggiatori appena conosciuti, Selene e Humberto: due anime libere e senza programmi, in viaggio in America Latina con il loro minivan e Toby, il fedele amico a quattro zampe. Ogni volta che incontravo questo tipo di persone notavo che erano sempre le più felici e sorridenti, e trasmettevano tanta serenità. Non c'era in loro nemmeno l'ombra dello stress onnipresente nella società di oggi, erano la prova che uno stile di vita alternativo era possibile e, per fortuna, queste coppie di sognatori aumentavano sempre di più. Proseguimmo verso San Paolo, la città più grande del Sud America, cercando di ignorare tutti i pregiudizi sulla sua pericolosità. Avevamo imparato bene la lezione con il Messico, quando i californiani ci avevano preparato all'inferno e invece trovammo un Paese ed un popolo stupendi. Questa volta scegliemmo di fidarci del nostro istinto. Trovammo una città in pieno sviluppo ma con forti contrasti, non era raro vedere macchine di lusso sfrecciare accanto a mendicanti in cerca di cibo; purtroppo il Brasile era anche questo. Con le stesse accortezze che avevamo avuto nelle città di tutto il mondo, ci rilassammo e ci godemmo questa metropoli multietnica. Tra musei, parchi, teatri ed un'eccezionale street-art aveva molto da offrire; mancava solo una settimana all'inizio del Carnevale e c'era un'atmosfera di euforia generale che ci fece pregustare il nostro arrivo a Rio de Janeiro, la *Cidade Maravilhosa*. Arrivarci col buio della sera non fu un buon modo per rompere il ghiaccio, e le stazioni, si sa, di notte possono incutere un certo timore. In realtà ancora una volta erano i pregiudizi ad influenzarci, tantissime persone purtroppo considerano Rio una delle città più pericolose del mondo ma si sbagliano: se non cerchi guai (e questo vale in tutto il mondo), il suo spirito e la sua energia ti travolgeranno. A noi bastarono un paio di giorni per ambientarci, semplicemente facendo ciò che avevamo sempre fatto, scoprendo con rispetto una nuova terra e fidandoci del nostro istinto.

Visitare una nuova città insieme a una persona che ci vive può cambiare completamente la vostra esperienza di viaggio, avrete l'occasione di scoprire particolari che da soli vi saresti persi, assaggerete cibo squisito in quel baracchino che solo in pochissimi conoscono e risparmierete un sacco di tempo. Tutte le volte che ci è capitato abbiamo finito per innamorarci del luogo che stavamo visitando. Lo stesso accadde per Rio grazie a Thiago e Sara, due ragazzi che ci abitavano da anni e che avevano aperto un'agenzia turistica. Furono i primi a smontare i falsi miti negativi che circolano sulla città; ci fecero scoprire una delle metropoli più vibranti, colorate e pazze di questo pianeta! Tutti abbiamo sentito parlare della criminalità locale e delle favelas; è vero, tutto questo fa parte di Rio ma ci sono anche luoghi, persone, strade e meraviglie che si trovano solo qui.

Fu Thiago a procuraci i biglietti per il Sambodromo ormai introvabili, un altro sogno diventato realtà. Tante volte avevamo visto la parata in TV immaginando di essere lì, a ballare la samba e a bere *cerveja* (birra) con il popolo carioca e non! Il Carnevale è una delle festività più importanti del Brasile, può addirittura durare fino a cinquanta giorni. Nelle strade, nei locali, sulle spiagge, ovunque, la gente balla, canta e brinda ad ogni ora, ma è nel Sambodromo che la festa raggiunge il suo apice con un evento che dura quattro notti dalle 9 di sera alle 6 del mattino, dove le scuole di samba si sfidano con sfilate leggendarie! Per ogni scuola sfilano cinquemila persone e noi in una notte ne abbiamo viste sfilare sei, quindi trentamila ballerini! Si preparano per un anno intero a questa serata, tra coreografia, costumi, carri, canti e musica; il lavoro di preparazione che c'è dietro è spaventoso. Il Sambodromo è lungo 700 metri ed ogni scuola ha tra i 65 e i 75 minuti di tempo per attraversarlo ballando e cantando, sennò si perdono punti (ora provate a immaginare di coordinare 5000 persone). C'è una giuria che valuta tutto (vestiti, canto, coreografia, esibizione, carri, armonia), ogni scuola deve raccontare una storia tramite i carri, la musica e i vestiti, trattando argomenti molto importanti e di attualità, come il razzismo, il surriscaldamento globale, l'inquinamento, la corruzione e la povertà. Fosse stato per noi avremmo assegnato dieci e lode a tutti, impossibile scegliere un vincitore. Non ho mai visto dei carri e costumi così elaborati, per non parlare dell'energia che si respirava, della carica del pubblico che non ha mai smesso di cantare a squarciagola e ballare. Temo che d'ora in avanti tutti gli altri Carnevali del mondo mi sembreranno sempre un passo indietro. Il fortissimo senso di appartenenza che ogni cittadino ha verso la propria scuola di samba (di quartiere) è esemplare, vincere il primo premio non significa solo ricevere un'enorme somma di denaro ma è motivo di prestigio e orgoglio per centinaia di migliaia di persone. Inserirei "partecipare al Carnevale di Rio" nella lista delle cose da fare assolutamente almeno una volta nella vita.

Grazie a Thiago e Sara trascorremmo tutta la giornata nella favela Rocinha, la più grande della città. Non è possibile entrare se non ci si affida ad una persona locale che deve prima assicurarsi che sia la giornata adatta per una visita. La visitammo insieme a Julio, che ci viveva da oltre vent'anni e che ci mostrò cosa significasse vivere in una favela, raccontandoci particolari che solo chi ci abita può conoscere.

Julio e sua moglie Barbara avevano fondato una Onlus, *Il Sorriso dei miei Bimbi*, che promuoveva progetti di educazione infantile e formazione giovanile nel cuore della Rocinha. Il loro progetto comprendeva una scuola materna che accoglieva fino a 80 bambini dai 2 ai 6 anni; la casa per ragazzi *Casa Jovem*, con percorsi di alfabetizzazione e sostegno scolastico, e un ulteriore progetto per il supporto psicologico. Inoltre, avevano aperto il primo caffè letterario della favela, il *Garagem das Letras*, una libreria-caffè e luogo di formazione professionale con programmi di riscatto sociale per ragazzi a rischio di coinvolgimento in attività di microcriminalità. In sintesi: un "rifugio" per salvare i ragazzi dalla strada. Quello che facevano era straordinario. Ammiravo la loro forza immensa, la vita che avevano scelto non era facile ma loro non si scoraggiavano davanti a niente. Conoscerli fu un privilegio e ci aiutò ad aprire gli occhi di fronte a quella realtà. Incontrammo anche gli insegnanti e i bambini mentre studiavano la capoeira, i loro sorrisi e la loro dolcezza erano un vero miracolo. Ero felice e allo stesso tempo mi sentivo in colpa: dovevo ricordare più spesso tutte le fortune che avevo avuto nella vita e impegnarmi di più ad aiutare gli altri. Il valore di quella giornata fu inestimabile per la nostra crescita personale.

Come promesso incontrammo Raffaele e ci godemmo Rio de Janeiro insieme, finalmente mare, spiaggia e caldo dopo il gelo della Patagonia. Da Rio, Raffaele prese il volo di ritorno a casa dopo più di due anni di viaggio, l'emozione nei suoi occhi mi fece pensare che a breve sarebbe toccato anche a noi. Avevamo vissuto tanto, tantissimo, ma non potevamo ignorare la voglia di riabbracciare i nostri genitori e i nostri amici dopo tutto quel tempo. Sicuramente una volta recuperate le forze saremmo ripartiti chissà quante altre volte, ma un passaggio a casa per riordinare le idee ci voleva eccome.

In sole due settimane a Rio vivemmo tantissime esperienze. Partecipammo al Carnevale più famoso del mondo, ammirammo uno dei tramonti più sconvolgenti del nostro viaggio dal Pan di Zucchero, salimmo in cima al Cristo Redentore, ballammo in una scuola di samba, prendemmo il sole sulla spiaggia di Copacabana, sorseggiammo Caipirinha sull'Escadaria Selaròn, ci tuffammo nelle acque cristalline di Arraial do Cabo e ci incantammo alla vista delle dune di Praia das Dunas.

Rio de Janeiro si potrebbe vivere per mesi e non stare mai fermi, ha troppa vita da offrire! Da qualche parte leggemmo: "Se vai a Rio, prova a prenderla al contrario. Vedrai la magia". È proprio vero, a Rio non devi cercare la bellezza, sarà la bellezza a trovare te!

Dopo aver lasciato Rio, proseguimmo verso nord lungo la costa. La tappa successiva sarebbe dovuta essere Salvador de Bahia con un trasferimento in pullman di due giorni, ma la telefonata inaspettata di una carissima amica cambiò i nostri – come sempre, provvisori – programmi. Gessica viveva in Italia ma era originaria di Guarapari, una graziosissima cittadina sull'Oceano Atlantico che potrebbe essere la meta ideale per chiunque sogni una vita serena a due passi dalla spiaggia. Si trova quasi a metà strada tra Rio e Salvador, e l'invito di Gessica a fermarci qualche giorno come ospiti della sua famiglia non solo ci fece un immenso piacere, ma ci permise di spezzare un viaggio che sarebbe stato estenuante. Sua mamma, suo zio e i loro amici ci accolsero calorosamente lasciandoci addirittura le chiavi di casa. Ci aspettavamo un Paese accogliente ma l'ospitalità dei brasiliani superò di gran lunga le nostre speranze; non scorderemo mai l'amore, l'allegria e la positività di questa meravigliosa famiglia con cui vivemmo tre giorni di totale relax e divertimento. Ci trattarono come figli e ripartire fu come lasciare una seconda casa.

Fu proprio durante le numerose ore di viaggio verso Salvador de Bahia che leggemmo i primi articoli su un virus scoperto in Cina che si chiamava Covid-19 di cui non si sapeva ancora molto; in quel momento ci sembrò una delle tante brutte notizie che si sentono ogni giorno al telegiornale, per questo non gli demmo troppo peso. Pensammo quello che hanno probabilmente pensato tutti appena appresa la notizia: "Sta accadendo in Cina, a migliaia di chilometri di distanza, non sarà niente di grave e sicuramente presto passerà". Arrivati a destinazione, trovammo una camera nella casa di una ragazza che l'affittava ad un prezzo ridicolo, naturalmente cadeva a pezzi. Era in un seminterrato, con poca luce e faceva un caldo infernale. Nel frattempo, le telefonate a casa iniziarono ad essere preoccupanti e nel giro di un paio di giorni cambiò tutto: le prime dichiarazioni sui sintomi, i primi contagi in Lombardia, il primo comune in zona rossa... stava succedendo davvero. In Brasile si iniziava a parlarne ma nessuno sembrava pensarci a parte noi. Eravamo appena stati al Carnevale di Rio a stretto contatto con milioni di persone, iniziammo a chiederci cosa sarebbe successo nei mesi a venire. Giusto per far crescere l'ansia, esattamente in quei giorni, a Salvador, mi venne una febbre da cavallo, come mi capitava ogni tanto in viaggio, forse a causa dei continui spostamenti, l'aria condizionata e la fatica massacrante, ma avevo imparato a sconfiggerla nel giro di 24 ore. Senza perdere tempo, con una tachipirina ogni otto ore e una bella sudata, in un giorno ero come nuovo. Quella volta per un attimo il pensiero che potessi essere positivo al Covid ci sfiorò la mente, inutile negarlo, soprattutto quella di Federica che per natura è più ansiosa di me. Per fortuna la mia tecnica collaudata funzionò (soprattutto in quella stanza orrenda, calda come un forno a legna), e il giorno successivo riprendemmo il viaggio; mancava davvero poco al nostro volo per il Marocco.

Dopo una brevissima pausa a Olinda, vicino a Recife, ripartimmo subito per Fortaleza, ormai la nostra testa era altrove. Lì ci aspettava il volo internazionale con cui avremmo lasciato l'America Latina dopo un anno. Iniziammo a cercare informazioni online: sui siti delle principali testate giornalistiche, sui blog, sui gruppi di viaggiatori, sui social media, stava cominciando il panico generale. Non facemmo nemmeno in tempo a renderci conto della situazione (come tutti gli italiani del resto) che in un attimo l'Italia annunciò il lockdown generale in tutto il Paese. Il giorno successivo l'Organizzazione Mondiale della Sanità dichiarò il

Coronavirus "pandemia". Vennero cancellati i primi voli internazionali e bloccati gli ingressi in Europa, mettersi in contatto con la nostra compagnia aerea si rivelò impossibile, la situazione mondiale peggiorava inesorabilmente ora dopo ora. Ci restavano gli ultimi sette giorni prima del volo, ci saremmo presentati in aeroporto la mattina stessa e avremmo scoperto il nostro destino. Passarli chiusi dentro una stanza d'ostello a morire di preoccupazione era fuori discussione, non avremmo potuto comunque cambiare le cose e decidemmo di sfruttare quel poco tempo rimasto per raggiungere il Parco Nazionale Lençóis Maranhenses. Thiago e Sara da Rio de Janeiro ci aiutarono ancora una volta, l'unico modo per attraversare quella terra sempre più selvaggia era trovare un locale che guidasse una 4x4 e loro avevano gli agganci giusti. Gli autobus erano rarissimi e l'autostop avrebbe richiesto tempo che noi non avevamo. In un paio di giorni di viaggio arrivammo alla meta, ne avevamo sentito parlare due anni prima e ancora, incredibilmente, era poco conosciuta tra i turisti. Fu la nostra ultima tappa eppure rientrò all'istante nella nostra graduatoria tra i dieci luoghi più belli di tutto il giro del mondo. Il Parco Nazionale Lençóis Maranhenses è un deserto di sabbia bianchissima con decine di lagune di acqua piovana che formano delle piscine dalle sfumature di blu, azzurro e verde in cui è possibile tuffarsi.

Sapete perché si chiama così? *Lençóis* in portoghese significa lenzuola, infatti sorvolandole dall'alto le dune sembrano proprio delle lenzuola stese al sole.

Per quei tre giorni fuori dal mondo lasciammo tutti i pensieri da parte, e funzionò. La meravigliosa natura del Brasile ci aiutò a ricordare le infinite bellezze che avevamo scoperto esplorando il mondo e la "fortuna" che quella pandemia fosse scoppiata alla fine del nostro viaggio straordinario e non all'inizio! Facemmo il possibile per mantenere un atteggiamento positivo. Sulla strada del ritorno verso Fortaleza ci fermammo per una notte a Jericocoara. Quando tornammo alla civiltà scoprimmo gli ultimi aggiornamenti, restando travolti dalla terribile situazione che il mondo stava vivendo, soprattutto la nostra amata Italia. Cercammo di capire quali possibilità ci fossero rimaste e iniziammo a pensare a come organizzarci per salvaguardarci. Eravamo in Brasile ma il cuore era con i nostri cari e con tutti gli italiani che stavano tenendo duro, che suonavano e cantavano dai balconi: non avevamo mai visto il nostro popolo così unito e non eravamo mai stati così fieri di essere italiani.

Arrivammo in città un giorno prima del nostro volo, senza nessuna certezza e cercando con tutte le nostre forze di non perdere la speranza. L'idea di restare bloccati in Brasile in piena pandemia, soli e senza un posto dove andare, era un pugno allo stomaco che da giorni non ci faceva dormire. Ma quel pomeriggio la telefonata di uno degli uomini migliori che io abbia mai conosciuto cambiò tutto.

Era Pietro, un amico del padre di Federica, che appena seppe della nostra situazione si offrì subito di aiutarci. Si trovava nella sua casa di Fortaleza insieme alla famiglia, ci disse che nel caso non fossimo riusciti a partire saremmo potuti stare da lui per tutto il tempo necessario. Al telefono la sua calma e il suo tono di voce così rassicuranti ci fecero sentire all'improvviso meno soli, emanava un senso di sicurezza e fiducia che in quel momento di panico riuscirono a tranquillizzarci. Per non farci passare un'altra notte insonne, Pietro ci passò a prendere per portarci subito in aeroporto a cercare delle risposte. Era come lo avevamo immaginato, in gambissima e sicuro di sé. Veniva periodicamente in Brasile da una quindicina d'anni, lo conosceva come le sue tasche e parlava portoghese, la sua guida in quel momento era oro colato. Anche lui aveva prenotato dei voli di ritorno per l'Italia e voleva capirci qualcosa. Purtroppo, e incredibilmente, trovammo il banco della nostra compagnia chiuso, come se non ci fosse nessuna emergenza in corso. Saremmo dovuti tornare la mattina successiva, il giorno stesso del nostro – oramai molto poco certo - volo. Per tirarci su il morale Pietro ci portò a cena in una churrascaria brasiliana insime a sua moglie e sua figlia, una serata in buona compagnia era quello che ci voleva dopo tanti giorni neri. In quel momento ancora non potevamo sapere che quelle tre meravigliose persone sarebbero diventate la nostra seconda famiglia (e lo saranno sempre).

La mattina successiva tornammo in aeroporto più agguerriti che mai. Naturalmente c'era già una fila lunghissima, cosa che sembrò non preoccupare le hostess quando, un attimo prima del nostro turno, ci chiusero lo sportello in faccia perché non potevano assolutamente accorciare i loro 90 minuti di pausa pranzo, nemmeno con una pandemia mondiale in corso e una folla di persone preoccupate. Se non fosse stato per Pietro, credo che non sarei mai riuscito a controllarmi. Recuperata la calma e una frequenza del battito cardiaco regolare, arrivò finalmente il nostro momento. "Il volo è cancellato" ci disse l'impiegata, le quattro parole che non avremmo mai voluto sentire ma che ci aspettavamo. Non c'era assolutamente nulla che potessimo fare, nemmeno loro sapevano come si sarebbero evolute le cose; ci dissero solamente che saremmo stati rimborsati (cosa mai accaduta) e che per il momento non c'erano altre date confermate, avremmo dovuto monitorare noi la situazione. Fu una bella batosta ma grazie a Dio solo ventiquattr'ore prima Pietro, Silvia e Celeste erano comparsi nella nostra vita tendendoci la mano; reggemmo il colpo solo grazie a loro. Il calore di una famiglia italiana in una situazione come quella, con uno stress psicologico alle stelle, era più di quanto potessimo sperare. Per una volta poter parlare la stessa lingua, avere le stesse abitudini e non doversi adattare fu una manna dal cielo.

Ci portarono nella loro splendida casa a Porto das Dunas, un piccolissimo paesino in riva all'oceano a venti minuti da Fortaleza dove pace, natura e tranquillità regnavano sovrane. Era un altro mondo, sembrava che lì tutti i problemi e le ansie dovute al Covid non esistessero. Noi, che eravamo abituati a caotiche camerate d'ostello senza nemmeno lo spazio per appoggiare lo zaino, ci ritrovammo con una camera e un bagno tutti per noi, con una vera cucina, con la possibilità di fare regolarmente la spesa in un supermercato, con una casa in cui ci sentivamo al sicuro, con altre persone molto più in gamba di noi con cui confrontarci e capire come affrontare al meglio quella situazione surreale. I nostri genitori, con il cuore in gola e terrorizzati dall'altra parte del mondo, poterono tirare un respiro di sollievo; ancora oggi quando sentono nominare Pietro e la sua famiglia, li benedicono sapendo che sono stati i nostri angeli custodi.

Passarono i giorni, poi le settimane, infine i mesi. I primi trenta giorni ci servirono solo per recuperare le forze, eravamo talmente a pezzi quando entrammo in quella casa che la quarantena obbligata non la sentimmo nemmeno. Secondo la nostra natura cercammo di guardare il bicchiere mezzo pieno. Avere tanto tempo per lavorare sulle foto e i video accumulati in quasi tre anni, poter iniziare a scrivere questo libro, fare esercizio fisico, leggere e studiare in un luogo accogliente e senza il pensiero di dover ripartire ogni 3-4 giorni era una fortuna che non avevamo mai avuto. Ogni giorno ci obbligavamo a ricordare che avremmo potuto essere in mezzo alla strada mentre quell'epidemia mondiale stava mettendo in ginocchio il pianeta. Nella sfortuna il karma ci aveva baciati ancora una volta: Pietro e Silvia erano due life coach professionisti. Ci raccolsero col cucchiaino e ci mostrarono tutte le nostre potenzialità, ci aiutarono a chiarire i nostri obiettivi, ad essere determinati, a ritrovare la concentrazione e a credere in noi. Facemmo tesoro di ogni secondo trascorso insieme. Se avevamo dubbi o bisogno di confrontarci erano sempre disponibili, se avevamo un'idea ci aiutavano a metterla in pratica. Riuscivano a vedere quello che vedevamo noi e viceversa... non era possibile che quell'incontro fosse frutto del caso, noi dovevamo incontrarli, era già tutto scritto da qualche parte. Avete mai sentito il detto "quando l'allievo è pronto, il maestro appare"? Ecco, è esattamente così che è andata. Se li avessimo incontrati all'inizio del nostro viaggio non sarebbe stata la stessa cosa, non avremmo mai potuto cogliere l'immensa fortuna che ci era capitata, e invece i nuovi noi, quelli che avevano ricevuto centinaia di lezioni dalla vita durante il giro del mondo, erano pienamente consapevoli dei benefici di quell'incontro. Ogni tanto la nostra compagnia aerea riapriva le prenotazioni con nuove date, noi riprenotavamo ma puntualmente il volo veniva cancellato. Ogni volta era una pugnalata, perché la fiamma della speranza si riaccendeva per poi spegnersi bruscamente di nuovo. Superati i cento giorni di quarantena cominciai a vacillare. Il lockdown in Italia era terminato (solo dopo si sarebbe rivelato il primo di una lunga serie) e noi eravamo ancora lì, senza nessuna risposta. Provammo a chiedere aiuto alle ambasciate ma fu tutto inutile, e come noi tantissimi altri italiani nel mondo si trovavano nella stessa situazione, abbandonati dal proprio Paese. Riaprirono le prenotazioni e questa volta ci affidammo all'agenzia locale di un amico che ci assicurò che le probabilità di partire questa volta erano molto alte. Non sapevo che pensare, avevo paura di crederci, non avrei retto una nuova cancellazione (e forse neppure i nostri genitori). La data fissata era il 15 luglio 2020, saremmo partiti tutti insieme. Naturalmente non tutto filò liscio nell'attesa: la compagnia aerea comunicò una settimana prima della partenza che sarebbe stato necessario fare il tampone per il Coronavirus per imbarcarsi, ma con tutta una serie di clausole che ci fecero correre come dei dannati, essendo stati avvisati all'ultimo momento. Ciliegina sulla torta, cambiarono anche il piano voli: non saremmo più partiti da Fortaleza ma da San Paolo, che avremmo dovuto raggiungere con un altro volo a spese nostre. Stremati, facemmo tutto quello che ci ordinarono di fare, spendendo più soldi del dovuto: a quel punto avremmo fatto qualunque cosa pur di tornare a casa dalle nostre famiglie. Con l'avvicinarsi della fatidica data la tensione cresceva, preparare gli zaini non ci sembrava vero. La notte della partenza non chiusi occhio, controllavo la mail ogni ora, con la paura che arrivasse la comunicazione: "Volo cancellato"; incredibilmente non arrivò, ma c'erano ancora mille cose che potevano andare storte. La nostra speranza era di arrivare almeno in Europa, avremmo fatto scalo in Portogallo e anche se avessero cancellato il volo Lisbona-Milano non ce ne sarebbe importato. Saremmo stati a due passi dall'Italia, l'avremmo raggiunta a piedi se ce ne fosse stato bisogno. L'importante era affrontare una cosa alla volta, mantenendo la calma e incrociando le dita.

Iniziammo con l'aeroporto di Fortaleza: già vedere sul monitor il volo per San Paolo confermato mi restituì una decina d'anni di vita; il primo aereo almeno era assicurato, ne restavano altri due. Senza sbilanciarci troppo, l'ottimismo riprese a crescere. A San Paolo recuperammo i bagagli e cercammo il banco del check-in per l'Europa, quella sarebbe stata la vera prova da superare. Eravamo tutti concentratissimi, Io, Federica, Pietro, Silvia e Celeste, uniti come non mai. Avevamo fatto il tampone con esito negativo ma tutto poteva succedere. Iniziarono a circolare voci che fosse accettata solo una certa tipologia di tampone, in teoria quello che avevamo fatto noi, ma appunto era solo "in teoria". Ci mettemmo in fila tra l'agitazione di tutti i passeggeri presenti in aeroporto, ognuno alle prese con l'ansia di non sapere se sarebbe andato tutto bene; non auguro a nessuno di provare quell'orribile sensazione, nemmeno al mio peggior nemico. Se non ci avessero fatto partire cosa avremmo dovuto fare? Restare a San Paolo? Oppure tornare a Fortaleza dove avevamo una casa, ma spendendo soldi per altri voli? Non avevo nemmeno la forza di pensarci, doveva andare bene, questa volta non avevamo nessun piano B.

Arrivò il momento della verità, consegnammo i documenti, l'esito del tampone, e in quell'istante il tempo si fermò. L'agente esaminò i dati in silenzio, io chiusi gli occhi e pregai. "Potete andare", ci disse indicandoci la hostess al check-in. Avrei voluto prendermi un secondo per piangere dalla gioia e abbracciare gli altri, ma non c'era tempo, i passeggeri alle nostre spalle giustamente scalpitavano e ci spinsero in avanti. Quando con la coda dell'occhio ne vidi uno che veniva respinto perché non si era sottoposto al tampone corretto, provai compassione per lui, ma capii che per noi era fatta per davvero, non sapevo in che lingua ringraziare il nostro angelo custode. Mentre appoggiavo gli zaini sul nastro e consegnavo il passaporto, il cuore mi esplodeva nel petto, non riuscivo nemmeno a ricordare da quanto sognassi quel momento. Restavano parecchie ore prima dell'imbarco ma avremmo potuto aspettare anche una settimana seduti sul pavimento dell'aeroporto: stavamo per salire sul secondo volo, il più importante, e niente avrebbe potuto toglierci il sorriso finalmente ritrovato. Nel mentre, inviavamo continui aggiornamenti via chat ai nostri genitori che dall'Italia stavano vivendo quell'agonia insieme a noi. Mia madre aveva scaricato addirittura un'applicazione per vedere in tempo reale che zona stesse sorvolando il nostro aereo. Stava contando i secondi che ci separavano.

Anche il secondo volo andò a meraviglia, così ci lasciammo andare un altro po', sempre facendo attenzione a non dirlo ad alta voce. L'eccitazione cresceva, ma persino io che non sono scaramantico avevo paura di cantare vittoria troppo presto. Atterrati a Lisbona, un fiume di adrenalina iniziò a scorrere nelle nostre vene. Non mettevamo piede in Europa da 1013 giorni. Ogni piccolo particolare ci faceva sentire a casa: le persone, i prodotti della caffetteria, i prezzi in euro; un aeroporto europeo dopo tutto quello che avevamo passato era già casa. Stavolta lo scalo fu solo di due ore, il tempo di superare i controlli di sicurezza ed eravamo di nuovo in fila per l'imbarco. Terzo e ultimo aereo di quest'odissea. Chiamammo le nostre famiglie per dire che potevano ufficialmente venirci a prendere all'aeroporto di Milano Malpensa, non stavamo più nella pelle. I brividi lungo ogni centimetro del nostro corpo erano il risultato del vortice di emozioni che stavamo vivendo.

Alle 19.05 di giovedì 16 luglio 2020 il nostro ultimo aereo toccò finalmente il suolo italiano. Poco prima di atterrare, riconoscere la nostra Milano dall'alto ci fece sussultare: stava accadendo davvero? Ancora non riuscivamo a realizzare l'impresa che avevamo appena portato a termine: avevamo realizzato il sogno più grande della nostra vita: il giro del mondo. Eravamo partiti pieni di dubbi e di domande, e tornati con tutte le risposte. Correre rischi per essere felici sarà sempre la scelta giusta per noi due. A molti questa potrebbe sembrare la conclusione della nostra storia, in realtà è solo la fine del primo capitolo. Andrea e Federica della partenza non ci sono più, al loro posto sono tornati un uomo ed una donna completamente diversi, cambiati dalle esperienze, dagli incontri e dalle sfide affrontate.

Ora conosciamo il valore di ogni piccola cosa: l'acqua calda, un pasto e un tetto sulla testa. La lezione è stata durissima ma diamine se l'abbiamo imparata bene! Oltre a questo, i nostri tesori più grandi sono la ritrovata fiducia in noi stessi e nelle nostre capacità, la voglia di metterci in gioco, di continuare a porci obiettivi sempre più grandi, e l'intenzione di non fermarci. Aver spezzato le catene, riconquistato la libertà, e acquisito la consapevolezza che nessun sogno sarà mai troppo grande, sono le nostre conquiste più importanti.

Trentatré Paesi in 4 continenti diversi... Eh già, interrotti prima di entrare nel quinto, ma abbiamo imparato che tutto accade per una ragione. Senza quel blocco forzato non avremmo mai conosciuto Pietro e Silvia, che ci hanno aiutato a mettere a fuoco i nostri obiettivi, e ci saremmo persi un'infinità di tanti altri piccoli passi, fondamentali per la nostra crescita personale.

Quando tutto sarà tornato alla normalità, l'Africa ci aspetta, per ora siamo riusciti a saziare la nostra fame di vita; sappiamo però che quell'appetito tornerà a farsi sentire, ma stavolta ci troverà pronti, perché ora non abbiamo più paura della libertà!

RINGRAZIAMENTI

Non si può essere felici senza sentirsi anche grati. La gratitudine è stata la compagna costante di questo viaggio, la memoria del cuore che mi ha accompagnato ad ogni passo e che gelosamente ho conservato anche al mio ritorno; per questo non posso esimermi dal ringraziare tutte le persone che hanno reso il nostro viaggio e questo libro un'avventura indimenticabile.

Ringrazio dal profondo del cuore e della mia anima, Federica. Senza di lei niente di tutto ciò che avete letto sarebbe stato possibile. Lei mi ha dato la spinta di cui avevo bisogno per trovare il coraggio di inseguire la vita che sognavo. Il suo costante sostegno, il suo amore, e la fiducia nei miei confronti mi hanno permesso di diventare l'uomo che ho sempre sognato di essere. Per fortuna la strada da percorrere insieme è ancora lunga e non vedo l'ora di scoprire dove ci porterà, ma nel frattempo mi godo ogni singolo passo insieme a te, mano nella mano. Solo noi sappiamo tutto quello che abbiamo passato, grazie per non aver mai mollato.

Ringrazio i nostri genitori per non averci mai ostacolato. Grazie per averci aspettato, e aver messo i nostri sogni davanti ai vostri bisogni. Abbiamo pensato a voi ogni giorno, non riusciremo mai a farvi capire davvero quanto vi vogliamo bene ma ci tengo che sappiate che siamo perfettamente consapevoli di tutti i sacrifici che avete fatto per noi dal momento della nostra nascita. Un giorno ci impegneremo a crescere i nostri figli con lo stesso amore che avete avuto per noi.

Grazie a tutte le meravigliose persone che abbiamo incontrato nel nostro cammino e che ci hanno aiutato senza chiedere nulla in cambio. Senza di voi il nostro viaggio non sarebbe stato possibile. Abbiamo trovato un mondo buono che ci ha accolto a braccia aperte, grazie per averci restituito la fiducia nell'umanità.

Grazie a Pietro, Silvia e Celeste, entrati nella nostra vita all'improvviso e destinati a non uscirne più. Sarete sempre il nostro punto di riferimento, grazie per tutto quello che fate per noi.

Grazie a Giuseppe per averci salvato nel momento del bisogno e averci dimostrato che le amicizie appena nate possono essere solide come quelle di una vita. Ti saremo eternamente debitori.

Grazie a Mattia, Chiara, Raffaele, Angela, Paolo e Alessandro, grandi sognatori come noi che hanno lasciato il porto sicuro per cercare la vera felicità. Incrociare la nostra strada con la vostra è stata una delle fortune più grandi, esservi amici è un privilegio.

Grazie a Rita Cioce, l'editor di questo libro, senza il tuo aiuto e il tuo straordinario talento questo libro non esisterebbe. Grazie per la fiducia, i consigli, l'instancabile impegno, e per essere una vera amica, sei diventata parte della nostra famiglia.

Grazie a Silvia Tesse, per aver creato la meravigliosa copertina di questo libro in tempi record ed esattamente come la sognavamo! Grazie per la pazienza, la disponibilità, e per il grandissimo regalo che ci hai fatto.

Grazie ad Angela, sei la prima persona a cui ho fatto leggere questo libro e la prima ad aver creduto nelle sue potenzialità. Grazie per tutto il tempo che gli hai dedicato, non lo dimenticherò.

Grazie agli amici di una vita, per averci aspettato e aver creduto in noi. I bellissimi ricordi accumulati negli anni ci hanno aiutato a non mollare nei momenti più difficili. Siete stati la nostra forza, grazie per essere parte della nostra vita.

E infine, grazie a tutti i miei ex colleghi di lavoro, che mi hanno conosciuto quand'ero ancora un ragazzino e sono diventati la mia "famiglia in ufficio". Grazie per non aver mai cercato di cambiarmi e avermi sostenuto fino al mio ultimo giorno.

Se vuoi sapere com'è andata a finire,
seguici sui nostri canali social

Instagram e Tik Tok: @trip.n.roll
Facebook e Youtube: Trip'N'Roll
www.tripnroll.it
info@tripnroll.it

Printed in Great Britain
by Amazon